Baumgartner/ Ewald
Apps und Recht

Apps und Recht

von

Dr. Ulrich Baumgartner
Rechtsanwalt in München

und

Konstantin Ewald
Rechtsanwalt in Köln

2. Auflage 2016

C.H.BECK

www.beck.de

ISBN 978 3 406 67476 1

Wilhelmstr. 9, 80801 München
Druck: Nomos Verlagsgesellschaft,
In den Linsen 12, 76547 Sinzheim

Umschlaggestaltung und Satz: Druckerei C. H. Beck, Nördlingen

Gedruckt auf säurefreiem, alterungsbeständigem Papier
(hergestellt aus chlorfrei gebleichtem Zellstoff)

Vorwort

„Es gibt für alles eine App". Fast könnte man meinen, dieser Werbe-Slogan von *Apple* sei Wirklichkeit geworden. Über 1,2 Millionen Apps bietet Apple mittlerweile an.[1] Und auch die Konkurrenz schläft nicht. Mit *Google Play* (früher: Market) und 1,3 Millionen angebotenen Apps hat *Google* den ehemaligen Vorreiter *Apple* nun offenbar sogar übertrumpft. Auch *Microsoft, Nokia, Samsung, Research in Motion (Blackberry)* und sogar *Amazon*[2] bieten eigene Marktplätze für Apps an.

Längst sind Apps kein reines Spielzeug für Technik-Freaks mehr. Apps sind ein Massenmarkt, wie die Absatzzahlen zeigen. Allein für Apple entspricht der Gesamtumsatz mit Apps im Jahr 2014 laut eigenen Angaben etwa zehn Milliarden Dollar im Jahr.[3] Während 2011 insgesamt etwa 18 Milliarden Apps bereits aus dem AppStore von Apple heruntergeladen worden waren, hat sich diese Zahl innerhalb von vier Jahren fast verfünffacht und liegt derzeit bei mehr als 85 Milliarden.[4] Google soll dies 2014 sogar erstmals noch übertrumpft haben.[5]

Juristisch ist dieser Massenmarkt trotz einiger Veröffentlichungen und erster Apps-spezifischer Rechtsprechung noch wenig erschlossen. Zwar beschäftigt sich die Rechtswissenschaft schon seit Jahren mit dem sog. *M-Commerce,* dem mobilen Pendant zum E-Commerce. Die spezifischen Rechtsfragen rund um Apps sind bislang aber noch immer kaum beleuchtet worden. Dieses Buch soll einen Teil dazu beitragen, Licht ins Dunkel der Rechtsprobleme rund um Erstellung, Vertrieb und Nutzung von Apps zu bringen. Der Fokus soll dabei auf den Rechtsverhältnissen zwischen den beteiligten Parteien liegen. Was genau leisten die Betreiber von AppStores und was nicht? In welchem rechtlichen Verhältnis stehen Hersteller und Endnutzer zueinander und welche Folgen ergeben sich daraus? Daneben sollen auch grundlegende Fragen für die Konzeption und Entwicklung von Apps behandelt werden. Welche rechtlichen Anforderungen müssen erfüllt werden? Wo bestehen Haftungsfallen?

Maßstab für die Auswahl der hier dargestellten Rechtsfragen soll die Praxis sein. Viele Problemstellungen drängen sich förmlich auf, andere sind bereits aus anderen Bereichen des IT-Rechts und der täglichen Beratungspraxis bekannt. Wie kaum ein anderer Bereich in der IT sind Entwicklung und Vertrieb jedoch einem ständigen Wandel unterworfen – in technischer, wie in rechtlicher Sicht. Die Innovationszyklen im Mobile-Bereich sind extrem kurz, die Anbieter der mobilen Betriebssysteme arbeiten ständig an Neuerungen und auch die AppStores und ihre Nutzungsbedingungen ändern sich häufig von einem auf den anderen Tag.

---

[1] Stand Juli 2014, Statista, http://www.statista.com/statistics/276623/number-of-apps-available-in-leading-app-stores/, abgerufen am 7.7.2015.

[2] http://www.amazon.de/app-shop-download, abgerufen am 7.7.2015.

[3] Apple, http://www.apple.com/pr/library/2015/01/08App-Store-Rings-in-2015-with-New-Re cords.html, abgerufen am 7.7.2015.

[4] Statista, http://de.statista.com/statistik/daten/studie/20149/umfrage/anzahl-der-getaetigten-down loads-aus-dem-apple-app-store/, abgerufen am 7.7.2015.

[5] Lead Digital, http://www.lead-digital.de/aktuell/mobile/umsatz_2014_google_play_uebertrumpft _erstmals_apple_app_store, abgerufen am 7.7.2015.

Das macht deutlich, wie entscheidend Aktualität bei der rechtlichen Beurteilung von Apps sein kann. Die 2. Auflage dieses Buchs soll Ihnen die rechtlichen Grundlagen und einen Überblick über die wesentlichen Rechtsfragen liefern, die sich unabhängig kurzfristiger Änderungen und kleinerer Detailfragen stellen. Sie sollten sich darüber im Klaren sein: Das Recht der Apps ist in einem ständigen Wandel.

Diese vielen Veränderungen waren auch für uns eine Herausforderung bei der Erstellung dieses Buches. Häufig haben uns neue Entwicklungen bei unserer Arbeit überholt, immer wieder kamen neue Aspekte hinzu, die es einzuarbeiten galt. Für die Unterstützung dabei danken wir den Rechtsanwälten Johannes Baumann, Felix Hilgert und Adrian Schneider, Rechtsanwältin Nadine Lederer sowie unserer wissenschaftlichen Mitarbeiterin Leonie Schneider.

Köln/München, Oktober 2015

Konstantin Ewald
Ulrich Baumgartner

Inhaltsverzeichnis

Abkürzungsverzeichnis

aA	anderer Ansicht
Abs	Absatz
AEUV	Vertrag über die Arbeitsweise der Europäischen Union
aF	alte Fassung
AG	Amtsgericht
AGB	Allgemeine Geschäftsbedingungen
Art.	Artikel
A&R	Arzneimittel & Recht (Zeitschrift)
BDSG	Bundesdatenschutzgesetz
Beschl.	Beschluss
BGB	Bürgerliches Gesetzbuch
BGBl	Bundesgesetzblatt
bspw.	beispielsweise
BT-Drs.	Bundestag Drucksache
BGH	Bundesgerichtshof
BVPA	Bundesverband der Pressebild-Agenturen und Bildarchive
BVerfG	Bundesverfassungsgericht
BVerfGE	Entscheidungen des Bundesverfassungsgerichts (Amtliche Sammlung)
BYOD	„Bring your own Device"
bzw.	beziehungsweise
CR	Computer & Recht (Zeitschrift)
DDA	Developer Distribution Agreement
ders.	derselbe
Dez.	Dezember
dh	das heißt
DSGVO	EU-Datenschutz-Grundverordnung
ENISA	European Network and Information Security Agency
etc.	et cetera
EU	Europäische Union
EuGH	Gerichtshof der Europäischen Gemeinschaft
EuZW	Europäische Zeitschrift für Wirtschaftsrecht
EWR	Europäische Wirtschaftsraum
Feb.	Februar
FS	Festschrift
FSM	Freiwillige Selbstkontrolle der Multimedia-Dienstanbieter
GEMA	Gesellschaft für musikalische Aufführungs- und mechanische Vervielfältigungsrechte
GewO	Gewerbeordnung
ggf.	gegebenenfalls
ggü.	gegenüber
GPL	General Public License
GPLv2	General Public License Version 2
GVL	Gesellschaft zur Verwertung von Leistungsschutzrechten
GRUR	Gewerblicher Rechtsschutz und Urheberrecht (Zeitschrift)
GRUR-Int	Gewerblicher Rechtsschutz und Urheberrecht International (Zeitschrift)
GRUR-Prax	Gewerblicher Rechtsschutz und Urheberrecht, Praxis im Immaterialgüter und Wettbewerbsrecht (Zeitschrift)
iOS	iPhone/iPad… Operating System

IDFA	Identifier for Advertising
iDPLA	iOS Developer Program License Agreement (Lizenzvertrag für das iOS-Entwicklerprogramm)
iSd	im Sinne des
iSv	im Sinne von
iVm	in Verbindung mit
ITRB	IT Rechtsberater (Zeitschrift)
Jan.	Januar
JIM	Jugend, Information, (Multi-) Media
JMStV	Jugendmedienschutz-Staatsvertrag
JuSchG	Jugendschutzgesetz
KJM	Kommission für Jugendmedienschutz der Landesmedienanstalten
K&R	Kommunikation & Recht (Zeitschrift)
LG	Landgericht
lit.	littera (= Buchstabe)
MDM	Mobile Device Management
MFM	Mittelstandsgemeinschaft Foto-Marketing
MMR	Multimedia und Recht (Zeitschrift)
MPR	Medizinprodukterecht (Zeitschrift)
MüKo	Münchener Kommentar
mwN	mit weiteren Nachweisen
nF	neue Fassung
NJW	Neue Juristische Wochenschrift (Zeitschrift)
Nov.	November
Nr.	Nummer
Okt.	Oktober
OLG	Oberlandesgericht
OSI	Open Source Initiative
PAngV	Preisangabenverordnung
PDA	Personal Digital Assistant
PinG	Privacy in Germany (Zeitschrift)
RDV	Recht der Datenverarbeitung (Zeitschrift)
Rn.	Randnummer
Richtlinie 95/46/EG	Richtlinie 95/46/EG des Europäischen Parlaments und des Rates vom 24. Oktober 1995 zum Schutz natürlicher Personen bei der Verarbeitung personenbezogener Daten und zum freien Datenverkehr, ABl. L 281, 31 ff.
ROM I	Verordnung EG 593/2008 des Europäischen Parlamentes und des Rates vom 17. Juni 2008 über das auf vertragliche Schuldverhältnisse anzuwendende Recht
ROM II	Verordnung EG 864/2007 des Europäischen Parlamentes und des Rates vom 11. Juli 2007 über das auf außervertragliche Schuldverhältnisse anzuwendende Recht
RStV	Rundfunkstaatsvertrag
S.	Seite
SDK	Software Development Kit
Sep.	September
sog.	sogenannt(e)
TKG	Telekommunikationsgesetz
TMG	Telemediengesetz
TOMs	technisch-organisatorische Maßnahmen
ua	unter anderem, und andere
UDID	Unique Device Identifier
UrhG	Urheberrechtsgesetz

Urt.	Urteil
usw.	und so weiter
UWG	Gesetz gegen den unlauteren Wettbewerb
v.	von
vgl.	vergleiche
Working Paper 185	Stellungnahme 13/2011 der Artikel-29-Datenschutzgruppe zu den Geolokalisierungsdiensten von intelligenten mobilen Endgeräten (Working Paper 185) vom 16. Mai 2011, abrufbar unter http://ec.europa.eu/justice/data-protection/article-29/documentation/opinion-recommendation/files/2011/wp185_de.pdf
Working Paper 202	Stellungnahme 02/2013 der Artikel-29-Datenschutzgruppe zu Apps auf intelligenten Endgeräten, angenommen am 27. Februar 2013 (Working Paper 202), abrufbar unter http://www.cnpd.public.lu/de/publications/groupe-art29/wp202_de.pdf
zB	zum Beispiel
ZD	Zeitschrift für Datenschutz
ZUM	Zeitschrift für Urheber- und Medienrecht

Literaturverzeichnis

Arndt/Fetzer/Scherer, TKG, 2008 (zitiert: *Verfasser* in Arndt/Fetzer/Scherer TKG § Rn.)

Auer-Reinsdorff/Conrad, Beck'sches Mandatshandbuch IT-Recht, 1. Auflage 2011 (zitiert: *Verfasser* in Auer-Reinsdorff/Conrad §)

Bach, Zahlungen über Mobilfunknetze (M-Commerce), K&R 2005, 308

Beck'scher Online-Kommentar zum Bürgerlichen Gesetzbuch, 34. Ed. 1.2.2015 (zitiert: *Verfasser* in BeckOK BGB Gesetz § Rn.)

Bergmann/Möhrle/Herb, Datenschutzrecht, 48. Ergänzungslieferung, Stand: Februar 2015 (zitiert: *Bergmann/Möhrle/Herb* BDSG § Rn.)

Beyvers/Herbrich: Das Niederlassungsprinzip im Datenschutzrecht – am Beispiel von Facebook – Der neue Ansatz des EuGH und die Rechtsfolgen, ZD 2014, 558

Bierekoven: Datenschutzrechtliche Zulässigkeit von Gesundheits-Apps, ITRB 2015, 114

Conrad/Schneider, Einsatz von „privater IT" im Unternehmen – Kein privater USB-Stick, aber „Bring your own device" (BYOD)?, ZD 2011, 153

Däubler/Klebe/Wedde/Weichert, BDSG, 4. Auflage 2013 (zitiert: *Verfasser* in Däubler/Klebe/Wedde/Weichert BDSG § Rn.)

Degmair, Apps – Die schwierige Suche nach dem Vertragspartner, K&R 2013, 213

Eckhardt/Schmitz, Datenschutz in der TKG-Novelle, CR 2011, 436

Feldmann, Mobile Apps: Zivilrecht – Telemedienrecht – Datenschutz, Tagungsband Herbstakademie 2011, 47

Forgó/Helfrich/Schneider, Betrieblicher Datenschutz, 1. Auflage 2014 (zitiert: *Verfasser* in Forgó/Helfrich/Schneider, Betrieblicher Datenschutz, Kap., Rn.)

Frey, Haftungsprivilegierung der Access-Provider nach § 8 TMG? Auflösung eines Normwiderspruchs innerhalb des TMG, MMR 2014, 650

Fromm/Nordemann, Urheberrecht, 11. Auflage 2014 (zitiert: *Verfasser* in Fromm/Nordemann Urheberrecht § Rn.)

Gola/Schomerus, BDSG, 12. Auflage 2015 (zitiert: *Gola/Schomerus* BDSG § Rn.)

Graef, Die fiktive Figur im Urheberrecht, ZUM 2012, 108

Härting, Allgegenwärtige Prüfungspflichten für Intermediäre, Was bleibt noch nach „Kinderhochstühle" und „Autocomplete" von der Störerhaftung übrig?, CR 2013, 443

Harte-Bavendamm/Henning-Bodewig, UWG, 3. Auflage 2013 (zitiert: *Verfasser* in Harte-Bavendamm/Henning-Bodewig § Rn.)

von der Heide, iBeacon – Technischer Hintergrund und datenschutzrechtliche Aspekte, PinG 2014, 162

Heimhalt/Rehmann, Gesundheits- und Patienteninformationen via Apps, MPR 2014, 197

Hoenike/Szodruch, Rechtsrahmen innovativer Zahlungssysteme für Multimediadienste, MMR 2006, 519

Hoeren/Sieber/Holznagel, Multimedia-Recht, 41. Ergänzungslieferung März 2015 (zitiert: *Verfasser* in Hoeren/Sieber/Holznagel Teil Rn.)

Hoeren, Google Analytics – datenschutzrechtlich unbedenklich? – Verwendbarkeit von Webtracking-Tools nach BDSG und TMG, ZD 2011, 3

Hoeren, Das Telemediengesetz, NJW 2007, 801

Hoeren, Recht und Risiko – Festschrift für Helmut Kollhosser, Band II, Karlsruhe 2004, S. 229, abrufbar unter http://goo.gl/j6mRF (zitiert: *Hoeren* FS Kollhosser)

Hoffmann, Apps der öffentlichen Verwaltung – Rechtsfragen des Mobile Government, MMR 2013, 631

Hopf/Braml, Die Entwicklung des Jugendmedienschutzes 2013/2014, ZUM 2014, 854

Jaeger/Metzger, Open Source Software, 3. Auflage 2011 (zitiert: *Jaeger/Metzger* Open Source Software Rn.)

Jaeger/C. Schulz, Gutachten zu ausgewählten rechtlichen Aspekten der Open Source Software, München 2003, abrufbar unter http://www.ifross.org/ifross_html/art47.pdf
Jauernig, Bürgerliches Gesetzbuch, 15. Auflage 2014 (zitiert: *Jauernig* § Rn.)
Jensen/Knoke, BGH legt EuGH die Frage vor, ob IP-Adressen personenbezogene Daten sind, ZD-Aktuell 2014, 04460
Jensen, Irischer High Court legt EuGH Fragen zum Safe Harbor-Abkommen vor, ZD-Aktuell 2014, 04284
Jung/Kremer, Die Visualisierung von Kundeninformationen im M-Payment – Der Rahmenvertrag als Ausweg, BB 2010, 1874
Kessel/Kuhlmann/Passauer/Schriek, Informationspflichten und AGB-Einbeziehung auf mobilen Endgeräten, K&R 2004, 519
Kilian/Heussen, Computerrecht, 32. Ergänzungslieferung 2013 (zitiert: *Verfasser* in Kilian/Heussen Computerrecht Teil Rn.)
Köhler/Bornkamm, UWG, 33. Auflage 2015 (zitiert: *Verfasser* in Köhler/Bornkamm § Rn.)
Kremer, Vertragsgestaltung bei Entwicklung und Vertrieb von Apps für mobile Endgeräte, CR 2011, 769
Kremer, Datenschutz bei Entwicklung und Nutzung von Apps für Smart Devices, CR 2012, 438
Krieg, Anm. zu LG Köln, Urteil v. 6. August 2009 – 31 O 33/09, jurisPR-ITR 1/2010
Krüger/Apel, Haftung von Plattformbetreibern für urheberrechtlich geschützte Inhalte – Wie weit geht die Haftung und wann droht Schadensersatz?, MMR 2012, 144
Lachenmann, Mobile Apps: Entwicklungs- und Endkundenverträge, ITBR 2015, 99
Liesching, Beck'scher Online-Kommentar JMStV, 14. Edition 1. Jan. 2015 (zitiert: *Verfasser* in BeckOK JMStV Gesetz § Rn.)
Lober/Falk, Datenschutz bei mobilen Endgeräten – Roadmap für App-Anbieter, K&R 2013, 357
Maas/Rajagopalan, That's no Phone. That's my Tracker., NY Times vom 13. Juli 2012
Marly, Softwareüberlassungsverträge, 4. Auflage 2004 (zitiert: Marly Softwareüberlassungsverträge Rn.)
Müller-Broich, Telemediengesetz, 1. Auflage 2012 (zitiert: *Müller-Broich* TMG § Rn.)
Münchener Anwaltshandbuch IT-Recht, 3. Auflage 2013 (zitiert: *Verfasser* in MAH Rn.)
Münchener Kommentar zum BGB, 6. Auflage 2012 (zitiert: *Verfasser* in MüKo BGB § Rn.)
Neubauer, Anmerkungen zu AG Göttingen, Urt. v. 4. Mai 2011 – 62 Ds 51 Js 9946/10, MMR 2011, 626.
Ohly/Sosnitza, Gesetz gegen den unlauteren Wettbewerb, 6. Auflage 2014 (zitiert: *Verfasser* in Ohly/Sosnitza § Rn.)
Ohst, Unterlassungsanspruch wegen Speicherung von IP-Adressen, GRUR-Prax 2015, 38
Ott, Impressumspflicht für Webseiten – Die Neuregelungen nach § 5 TMG, § 55 RStV, MMR 2007, 354
Palandt, Bürgerliches Gesetzbuch, 74. Aufl. 2015 (zitiert: *Verfasser* in Palandt Gesetz § Rn.)
Pauly, Die Vorverlagerung der Widerrufsbelehrung im Fernabsatzrecht: Praktische Konsequenzen für den M-Commerce, MMR 2005, 811
Raitz v. Frentz/v. Alemann, Die Übertragungsfiktion des § 137l UrhG für unbekannte Nutzungsarten, ZUM 2010, 38
Ranke, M-Commerce – Einbeziehung von AGB und Erfüllung von Informationspflichten, MMR 2002, 509
Redeker, IT-Recht, 5. Auflage 2012 (zitiert: *Redeker* IT-Recht Rn.)
Rehmann/Heimhalt, Rechtliche Aspekte von HealthApps, A&R 2014, 250
Rössel, Transparenzgebote im M-Commerce: AGB-Einbeziehung und Informationspflichten, ITRB 2006, 235
Roßnagel/Kroschwald, Was wird aus der Datenschutzgrundverordnung? – Die Entschließung des Europäischen Parlaments über ein Verhandlungsdokument, ZD 2014, 495
Schaffland/Wiltfang, BDSG, Ergänzungslieferung 6/2014, Stand: 2015 (zitiert: *Schaffland/Wiltfang* BDSG § Rn.)
Schippan, Können Schätze aus Zeitungsarchiven nun gehoben werden?, ZUM 2008, 844
Schleipfer, Datenschutzgerechte Gestaltung von Web-Eingabeformularen, RDV 2005, 56

Schöttle, Der Patentleft-Effekt der GPLv3 – Risiken für das Patentportfolio beim kommerziellen Einsatz von Open-Source-Software, CR 2013, 1

Schöttle/Steger, Managing Open Source Software in the Corporate Environment, How to establish an open source license compliance program, CRI 2015, 1

Schricker/Loewenheim, Urheberrecht, 4. Auflage 2010 (zitiert: *Verfasser* in Schricker/Loewenheim, § Rn.)

Schütze, USA: App-Store-Betreiber verpflichten sich zu mehr Datenschutz, ZD-Aktuell 2012, 02833

Simitis, BDSG, 8. Auflage 2014 (zitiert: *Verfasser* in Simitis BDSG § Rn.)

Solmecke/Taeger/Feldmann, Mobile Apps – Rechtsfragen und rechtliche Rahmenbedingungen, 1. Auflage 2013 (zitiert: *Verfasser* in Solmecke/Taeger/Feldmann Mobile Apps Kap. Rn.)

Spindler, Gutachten „Rechtsfragen der Open Source Software", Göttingen 2003, abrufbar unter http://lehrstuhl-spindler.uni-goettingen.de/extern/ross/downloads/studie_final.pdf

Spindler/Schuster, Recht der elektronischen Medien, 3. Auflage 2015 (zitiert: *Verfasser* in Spindler/Schuster Teil § Rn.)

Stadler, Verstoßen Facebook und Google Plus gegen deutsches Recht? – Ausschluss von Pseudonymen auf Social-Media-Plattformen, ZD 2011, 57

Taeger/Gabel, Kommentar zum BDSG – und zu den Datenschutzvorschriften des TKG und TMG, 2. Auflage 2013 (zitiert: *Verfasser* in Taeger/Gabel BDSG § Rn.)

Unabhängiges Landeszentrum für Datenschutz Schleswig-Holstein, Safe Harbor-Vorlage zum EuGH begrüßt, ZD-Aktuell 2014, 04222

Venzke-Caprarese, Standortlokalisierung und personalisierte Nutzeransprache mittels Bluetooth Low Energy Beacons, DuD 2014, 839

Venzke-Caprarese, Google Universal Analytics und iBeacons, ITRB 2015, 97

Wandtke/Bullinger, Urheberrecht, 4. Auflage 2014 (zitiert: *Verfasser* in Wandtke/Bullinger Urheberrecht § Rn.)

Graf von Westphalen, Vertragsrecht und AGB-Klauselwerke, 36. Ergänzungslieferung 2015 (zitiert: *Verfasser* in Graf von Westphalen Vertragsrecht und AGB-Klauselwerke Buch und Abschnitt Rn.)

Kapitel 1. Grundbegriffe, Grundlagen und Abläufe

A. Einleitung

Bevor die juristischen Probleme behandelt werden können, gilt es zunächst die wesentlichen Grundbegriffe, sowie die Grundlagen und Abläufe bei Entwicklung und Vertrieb von Apps zu klären. Zuerst zum Begriff der App selbst: Apps bezeichnen kleine Programme, mit denen vor allem Smartphones und Tablet-PCs um Funktionen ergänzt werden können. Aber auch immer mehr andere Geräte nutzen das App-Prinzip. Selbst einige Drucker lassen sich, mit Hilfe eigener Apps, um Funktionen erweitern[6] und so langsam erobern nun auch „Smart Devices" wie Uhren, Brillen und co. den Markt. 1

Apps sollen also Geräte, die in einer Basisausfertigung geliefert werden, um weitere Funktionen ergänzen. Doch Apps haben noch weitere Besonderheiten gegenüber „normaler" Software. So werden Apps in aller Regel in geschlossenen Systemen angeboten: Es gibt Apps für iPhones, die im AppStore von Apple angeboten werden; Apps für das Betriebssystem Android werden im plattformeigenen Google Play[7] angeboten. Apps werden also in aller Regel für bestimmte Plattformen erstellt[8] und dort über zentrale Marktplätze[9] vertrieben. 2

Von diesen **„nativen Apps"** zu unterscheiden sind sog. **„WebApps".** Dabei handelt es sich nicht um Programme im eigentlichen Sinne, also in Maschinensprache übersetzte Software, sondern um Web-Anwendungen, die nicht selbstständig lauffähig sind, sondern im Browser des Mobilgerätes ausgeführt werden.[10] Vereinfacht gesagt sind WebApps also Webseiten, die lediglich „look and feel" von Apps haben. WebApps haben den Vorteil, dass sie unabhängig vom Endgerät entwickelt werden können. Eine WebApp funktioniert also im Wesentlichen genauso auf einem Android-, wie auf einem iPhone-Smartphone. Sie sind in ihrer Funktionalität jedoch gegenüber nativen Apps deutlich eingeschränkt. Das betrifft vor allem die Verwendung der Hardware der Endgeräte (zum Beispiel GPS-Empfänger oder Bewegungssensoren), aber auch die Leistungsfähigkeit der App. Aufwändige Spiele lassen sich etwa meist kaum als WebApp umsetzen. 3

Wir werden uns im Folgenden auf native Apps konzentrieren und WebApps lediglich am Rande behandeln. Denn neue Rechtsfragen stellen sich vor allem bei Ent- 4

---

[6] ZDNet, http://www.zdnet.de/news/41533033/hp-stellt-webbasierten-druckdienst-eprint-vor.htm, abgerufen am 7.7.2015.

[7] Unter Android sind Apps nicht zwingend auf Google Play angewiesen. Es ist auch möglich, Apps manuell zu installieren. Daneben gibt es sogar „alternative" AppStores für Android, über die Apps installiert und zum Teil auch gekauft werden können, http://www.androidpit.de/de/android/wiki/view/Market, abgerufen am 7.7.2015. Aufgrund der bislang eher geringen Verbreitung soll diese Besonderheit jedoch zunächst außer Betracht bleiben.

[8] Nicht immer ist die Codebasis, also der eigentliche Programmiercode, unterschiedlich. Es gibt Software, die eine Erstellung von Apps für mehrere Plattformen gleichzeitig anbietet. So zum Beispiel *Adobe Air.* Die Binärdateien, die als Apps ausgeliefert werden, sind jedoch stets plattformspezifisch.

[9] Auch dieses Konzept unterliegt dem Wandel, siehe BlackBerry 10 und Android Apps, IBM mit OS/2 und jüngste Pläne bezüglich iOS und Android Apps für Windows: http://arstechnica.com/information-technology/2015/05/android-and-ios-apps-on-windows-what-is-microsoft-doing-and-will-it-work/, abgerufen am 7.7.2015.

[10] Wikipedia, http://de.wikipedia.org/wiki/Webanwendung, abgerufen am 7.7.2015.

wicklung und Vertrieb dieser Form von Apps. Typischerweise ergibt sich dort nämlich ein Zusammenspiel mehrerer Beteiligter: Dem Entwickler der App, dem Endnutzer und dem AppStore (die Marktplätze für Apps heißen je nach Anbieter unterschiedlich, der Einfachheit halber bleiben wir im Folgenden einheitlich bei der Bezeichnung „AppStore"[11]). Der Entwickler bietet seine Software nicht mehr direkt dem Endnutzer an. Stattdessen steht zwischen den beiden Parteien der AppStore als Vermittler.

5 Nicht immer ist der **Entwickler** einer App identisch mit dem **Anbieter,** also demjenigen, der die App veröffentlicht. Denn nicht selten wird die rein technische Entwicklung bei Dritten in Auftrag gegeben oder durch Subunternehmen durchgeführt. Genau genommen sind dann diese technischen Dienstleister die eigentlichen Entwickler der Apps. Diese Trennung findet sich in den Begrifflichkeiten bei den meisten AppStores jedoch nicht wieder. Sowohl Apple, als auch Google sprechen in der Regel von „Entwickler" oder „Developer"[12], meinen damit aber eigentlich die Partei, die Apps im AppStore veröffentlicht. Diese Verallgemeinerung werden wir nicht übernehmen. Wenn also vom „Entwickler" die Rede ist, ist damit der eigentliche Software-Hersteller gemeint – wer eine App im AppStore veröffentlicht, wird im Folgenden als „Anbieter" bezeichnet.

6 Der Vertrieb der Apps erfolgt zentral über den **AppStore.** Dieser kümmert sich um den Download, die Verbreitung von Updates und – bei kostenpflichtigen Apps[13] – um die Abrechnung. Auch inhaltlich kann der AppStore einen gewissen Einfluss nehmen und qualitativ hochwertige Software besonders empfehlen oder minderwertige Apps vom weiteren Vertrieb ausnehmen. Seinen Profit erhält der AppStore aus einer Beteiligung am Verkauf kostenpflichtiger Apps.

7 Auch für Entwickler und Anbieter von Software hat dieser zentrale Vertrieb Vorteile. Vor allem die einfache Abwicklung von Zahlungsvorgängen in AppStores hat eine regelrechte Revolution für Software-Anbieter bewirkt. Diese hatten zuvor ein großes Problem: Die **Transaktionskosten** bei Zahlungen im Netz. Vor allem Micropayment, also das Bezahlen von Kleinstbeträgen, rechnete sich meistens nicht. Nicht selten überstiegen die Kosten für die Zahlungsabwicklung den eigentlichen Kaufpreis.[14] Für wenige Euro oder gar Cent ließ sich Software also nicht gewinnbringend verkaufen. Die Software musste daher entweder so umfangreich sein, dass sie einen höheren Kaufpreis rechtfertigte oder sie ließ sich kaum wirtschaftlich verwerten.

8 Mit der zentralen Abwicklung von Zahlungen in AppStores wurde dieses Problem zu großen Teilen gelöst: Durch die Masse der Zahlungen konnten die Einzeltransaktionskosten für die Betreiber der AppStores gesenkt werden. Entwickler hatten so die

---

[11] Zum markenrechtlichen Streit um den Begriff „AppStore": Spiegel Online, http://www.spiegel.de/wirtschaft/unternehmen/0,1518,739132,00.html, abgerufen am 7.7.2015.

[12] So spricht etwa Google bei den Bedingungen für die Veröffentlichung von Apps in Google Play von einem „Developer Distribution Agreement" oder in der deutschen Version von einer „Vereinbarung für den Entwicklervertrieb", https://play.google.com/intl/ALL_de/about/developer-distribution-agreement.html, abgerufen am 7.7.2015.

[13] Auf etwa 12% schätzte die Bitkom den Anteil der kostenpflichtigen Apps, Stand: Februar 2012, http://www.bitkom.org/de/presse/8477_71298.aspx, mitlerweile ist der Anteil von kostenpflichtigen Apps jedoch stark rückläufig, vgl. http://www.androidmag.de/news/apps-news/die-zeit-der-kosten pflichtigen-apps-ist-voruber-inzwischen-sind-90-alle-apps-kostenfrei/ und http://de.statista.com/sta tistik/daten/studie/74370/umfrage/android-apps-nach-kostenlosen-und-kostenpflichtigen-angeboten/, jeweils abgerufen am 7.7.2015.

[14] Wikipedia, http://de.wikipedia.org/wiki/Micropayment, abgerufen am 7.7.2015.

Möglichkeit, ihre Software für Kleinstbeträge zu verkaufen. Ein völlig neuer Markt war geschaffen. Durch den geringen Kaufpreis steigen die Verkaufszahlen, durch die Masse der Verkäufe lässt sich Gewinn erwirtschaften. Darüber hinaus haben App-Anbieter die Möglichkeit, durch sog. In-App-Purchases nicht nur den eigentlichen Verkauf von Apps abzuwickeln, sondern auch eigene Produkte, vor allem Erweiterungen von Apps, etwa in Form von Freemium-Modellen[15], anzubieten.

Letztlich profitieren davon alle Beteiligten: Die Entwickler erschließen einen neuen **9** Markt, der AppStore verdient an den Verkäufen mit. Doch auch die Endnutzer haben Vorteile: Apps sind einfach und für kleine Beträge verfügbar. Außerdem wird das Angebot reichhaltiger. Entwickler müssen nicht mehr umfangreiche Software programmieren, die möglichst viele Anwendungsbereiche abdeckt und für viel Geld verkauft werden kann. Auch kleine, sehr spezialisierte Programme können sich lohnen. *Long Tail* wird dieser ökonomische Effekt auch genannt.[16] Frei übersetzt: Der „Rattenschwanz" an Nischenprodukten, die durch die einfache und kostengünstige Verbreitung profitabel werden.

Dennoch bringt das Prinzip AppStore auch Nachteile mit sich. Vor allem Entwick- **10** ler sind vom Wohlwollen des AppStore-Betreibers abhängig. Wer sich nicht an die Regeln des AppStores hält, riskiert den Ausschluss seiner App – und damit die Isolation vom Markt. Apple ist wegen seiner inhaltlichen Kontrolle von Apps in der Vergangenheit bereits in die Kritik geraten[17], weitere Konflikte sind wahrscheinlich. Denn die Grenze zwischen neutralem Vermittler und eingreifendem Akteur droht bisweilen zu verschwimmen.

Das Zusammenspiel zwischen Entwickler, AppStore und Endkunde ist in jedem **11** Fall sehr komplex und hat weitreichende Auswirkungen. Im Folgenden werden wir die einzelnen Vertragsbeziehungen genauer beleuchten und vor allem die Rechte und Pflichten der jeweiligen Vertragspartner hervorheben.

12

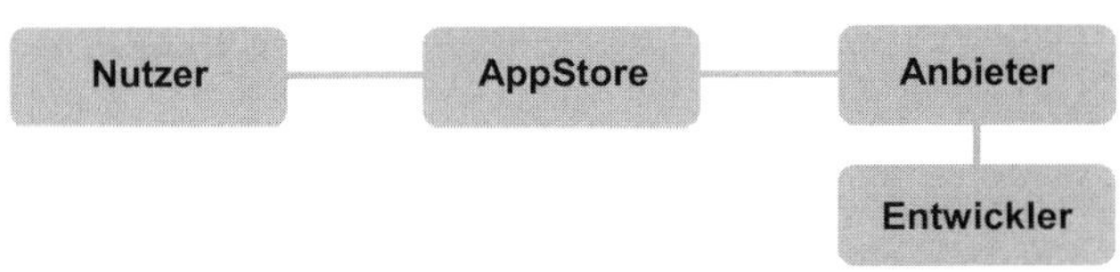

Abbildung: Überblick über die Beteiligten beim Vertrieb von Apps.

Begriffsklärung für dieses Buch:
„AppStore" bezeichnet plattformunabhängig den Marktplatz, über den Apps vertrieben werden.
„Anbieter" bezeichnet denjenigen, der eine App im AppStore veröffentlicht.
„Entwickler" bezeichnet den technischen Ersteller einer App.
„Nutzer" bezeichnet den Nutzer einer App bzw. eines AppStore.
„App" bezeichnet im Folgenden native Apps, die direkt auf dem Endgerät ausgeführt werden.
„WebApps" bezeichnet Webseiten im „look and feel" von Apps.

---

[15] *Freemium* bezeichnet ein Geschäftsmodell, bei dem eine Basis-Version des Produkts kostenlos angeboten wird, zusätzliche Funktionen aber gegen Entgelt freigeschaltet werden müssen. Zum Ursprung des Begriffs: *Fred Wilson,* http://avc.blogs.com/a_vc/2006/03/the_freemium_bu.html, abgerufen am 7.7.2015.

[16] *Anderson,* The Long Tail. The future of entertainment is in the millions of niche markets at the shallow end of the bitstream, in Wired Magazine 12, Nr. 10, The Conde Nast Publications, New York Oktober 2004.

[17] Heise Online, Zensur-Vorwürfe gegen Apple, http://www.heise.de/newsticker/meldung/Zensur-Vorwuerfe-gegen-Apple-897582.html, abgerufen am 7.7.2015.

B. Die Entwicklung von Apps

13 Bei der Entwicklung von Apps gibt es keinen einheitlichen Ablauf. Die Anbieter der mobilen Betriebssysteme stellen sog. **Software Development Kits** (SDK)[18], also spezielle Programmbibliotheken zur Verfügung, auf Basis derer native Apps für das jeweilige Betriebssystem erstellt werden können. Dabei handelt es sich im Wesentlichen nicht um selbst lauffähige Software, sondern lediglich um Software-Komponenten, mit denen die mobilen Endgeräte durch die Apps angesprochen werden können. Die *Software Development Kits* bieten somit die Grundlage zur Entwicklung von Apps – nicht mehr und nicht weniger.

14 Mit Hilfe der SDK lassen sich auch Hardware-Funktionen der Mobiltelefone ansteuern, wie Kamera, Lautsprecher oder Bewegungssensoren. Gleichzeitig stellen die SDK sicher, dass bestimmte Funktionen nur nach vorheriger Einwilligung durch den Nutzer angesprochen werden können. Jede App muss definieren, welche Funktionen des Endgerätes sie ansteuern soll. Dies muss dann bei der Installation der App durch den Nutzer **bestätigt,** bzw. genehmigt werden. Andernfalls wird der App der Zugriff auf die jeweilige Funktion verwehrt. Eine App kann also zum Beispiel keine geheimen Aufnahmen mit Kamera oder Mikrofon vornehmen, ohne dass der Nutzer diese Funktionen zuvor bei der Installation freigegeben hat.

15 Wie die SDK bei der App-Entwicklung genutzt werden, ist jedoch unterschiedlich. Google und Apple bieten etwa eine Integration ihrer Programmbibliotheken in die weit verbreitete Entwicklungsumgebung *Eclipse*[19] an. Entwickler können so Apps für Google und Apple innerhalb dieser Entwicklungsumgebung erstellen. In diesem Fall ist es allerdings erforderlich, jede App unabhängig für das jeweilige Betriebssystem zu entwickeln *(native Programmierung).* Eine App, die für iOS entwickelt wurde, ist unter Android nicht lauffähig und umgekehrt. Das bedeutet, dass ein und dieselbe App in diesem Fall mehrfach programmiert werden muss: Für iOS, Android und ggf. andere mobile Betriebssysteme.

16 Um diese Potenzierung des Arbeitsaufwandes zu vermeiden, haben sich einige Drittanbieter darauf spezialisiert, eigene Entwicklungsumgebungen zu schaffen, mit denen plattformübergreifende Apps erstellt werden können **(cross-platform Programmierung).** Eine der bekanntesten Techniken ist *Adobe Flash*[20] bzw. die davon abgeleitete Technologie *Adobe Air*[21]. Zwar bietet iOS seit jeher[22] keine *Flash*-Unterstützung an und auch Android ist mitlerweile nachgezogen.[23] Davon betroffen sind jedoch in erster Linie *Flash*-Anwendungen im Web. Für diese Anwendungen ist nämlich ein spezielles *Flash*-Plugin erforderlich. Daneben ist *Flash* aber auch in der Lage, mit *Adobe Air* native Apps zu erstellen. Anstatt einer *Flash*-Anwendung, die auf ein Plugin angewiesen

---

[18] Das Android *Software Development Kit* ist abrufbar unter http://developer.android.com/sdk/index.html, das Apple *Software Development Kit* ist nicht frei abrufbar, sondern erfordert eine Registrierung unter https://developer.apple.com/programs/ios/.

[19] http://www.eclipse.org.

[20] http://www.adobe.com/de/products/flash.html.

[21] http://www.adobe.com/products/air.html.

[22] http://www.apple.com/hotnews/thoughts-on-flash/, abgerufen am 7.7.2015.

[23] Chip.de, Android 4.4 – Google blockt den Flash Player, http://www.chip.de/news/Android-4.4-Google-blockt-den-Flash-Player_65690089.html, abgerufen am 7.7.2015, abgerufen am 7.7.2015.

ist, lassen sich so native Apps exportieren, die sich kaum von anderen Apps unterscheiden und auch ohne *Flash*-Unterstützung lauffähig sind. So kann die bewährte *Flash*-Technologie auch für die Entwicklung mobiler Apps genutzt werden.

Weitere Produkte zur *cross-platform* Entwicklung sind *Appcelerator*[24], das auf 17
Spiele spezialisierte *Unity*[25] sowie das freie Projekt *Phonegap*[26], mit dem herkömmliche Web-Technologien wie HTML und Javascript in native Programmcodes für diverse mobile Betriebssysteme übersetzt werden können[27]. All diese Dritt-Technologien basieren im Wesentlichen auch auf den *Software Development Kits* der jeweiligen mobilen Endgeräte, bieten aber verschiedene Möglichkeiten, diese parallel einzusetzen und somit Entwicklungsaufwand zu sparen.

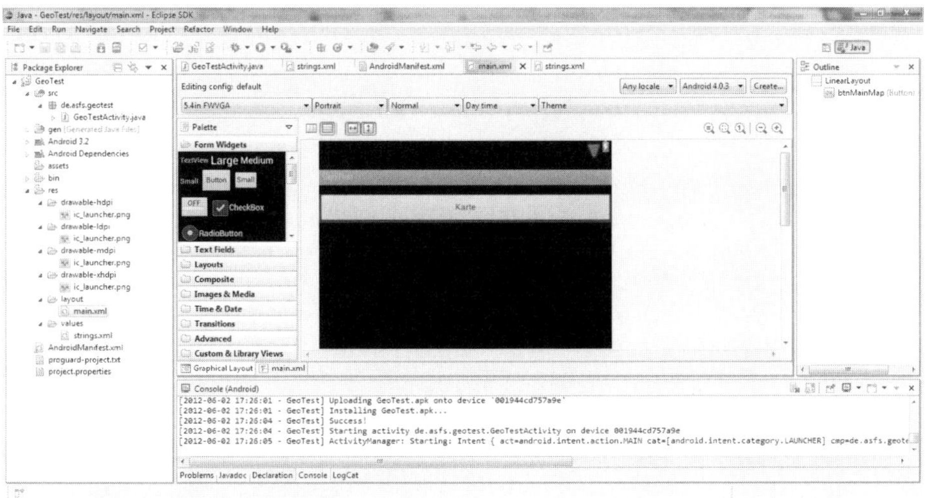

Abbildung: Entwicklungsumgebung Eclipse

Sowohl die native als auch die *cross-plattform* Programmierung haben Vor- und 18
Nachteile. Vorteil der nativen Programmierung ist die zum Teil wesentlich bessere Leistungsfähigkeit der Apps. Denn die Anbieter von *cross-platform* Techniken können jeweils nur den kleinsten gemeinsamen Nenner aller mobilen Betriebssysteme abdecken. Schließlich muss es möglich sein, jede mobile Plattform mit demselben Code anzusprechen. Das hat zum Teil Auswirkungen auf den Funktionsumfang, sodass einige *cross-platform* Techniken nicht alle auf dem jeweiligen Gerät zur Verfügung stehenden Funktionen ausnutzen können. Zum anderen ist die Leistungsfähigkeit einiger Techniken im Vergleich zur nativen Programmierung zum Teil eingeschränkt: Native Apps sind bisweilen schneller und ressourcensparender als *cross-*

---

[24] http://www.appcelerator.com/.

[25] http://unity3 d.com/.

[26] http://phonegap.com/.

[27] Die Apps nutzen in diesem Fall genauer gesagt eine sog. WebView-Komponente, einer Art Browser innerhalb einer App, mit dem sich Webseiten in Apps integrieren lassen. Die eigentliche App besteht also ausschließlich aus der WebView-Komponente, in der die jeweilige App im HTML-Format dargestellt wird. Apps auf Basis von Phonegap sind also gewissermaßen eine Mischung aus nativen Apps und Webapps.

platform Apps. Durch immer leistungsfähigere Endgeräte ist der Unterschied jedoch häufig kaum noch spürbar.

19 Welche Technik letztendlich die geeignetste ist, hängt vom jeweiligen Projekt, von den Anforderungen an die App, vom Personal und vom Budget ab. Festzuhalten bleibt, dass die Anbieter der mobilen Betriebssysteme jedenfalls nur die Grundlage für die Entwicklung von Apps zur Verfügung stellen. Die weitere Ausgestaltung des Entwicklungsablaufs obliegt dem jeweiligen Entwickler. Dabei gibt es verschiedene Stufen der Flexibilität und Leistungsfähigkeit, die einen qualitativen Unterschied machen können, aber nicht zwangsläufig müssen. Es ist sinnvoll, die verschiedenen Optionen bereits in der Planungsphase eines Projektes zu prüfen und mit den Entwicklern zu erörtern, um gemeinsam die geeignetste Lösung für das jeweilige Projekt zu finden.

C. Der Verkauf von Apps

20 Der Ablauf eines **App-Verkaufs** gestaltet sich sowohl im Apple AppStore als auch bei Google Play nahezu identisch. Unter beiden Plattformen steht ein zentraler Marktplatz für den Vertrieb von Apps zur Verfügung. Dort können Nutzer nach speziellen Apps suchen, oder das Angebot nach Kategorien durchstöbern. Ähnlich wie bei einem Online-Shop hat jede App eine eigene Produktseite. Dort sind die Funktionen und der Entwickler bzw. Anbieter einer jeweiligen App aufgelistet. Auch Vorschaubilder, Nutzerkommentare und zahlreiche weitere Informationen sind abrufbar.

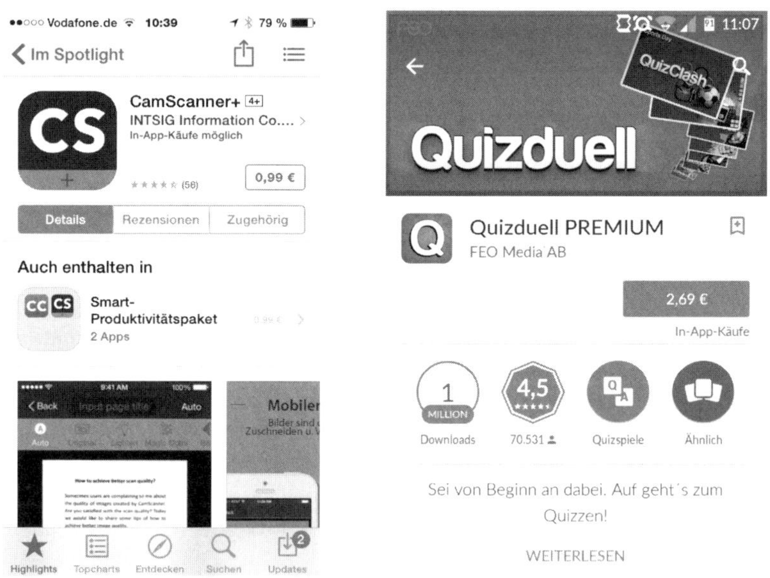

Links: Produktseite einer App auf dem iPhone, Rechts: Produktseite unter Android

21 Mit wenigen Klicks (bzw. „Tipps") lassen sich Apps auf das Mobiltelefon des Nutzers installieren. Handelt es sich um kostenpflichtige Apps, ist zuvor natürlich noch der Bezahlprozess zwischengeschaltet. Dieser gestaltet sich relativ simpel: Der Nutzer hinterlegt einmalig seine Zahlungsdaten – üblicherweise die Daten einer Kreditkarte oder PayPal[28] – und muss die Bezahlung beim späteren Kauf von Apps nur mit einem Klick bestätigen.

Abbildung: Bezahlvorgang für eine App bei Google Play

Bei Google Play ist es nunmehr auch erforderlich, dem Verzicht auf das Widerrufsrecht durch Klick auf einen separaten Kaufen-Button zuzustimmen. Hier gestaltet sich der Kaufvorgang folglich schon etwas komplizierter als bei Apple, wo auf das Widerrufsrecht – in der Regel – zunächst nur in den AGB hingewiesen wird:[29] **21a**

Abbildung: Bezahlvorgang für eine App bei Apple

Die gesamte **Abwicklung** übernimmt dabei der jeweilige AppStore. Nach der Bestätigung des Kaufes wird die App (in der Regel) automatisch heruntergeladen und installiert, dem Kunden wird der jeweilige Betrag in Rechnung gestellt. **22**

Sowohl bei Google als auch bei Apple wird anschließend per E-Mail eine Rechnung für den Kauf verschickt. Bei Google wird als Verkäufer der jeweilige App-Anbieter angegeben. Ob dies auch rechtlich zutreffend ist, wird noch zu klären sein. Bei Apple hingegen findet sich selbst auf der Rechnung kein Anhaltspunkt dafür, dass jemand anderes als Apple als Rechnungssteller der Vertragspartner sein sollte (siehe Abbildung nächste Seite). Unter „Gekauft bei" findet sich keinesfalls der Verkäufer, sondern lediglich die benutzergenerierte Kennung des jeweiligen Gerätes, von welchem aus die App gekauft wurde, zB „*OC iPhone 5S*" oder „*Ewald & Family iPad*".

[28] https://support.google.com/googleplay/answer/2651410, abgerufen am 7.7.2015.

[29] Zum Widerrufsrecht siehe Rn. 170 ff. dieses Buches.

Vielen Dank.

Sie haben bei FEO Media AB auf Google Play eingekauft.

Bestellnummer: 129997631690547[redacted]
Bestelldatum: 03.06.2015 10:08:55 BST

Artikel	Preis
Quizduell PREMIUM	2,69 €

Gesamt: 2,69 €
(enthält MwSt. in Höhe von 0,43 €)

Zahlungsart: Google Wallet PayPal: [redacted]@[redacted].de

Sie haben Fragen? Kontaktieren Sie FEO Media AB.

Abbildung: Rechnung für den Kauf einer App bei Google Play.

Rechnung

APPLE-ID
[redacted]@web.de

RECHNUNG AN
[redacted]
DEU

RECHNUNGSDATUM
05.07.2015

LAUFENDE NR.
1[redacted]8

GESAMT
4,98 €

BESTELLNR.
M[redacted]W

DOKUMENT-NR.
1[redacted]9

App Store

	TYP	GEKAUFT BEI	PREIS
Hipstamatic, New Orleans HipstaPak Problem melden	In-App-Kauf	[redacted]i5S[redacted]	**0,99 €**
F.A.Z. / F.A.S. - Zeitung, F.A.S. vom 05.07.2015 Problem melden	In-App-Kauf	[redacted]&[redacted] iPad	**3,99 €**

Einschließlich Mehrwertsteuer in Höhe von 19%

Mehrwertsteuer in Höhe von 19% **0,80 €**

GESAMT **4,98 €**

Abbildung: Rechnung für den Kauf einer App bei Apple.

23 Mit dem Kauf der App bestätigt der Nutzer auch, welche **Berechtigungen** für die jeweilige App auf dem Endgerät freigeschaltet werden. Soll eine App beispeilsweise auf die Kamera eines Handys zugreifen, wird dies – zumindest bei Google Play – dem Nutzer zuvor bereits im AppStore angezeigt. Mit dem Download bestätigt er die Freigabe der jeweiligen Funktion für die App. Weniger eindeutig ist die Freigabe bei *iOS*.

Zu den Funktionen, die der Nutzer explizit freigeben muss, gehören insbesondere:
- Lese- und Schreibzugriff auf lokale Dateien
- Netzwerk- und Internetzugriff
- Geographische Daten (GPS, Wifi, Mobilfunkortung)
- Zugriff auf das Adressbuch und SMS
- Zugriff auf Kamera und Mikrofon
- Zugriff auf Sensoren des Gerätes (zB Bewegungssensoren)
- Zugriff auf Einstellungen des Gerätes (zB Lautstärkeeinstellungen)

Dieser **Rechteverwaltung** liegen komplexe technische Schutzmaßnahmen zugrunde. Schon während der Entwicklung muss genau definiert werden, welche Rechte die App benötigt. Nur wenn diese Rechte vom Nutzer bestätigt wurden, gewährt das Betriebssystem des mobilen Gerätes den Zugriff auf die jeweilige Funktion. Damit ist weitgehend sichergestellt, dass eine App nicht heimlich auf sensible Daten und Funktionen zugreifen kann und zum Beispiel Telefongespräche ohne Wissen des Nutzers mitschneiden kann.

Problematisch ist dabei allerdings, dass die Berechtigungen für Apps allzu häufig **24**
vom Nutzer schlicht überlesen und „weggeklickt" werden. Das zeigte beispielsweise eine Untersuchung von Stiftung Warentest, wonach viele Apps mehr Berechtigungen erhalten, als notwendig, was von den Nutzern häufig gar nicht bemerkt wird – obwohl der Hinweis auf die Nutzung der entsprechenden Daten und Funktionen im AppStore angezeigt wird.[30]

Auch wenn sowohl Apple als auch Google also ein dezidiertes Rechte-System für Apps zur Verfügung stellen, ist das keine Gewähr dafür, dass Nutzer tatsächlich vor zumindest unnötigem Zugriff auf Daten und Funktionen geschützt sind.

---

[30] http://www.sueddeutsche.de/digital/schlechter-datenschutz-stiftung-warentest-warnt-vor-smartphone-apps-1.1365509, abgerufen am 7.7.2015.

Kapitel 2. Die Rechtsprobleme beim App-Vertrieb

25 Wie ist der Vertrieb von Apps nun rechtlich einzuordnen? Wer ist „Verkäufer" einer App – AppStore oder Anbieter? Und: Was ist überhaupt ein „App-Vertrag"?

A. Der App-Vertrag

26 Wichtigstes Differenzierungsmerkmal bei der Klassifizierung eines „App-Vertrages" ist die Frage, ob die App **kostenlos oder gegen Entgelt** vertrieben wird.

I. Kostenpflichtige Apps

27 Um was für einen Vertrag handelt es sich, wenn ein Nutzer eine **App erwirbt?** Im Kern ist diese Frage nichts Neues. Ein solcher „App-Vertrag" ist letztlich nichts anderes als ein Softwareüberlassungsvertrag, über dessen Rechtsnatur bereits seit vielen Jahren ausgiebig diskutiert wurde.

Schon im Jahr 1987 hat der Bundesgerichtshof entschieden, dass auf einen Vertrag über die dauerhafte Überlassung von Standard-Software **Kaufrecht** zumindest entsprechend anwendbar ist.[31] Standard-Software meint dabei, dass das erworbene Programm nicht speziell für den Kunden erstellt oder in wesentlichen Teilen angepasst wurde. In der Praxis ist diese Ansicht auch nicht durchgreifend erschüttert worden. Im Gegenteil hat der Gesetzgeber mit § 453 Abs. 1 BGB klargestellt, dass das Kaufrecht sowohl auf den Sach- wie auf den Rechtskauf anwendbar ist. Insofern spielt auch die Sachqualität von Software oder die Auslieferung in unkörperlicher Form nur noch eine untergeordnete Rolle.[32] Für die Abgrenzung verschiedener Vertragstypen soll vielmehr der Vertragszweck entscheidend sein: Soll die (Standard-)Software auf Dauer überlassen werden, soll Kaufrecht anzuwenden sein, bei zeitlich begrenzter Überlassung in Form eines Dauerschuldverhältnisses Miet- oder Leasingrecht.[33]

28 Für Apps bedeutet das: In aller Regel wird man davon ausgehen können, dass auf den Erwerb von Apps im Rahmen von AppStores **Kaufrecht** anwendbar ist. Auch wenn sich die Anbieter der AppStores zum Teil vorbehalten, einzelne Apps zurückzuziehen (etwa falls Drittanbieter Schadsoftware über den AppStore verbreitet haben)[34], ist die Überlassung von Apps dennoch im Grundsatz auf Dauer angelegt. Vergleichbar ist diese Konstellation mit einem Produktrückruf nach dem Produktsicherheitsgesetz: Wird dem Hersteller bekannt, dass von einem seiner Produkte eine Gefahr ausgeht, ist er ua dazu verpflichtet, dieses Produkt zurückzurufen. Ähnlich versuchen es auch die

---

[31] BGH Urt. v. 4.11.1987 – VIII ZR 314/86, 1988, 406 (407 f.).

[32] *Hoeren* in Graf von Westphalen Vertragsrecht und AGB-Klauselwerke, IT-Verträge, Standardsoftware Rn. 4.

[33] *Kammel* in Kilian/Heussen Computerrecht Teil 17 Rn. 72 ff.

[34] So etwa geregelt in den Google Play Geschäfts- und Programmrichtlinien, Ziff. 7.2 „Deaktivierung durch Google", http://play.google.com/intl/de/about/android-developer-policies.html, abgerufen am 7.7.2015.

Betreiber der AppStores umzusetzen: Im Notfall soll es ihnen möglich sein, Schadsoftware, die über ihre Plattform vertrieben wurde, von den Endgeräten wieder zu entfernen und den Schaden einzugrenzen. Um dieses Vorgehen rechtlich abzusichern, lassen sie sich zum Teil in ihren Nutzungsbedingungen das Recht zu einer solchen Löschung einräumen. Dabei handelt es sich aber nicht um eine dingliche Beschränkung des Nutzungsrechts, sondern um eine Erlaubnis auf schuldrechtlicher Ebene, die Löschung auf dem Gerät des Anwenders vorzunehmen. Somit wird die App im Grundsatz auf Dauer überlassen und dem AppStore-Anbieter lediglich das Recht eingeräumt, im Notfall eine schadhafte App wieder zu entfernen.

Einen Sonderfall stellen **Cloud-Computing-Angebote** dar, wenn die App lediglich **29**
den Zugang zu einem Dienst bereitstellt, der im Wesentlichen im Netz stattfindet, wie etwa bei den Apps zu verschiedenen Google-Diensten wie *GMail*[35] oder *Google Docs*[36], oder bei Cloud-Hosting-Angeboten wie *Dropbox*[37]. Auch Online-Spiele können in diese Kategorie fallen. All diese Angebote haben gemein, dass der eigentliche Dienst fast ausschließlich über das Internet betrieben wird – die App selbst ist lediglich eines von mehreren möglichen Werkzeugen, um den Zugang zu diesem Online-Dienst zu ermöglichen. Der Schwerpunkt der Funktionalität besteht also nicht in der App, sondern in dem dahinter liegenden Dienst. In diesem Fall liegt zumindest kein reiner Kaufvertrag vor. So hat der BGH für das Application Service Providing – die Bereitstellung von Software als Online-Dienst – festgestellt, dass es sich um einen **gemischttypischen Vertrag** mit dienst-, werk- und mietvertraglichen Elementen handelt.[38] Im Falle einer kostenpflichtigen App können außerdem noch kaufvertragliche Elemente hinzukommen. Letztlich kommt es hier auf die genaue Ausgestaltung der App an – so vielfältig die technischen Möglichkeiten im Zusammenspiel zwischen lokalen Anwendungen und Cloud-Computing sind, so verschieden können auch die einzelnen Vertragstypen im Detail ausgestaltet sein. Denkbar sind ebenso Verträge, deren Schwerpunkt ausschließlich in einem Dienstvertrag bestehen, wie auch reine Kaufverträge, obwohl eine App auch eine Online-Anbindung beinhaltet. Wie so oft bleibt es bei gemischten Funktionsmodellen eine Frage des Einzelfalls, die sich allerdings mit den klassischen juristischen Werkzeugen und den bisherigen Erkenntnissen des IT-Vertragsrechts gut beantworten lassen dürften.

Es lässt sich also festhalten: Im Normalfall handelt es sich beim kostenpflichtigen **30**
Vertrieb von Apps trotz einiger vertraglicher Besonderheiten um einen **Kaufvertrag.** Dennoch sind prinzipiell auch beim Vertrieb von Apps vertragliche Mischformen denkbar – etwa wenn eine App zwar dauerhaft überlassen wird, aber lediglich als Client für einen Software-as-a-Service-Dienst dient. Doch auch solche Grenzfälle sind mit den „klassischen" Regeln des IT-Vertragsrechts ohne Weiteres lösbar.

II. Kostenlose Apps

Bei kostenpflichtigen Apps liegt also in aller Regel ein Kaufvertrag zugrunde. **31**
Doch was liegt bei **kostenlosen Apps** vor? Bekannt ist diese rechtliche Konstellation

---

[35] http://mail.google.com.
[36] http://docs.google.com.
[37] http://www.dropbox.com.
[38] BGH Urt. v. 15.11.2006, Az. XII ZR 120/04 – NJW 2007, 2394.

schon aus dem „klassischen" IT-Vertragsrecht, genauer von Software, die als Freeware vertrieben wird. Dort gilt: Eine **Schenkung** kann dann angenommen werden, wenn die Software dauerhaft und ohne Gegenleistung überlassen wird.[39]

Wie auch bei kostenpflichtigen Apps ist auch hier zu berücksichtigen, dass sich einige AppStores eine Art Rückrufrecht vorbehalten, um Schadsoftware von den Endgeräten automatisch entfernen zu können. Auch bei kostenlosen Apps spielt das aber keine entscheidende Rolle: Im Grundsatz sollen die Apps dauerhaft überlassen werden – nur in engen Ausnahmefällen soll es aus Sicherheitsgründen möglich sein, schadhafte Apps wieder entfernen zu können.

32 Problematisch ist allerdings, dass bei einer Schenkung in aller Regel eine **Vermögensverschiebung** stattfinden muss. Durch die Vermögensvermehrung auf Seiten des Beschenkten, muss eine Vermögensminderung beim Schenker eintreten.[40] Kurz: Der Schenker muss ärmer werden.[41] Das ist beim Vertrieb von Software als Download jedoch selten der Fall: Die Vervielfältigung ist in beliebiger Zahl möglich, sie kostet nichts und ein reiner Download mindert damit nicht das Vermögen des Schenkers.[42] Auch der bloße Verzicht auf einen Vermögenserwerb – etwa der Verzicht darauf, für eine App Geld zu verlangen – reicht nicht aus.[43] Teile der Literatur schließen daher das Schenkungsrecht für den kostenlosen Vertrieb von Software aus.[44]

Die wohl herrschende Meinung wendet nichtsdestotrotz das Schenkungsvertragsrecht auch auf den Vertrieb von **Free- und Open Source Software** an.[45] Die Entreicherung des Schenkers bestehe in der Übertragung der Nutzungsrechte. Das Schenkungsrecht verweise in § 523 Abs. 2 S. 2 BGB auf das Kaufrecht – und dieses stellt wiederum Sach- und Rechtskauf gleich. Dementsprechend komme es nicht darauf an, ob eine Software auf einem Datenträger oder nur in Form eines Nutzungsrechtes übergeben werde.[46] Bildlich dargestellt: Der Schenker verfügt über einen „Pool" an Nutzungsrechten, von denen er eines dem Beschenkten überlässt. Dies soll als Vermögensverschiebung ausreichen, um auch bei der Übertragung von Lizenzen eine Schenkung annehmen zu können.

33 Es lässt sich zusammenfassen: Nach herrschender Meinung stellt der kostenlose Vertrieb von Apps eine **Schenkung** iSv § 516 BGB dar. Das wirkt sich vor allem auf die Haftungssituation aus: Nach § 521 BGB hat der Schenker nur Vorsatz und grobe Fahrlässigkeit zu vertreten, Gewährleistungsrechte gelten nach § 524 BGB nur bei arglistigem Verschweigen. Wer keine Gegenleistung für die App erhält, ist im Gegenzug also auch weitgehend aus der Haftung befreit.

---

[39] *von dem Bussche/Schelinski* in MAH Rn. 260ff.

[40] *Wimmer-Leonhardt* in Staudinger, Buch 2, Schenkungsrecht, § 516 Rn. 21.

[41] *J. Koch* in MüKo BGB § 516 Rn. 6.

[42] *Hoeren* FS Kollhosser, 229, (235).

[43] *Gehrlein* in Bamberger/Roth, BeckOK Stand: 1.2.2015, § 516 Rn. 4.

[44] *Hoeren* FS Kollhosser, 229, (236).

[45] *Moritz* in Kilian/Heussen Computerrecht Teil 3 Mängelansprüche bei Hardware- und Softwareverträgen Rn. 178ff.; *Redeker* IT-Recht Rn. 595a; *Jaeger/C. Schulz,* Gutachten zu ausgewählten rechtlichen Aspekten der Open Source Software, München 2003, S. 55; *Lachenmann* in Solmecke/Taeger/Feldmann Mobile Apps Kap. 3 Rn. 312.

[46] *Spindler,* Gutachten „Rechtsfragen der Open Source Software", Göttingen 2003, S. 73f., abrufbar unter https://www.uni-goettingen.de/de/document/download/035cb3109455169625e840892422916e.pdf/studie_final.pdf, abgerufen am 7.7.2015.

Ganz von der Hand zu weisen sind die dogmatischen Bedenken jedoch nicht. Tatsächlich lässt sich bei der Übertragung von Nutzungsrechten kaum von einer klassischen **Vermögensverschiebung** sprechen. Der Urheber kann einfache Nutzungsrechte in unbegrenzter Zahl übertragen. Überlässt er ein einfaches Nutzungsrecht einem Dritten, stellt dies also keine Vermögensminderung dar – das Nutzungsrecht „verschwindet" nicht aus seinem Vermögen.

Dennoch sprechen die überzeugenderen Argumente dafür, den kostenlosen Vertrieb **34** von Apps als Schenkung anzusehen. Ob eine Software als Datenträger oder als Download vertrieben wird, kann für die Abgrenzung des Vertragstypes keinen Unterschied machen. Andernfalls könnte ein und dieselbe Software unterschiedlichen Vertragsregeln unterliegen – je nach Verbreitungsweg. Das ist jedoch ersichtlich nicht gewollt: Im Kaufrecht hat der Gesetzgeber Sach- und Rechtskauf **gleichgestellt,** um eine solche vertragliche Zersplitterung zu vermeiden. Es ist nicht einzusehen, warum im Schenkungsrecht Anderes gelten sollte. So lässt es sich dann auch rechtfertigen, ein individualisiertes Nutzungsrecht nicht als Teil des generellen Verfügungsrechts eines Urhebers über sein Werk zu betrachten, sondern als vermögenswertes Recht, das sich nach der Überlassung an einen Dritten nicht mehr im Vermögen des Rechteinhabers befindet.

Auch die rechtlichen Konsequenzen erscheinen sachdienlich: Wer etwas ver- **35** schenkt, haftet nur in Ausnahmefällen, dies regeln die §§ 516ff. Ein Grundsatz, der nicht nur juristische Wurzeln hat: „Dem geschenkten Gaul, schaut man nicht ins Maul", sagt der Volksmund. Bei keinem anderen Vertragstypus geht die gesetzliche Privilegierung eines Vertragsteils derart weit und kein anderer Vertragstyp entspricht dieser Interessenlage.

III. Abgrenzungsfragen

Doch Apps lassen sich nicht immer eindeutig in die Kategorie „kostenlos" und **36** „kostenpflichtig" einordnen. So gibt es verschiedene **Mischformen,** bei denen sich Abgrenzungsschwierigkeiten ergeben können.

Viele Apps werden etwa kostenlos überlassen, finanzieren sich jedoch über **Werbeanzeigen** innerhalb der App. Stellt in diesem Fall die Nutzung der App, bzw. das Aufrufen der Werbeanzeigen eine Gegenleistung dar, die eine Schenkung ausschließen würde? In den meisten Fällen wird man auch bei Werbefinanzierung eine Schenkung annehmen können. Denn der Erwerber einer App wird in keinem Fall *verpflichtet,* die App zu nutzen, bzw. die Werbeanzeigen anzuschauen oder gar anzuklicken. Denn der bloße Wunsch einer Gegenleistung schließt eine Schenkung nicht aus.[47] Auch die Tatsache, dass der App-Anbieter mit dem kostenlosen Vertrieb kommerzielle Interessen verfolgt, steht dem nicht entgegen.

Ein weiteres Abgrenzungsproblem ergibt sich bei Apps, die als **Freemium**-Version **37** verbreitet werden. Die Basisversion der App ist also kostenlos, gegen Bezahlung lassen sich aber Zusatzfunktionen oder andere Extras erwerben. Hier stellt sich die Frage, ob die App immer noch unentgeltlich, also ohne Gegenleistung, angeboten wird. Hier ist zu bedenken, dass die Interessenlage eine andere ist, als bei vollständig kostenlosen Apps. Bei letzteren ist die Haftung des App-Anbieters auf ein Minimum be-

[47] *Gehrlein* in Bamberger/Roth, BeckOK, Stand: 1.2.2015, § 516 Rn. 7.

schränkt – der Endnutzer musste schließlich auch keine Gegenleistung erbringen. Anders ist die Lage aber bei Freemium-Apps. Hier muss der Nutzer zwar für die Basisversion auch nichts bezahlen, er investiert aber unter Umständen später in die Nutzung der App.

38 In Rechtsprechung und Literatur ist diese Frage bislang noch nicht behandelt worden. Hier bietet es sich an, zu **differenzieren:** So kann das Überlassen der Basisversion als Schenkung betrachtet werden, der Zukauf von Premium-Funktionen wiederum als Kauf- oder Dienstvertrag. Für die Basisversion würden dann nur sehr eingeschränkte Gewährleistungsrechte bestehen, für die Premium-Features dafür im normalen gesetzlichen Rahmen. Dabei gilt es zu bedenken: Das Schenkungsrecht privilegiert den Schenker – wer etwas verschenkt, soll nicht auch noch voll dafür haften. Gleichzeitig ist der Beschenkte nur begrenzt schutzwürdig. Er hat schließlich keine Leistung erbracht. Auf kostenlose Apps ist diese Konstellation gut übertragbar, auf Freemium-Modelle aber nicht unbedingt. Der Nutzer hat zwar die Basis-App kostenlos erhalten, anschließend aber unter Umständen schutzwürdige Investitionen in Premium-Features getätigt. Zumindest im Hinblick auf diese erworbenen Zusatzinhalte kann der Nutzer also nicht schutzlos gestellt werden.

39 Denkbar wäre es auch, in diesem Fall für die gesamte App einen Kaufvertrag anzunehmen; nämlich dann, wenn die Gegenleistung für die App nur zeitlich nach hinten verlagert wurde. Etwa bei Testversionen oder wenn bestimmte Features im weiteren Verlauf der Nutzung zwingend erworben werden müssen (beispielsweise bei einem Spiel, das nicht weiter nutzbar ist, wenn man keine Premium-Funktion nachbucht). Zumindest dann, wenn die App vergleichbar mit Shareware-Software ist, entspräche ein Kaufvertrag auch dem bisherigen Meinungsstand[48] im IT-Recht. Diese Lösung erscheint allerdings nur in diesen speziellen Sonderfällen sinnvoll.

IV. Zusammenfassung

40 Beim Vertrieb von kostenpflichtigen Apps handelt es sich in aller Regel um einen **Kaufvertrag.** Wird eine App kostenlos bereitgestellt, um eine **Schenkung.** Letztere Ansicht ist zwar durchaus umstritten, im Ergebnis sprechen jedoch gute Gründe dafür, eine Schenkung anzunehmen. Wird eine App mit Freemium-Geschäftsmodell angeboten, muss zwischen der kostenlosen Basis-Version und den kostenpflichtigen Zusatzinhalten differenziert werden. Unter besonderen Umständen kann auch dann ein Kaufvertrag vorliegen, wenn die eigentliche App kostenfrei ist, vorausgesetzt die App ist so gestaltet, dass der Nutzer zu einem späteren Zeitpunkt zwangsläufig einen Kauf tätigen *muss,* um die App weiter zu nutzen.

B. Der Vertrag zwischen AppStore und Endnutzer

41 Mit wem geht der **Endnutzer** einen Vertrag ein, wenn er eine App herunterlädt und installiert? Besteht das Vertragsverhältnis zwischen dem Nutzer und dem Anbieter der App? Oder schließt der Nutzer einen Vertrag mit dem Betreiber des AppStores? Die

---

[48] *Marly* Praxishandbuch Softwarerecht Rn. 926ff.

Antworten auf diese Fragen haben weitreichende Folgen – nicht nur im Hinblick auf die Pflichten dem Endnutzer gegenüber, sondern auch auf die Vertragsbeziehungen zwischen App-Anbieter und dem AppStore. Vor allen anderen Rechtsfragen muss deshalb die vertragliche Situation dem Endkunden gegenüber geklärt werden.
Auch mehrere Jahre nach Erscheinen der Erstauflage dieses Buches hat sich zu dieser Problematik nur wenig geändert. Teilweise haben die AppStores reagiert und ihre Regelwerke angepasst. Tatsächlich wirken sich die Änderungen aber nur in begrenztem Maße auf die Frage nach dem Vertragspartner aus (dazu sogleich).

Die naheliegendste Vertragskonstellation wäre ein Vertrag zwischen dem **Nutzer** **42**
und dem App-Anbieter – der Nutzer kauft die App von demjenigen, der sie auch entwickelt und in den AppStore eingestellt hat. Erster Anhaltspunkt für diese Ansicht sind die Allgemeinen Geschäftsbedingungen der AppStores. Deutlich formulieren dies – nachwievor – die „iTunes Store Bedingungen"[49] von Apple. Dort heißt es unter „Nutzung der Produkte und der Stores":

> „Wenn Sie ein Produkt von iTunes gekauft haben, begründet die Lizenz eine bindende Vereinbarung zwischen Ihnen und dem Veröffentlicher des Produktes [...]"

Unter „Lizenz für die Produkte aus dem [...] AppStore" heißt es weiter:

> „Es gibt folgende zwei (2) Kategorien von AppStore Produkten: (i) solche AppStore Produkte, die von Apple entwickelt wurden [...] und (ii) solche AppStore Produkte, die von Dritt-Entwicklern entwickelt wurden [...]. Sie wissen, dass, wenn Sie ein Dritt-Produkt von iTunes erwerben, Sie eine bindende Vereinbarung direkt mit dem Veröffentlicher des Dritt-Produktes abschließen [...]; iTunes ist nicht Partei der Lizenzvereinbarung zwischen Ihnen und dem Veröffentlicher bezüglich dieses Dritt-Produktes."

Nicht ganz so ausführlich war dies noch 2012 in den „Google Play-Nutzungsbe- **43**
dingungen"[50] geregelt. Dort hieß es unter 1.2:

> „Einige dieser Produkte können von Google angeboten werden, während andere von Dritten, die nicht mit Google verbunden sind, verfügbar gemacht werden."

Bei Google Play war die Formulierung damit bedeutend schwammiger. Denn das „Anbieten" bzw. „Verfügbarmachen" von Apps sagt nicht zwingend etwas darüber aus, mit wem ein Vertragsverhältnis bestehen soll.

Mittlerweile[51] hat Google jedoch reagiert und die eigenen Nutzungsbedingungen klarer gefasst. Unter Ziffer 2 heißt es dort nun:

> „Jedes Mal, wenn Sie „Inhalte" [...] bei Google Play erwerben, gehen Sie einen separaten Vertrag ein mit entweder:
>
> a) Google Commerce Limited auf der Grundlage der Nutzungsbedingungen (soweit anwendbar); oder

---

[49] http://www.apple.com/legal/itunes/de/terms.html, abgerufen am 7.7.2015.
[50] http://play.google.com/about/terms.html, abgerufen am 7.7.2015.
[51] Stand: 17.11.2014.

b) im Falle von Zeitschriften und nur falls entsprechend gekennzeichnet, mit dem Anbieter der Inhalte („Anbieter"), wobei Google diesen vertritt; oder
c) im Falle von Android Apps mit dem jeweiligen Anbieter der App.

Dieser separate Vertrag [...] besteht zusätzlich zu Ihrem Vertrag mit Google Inc. Für die Nutzung des Dienstes auf Grundlage dieser Google Play Nutzungsbedingungen."

44 Reicht das aus, um einen Vertrag zwischen App-Anbieter und Nutzer anzunehmen? **Für den Nutzer** ergibt sich möglicherweise dennoch ein anderes Bild: Ihm gegenüber tritt ausschließlich der Betreiber des AppStores auf. Der AppStore stellt nicht nur die Plattform, über die die App angeboten wird, sondern übernimmt darüber hinaus auch Abrechnung, Auslieferung und Installation der App.

45 In der juristischen Literatur werden hier verschiedene Ansichten vertreten. So geht *Kremer* in einer relativ frühen Veröffentlichung im Jahr 2011 davon aus, dass bei der Abwicklung eines App-Kaufs einzig der **Betreiber des AppStores** als Handelnder in Erscheinung tritt. Die bloße Erwähnung des „Entwicklers" reiche nicht aus, damit Endkunden ihn als Vertragspartner wahrnehmen können.[52] Im Ergebnis gleich, aber mit anderer Begründung sieht es *Feldmann:* Der Nutzer nehme die AppStores als **Marktplatz** wahr, ähnlich wie eBay oder Amazon Marketplace. Auch bei der Abwicklung der Bezahlung trete der Betreiber eher als technischer Dienstleister, denn als Vertragspartner auf. Der durchschnittliche Verbraucher gehe daher davon aus, direkt einen Vertrag mit dem App-Anbieter, dem „Entwickler", zu schließen. Allerdings gelangt *Feldmann* letztlich doch zu dem Ergebnis, dass tatsächlich ein Vertrag mit dem Betreiber des AppStores vorliege: Die Nutzerperspektive sei falsch. Vielmehr sprächen die Verträge zwischen dem AppStore und dem Anbieter dafür, dass *kein* direkter Vertrag zwischen Nutzer und Anbieter zustande kommen solle.[53] Dieser Betrachtungsweise schließt sich auch *Lachenmann* an.[54] *Degmair* kritisiert allerdings zu Recht, dass allein auf den objektiven Empfängerhorizont abgestellt werden müsse, das Innenverhältnis für das Vertragsverhältnis mit dem Nutzer folglich nicht berücksichtigt werden dürfe.[55] Sowohl *Degmair* als auch *Marly* schließen sich dabei im Wesentlichen der hier im Folgenden näher dargestellten Ansicht an, dass es auf die Auslegung der Willenserklärungen nach allgemeinen zivilrechtlichen Grundsätzen ankommt.[56] Ob nun der AppStore Betreiber oder der Anbieter Vertragspartner des Nutzers ist, hängt daher von der **konkreten Gestaltung** des App-Vertriebs ab und kann nicht pauschal beantwortet werden.

I. Zustandekommen des Vertrages

46 Bevor man zu der Frage der Auslegung gelangt, gilt es, bei den eigentlichen **Willenserklärungen** genau zu differenzieren. Wie genau kommt der Vertrag eigentlich zustande? Worin genau bestehen die auszulegenden Willenserklärungen?

---

[52] *Kremer* CR 2011,769 (771).

[53] *Feldmann* Tagungsband Herbstakademie 2011, 47 (50).

[54] *Lachenmann* in Solmecke/Taeger/Feldmann Mobile Apps Kap. 3 Rn. 344; *Lachenmann,* ITBR 2015, 99 (100).

[55] *Degmair* K&R 2013, 213 (215).

[56] *Marly* Praxishandbuch Softwarerecht Rn. 1170ff.

Generell gilt: Das bloße Anbieten eines Produktes stellt keine Willenserklärung, sondern lediglich eine *invitatio ad offerendum,* eine Einladung zum Angebot dar.[57] Wird beispielsweise ein Produkt in einem Online-Shop angeboten, kommt der Kaufvertrag in aller Regel nicht schon durch die Bestellung durch den Kunden, sondern erst durch Annahme des Shop-Betreibers zustande. Diese kann in einer (automatischen[58]) Bestellbestätigung bestehen oder im Zusenden der Ware.

Anders verhält es sich regelmäßig bei **vollautomatischen Systemen.** Soll also ein Vertrag vollständig automatisch abgewickelt werden, ohne dass es noch einer Annahmeerklärung bedarf, liegt ein *genereller Geschäftswille* vor[59], der Betreiber der Software erklärt ein *Angebot an jedermann*[60]. Der Vertrag kommt also bereits durch die Bestellung – oder genereller: durch die Interaktion des Nutzers – zustande. Eine Annahmeerklärung ist nicht mehr erforderlich. Anerkannt ist diese Konstruktion bei Automaten, die Waren gegen Einwurf von Geld ausgeben. Aber auch bei Software kann ein solches *Angebot an jedermann* vorliegen, wenn diese den Bestellprozess bestimmungsgemäß so abwickeln soll, dass es keiner Annahmeerklärung mehr bedarf.[61] **47**

Ob eine **invitatio ad offerendum** oder ein *Angebot an jedermann* vorliegt, ist durch Auslegung zu ermitteln. Dabei kommt es vor allem auf die Gestaltung der Verkaufsplattform an. Bei herkömmlichen Online-Shops, bei denen reale Güter verkauft werden, geht man üblicherweise davon aus, dass der Betreiber lediglich seine Produkte *anpreisen* will. Schließlich hat der Verkäufer ein berechtigtes Interesse daran, ein Kaufangebot auch auszuschlagen – etwa wenn die Ware vergriffen ist. Selbst wenn der Vertragsschluss nicht in den Allgemeinen Geschäftsbedingungen eines Shops geregelt ist, wird man daher davon ausgehen können, dass der Betreiber keinesfalls schon mit dem Einstellen des Produktes in die Shop-Software ein verbindliches Vertragsangebot abgeben wollte. **48**

Anders kann es hingegen beim Vertrieb **virtueller Güter** aussehen. Ist der komplette Kaufprozess vollautomatisch gestaltet und besteht keinerlei Notwendigkeit und Interesse des Anbieters, in den Prozess eingreifen zu müssen, spricht viel für ein *Angebot an jedermann.* Hier kommt es jedoch sehr auf die Details an: Was ist in den Allgemeinen Geschäftsbedingungen geregelt? Wie genau ist der Bestellprozess gestaltet? Handelt es sich um Massenprodukte oder sehr spezielle Software? All diese Faktoren können bei der Auslegung eine Rolle spielen. **49**

In Ziffer 4 der Google Play Nutzungsbedingungen heißt es beispielsweise: **49a**

> „Ihr Vertrag für den kostenpflichtigen Erwerb und die Nutzung von Inhalten wird abgeschlossen, sobald Sie von Google eine Bestätigungs-E-Mail erhalten. Die Erfüllung des Vertrags beginnt, sobald der Erwerbsvorgang abgeschlossen ist."

Auf den ersten Blick wirkt es folglich, als ob Google in dem Einstellen der Apps in den Play Store lediglich eine *invitatio ad offerendum* sähe und die Bestätigungs-E-Mail damit die Annahme auf den Antrag des Nutzers darstellen würde. Es ist aber

---

[57] *Ellenberger* in Palandt, § 145 Rn. 2.
[58] Dazu BGH Urt. v. 26.1.2005 – VIII ZR 79/04, NJW 2005, 976 (977).
[59] *Oechsler* in MüKo BGB § 929 Rn. 27.
[60] *Ellenberger* in Palandt § 145 Rn. 7.
[61] *Spindler/Anton* in Spindler/Schuster 3. Teil BGB Vor §§ 116ff. Rn. 5.

fraglich, ob diese Klausel **wirksam** wäre und zumindest zweifelhaft, ob dies von Google tatsächlich so **gewollt** sein kann.

49b Zum einen könnte sich die Unwirksamkeit daraus ergeben, dass die tatsächliche Gestaltung des Vertragsschlusses aus dem objektiven Empfängerhorizont etwas anderes suggeriert, sodass man eine überraschende Klausel nach § 305c Abs. 1 BGB annehmen könnte. Zum anderen könnte die Klausel gegen § 307 Abs. 2 Nr. 1 BGB verstoßen, da gemäß § 150 Abs. 1 BGB die verspätete Annahme eines Antrags als neuer Antrag gilt, die Klausel dies jedoch nicht aufgreift. Das ist vor allem deshalb kritisch, weil von dem Erhalt der E-Mail gesprochen wird. Der Erhalt kann jedoch beispielsweise schon dadurch fehlschlagen, dass das Postfach des Nutzers voll ist. Dann läge kein Erhalt vor, bzw. möglicherweise ein verspäteter Erhalt sobald das Postfach wieder aufnahmefähig wäre. Der verspätete Erhalt würde aber nach § 150 Abs. 1 BGB dazu führen, dass die Annahme von Google zu einem neuen Antrag würde, den der Nutzer seinerseits wieder annehmen müsste. Dies kann von Google wohl kaum gewollt sein, zumal Google auch davon ausgeht, dass die Erfüllung des Vertrages beginnt, sobald der Erwerbsvorgang abgeschlossen ist. Faktisch beginnt jedoch die Erfüllung des Vertrages mit Klick auf „Kaufen" bzw. „Installieren". Die Regelung als *invitatio ad offerendum* hätte für Google also zur Folge, dass sie den Vertrag erfüllt hätten, bevor er nach eigener Auffassung zustandegekommen wäre.

50 Entscheidend ist daher vor allem die genaue **Gestaltung** des AppStores, um zu ermitteln, welche Variante des Vertragsschlusses vorliegt. Aktuell spricht einiges dafür, ein *Angebot an jedermann*[62] anzunehmen: Der komplette Prozess des Erwerbs einer App ist vollautomatisiert. Mit Klick auf einen Button bestätigt der Nutzer den Kauf, seine Kreditkarte wird mit dem fälligen Betrag belastet und der Download der App beginnt. Ersichtlich ist es nicht gewollt, dass zusätzlich eine Annahmeerklärung – ob durch den AppStore oder den App-Anbieter – erfolgen soll. Vielmehr soll die Frage, ob ein Vertrag über den Kauf einer App zustande kommen soll, einzig in den Händen des Nutzers liegen. Folgt man dieser Ansicht, besteht die Angebotserklärung zum Kauf der App also bereits im Einstellen der App in den AppStore. Indem der Nutzer auf den Button zum Kauf einer App klickt, erklärt er die Annahme dieses Angebots.[63]

Doch auch eine *invitatio ad offerendum* lässt sich gut vertreten. In diesem Fall bestünde das Angebot im Klick des Buttons durch den Nutzer, die Annahme bestünde in der Bestellbestätigung, die die AppStore-Betreiber per E-Mail versenden. Auch eine konkludente Annahme durch Bereitstellung des Downloads ist denkbar.

---

[62] AA *Degmair* K&R 2013, 213 (215), der ein Angebot an jedermann mit der Begründung ablehnt, dass es sich nicht um unbekannte Personen handele, da sich das Angebot lediglich an Nutzer richte, die einen Account bei dem jeweiligen AppStore Betreiber haben. Dies vermag jedoch nicht zu überzeugen. Auch der Warenautomat in einem Fußballstadion kann lediglich gegenüber denjenigen, die sich mittels gültiger Karte Zutritt verschafft haben, ein Angebot abgeben. Es handelt sich damit um einen abgrenzbaren Personenkreis, der jedoch jederzeit durch unbestimmte Personen erweitert werden kann, wenn nämlich eine beliebige Person eine Eintrittskarte erwirbt und das Stadion betritt. Auch bei den AppStores kann sich grundsätzlich jeder Geräteinhaber anmelden. Im Ergebnis kommt es jedoch, wie auch *Degmair* anmerkt, auf diese Unterscheidung nicht an, da auch so ein wirksames Angebot des Betreibers vorläge.

[63] So auch *Lachenmann* in Solmecke/Taeger/Feldmann Mobile Apps Kap. 3 Rn. 339; im Ergebnis auch *Degmair* K&R 2013, 213 (215).

Für die Praxis kann offen bleiben, welche der beiden Varianten vorliegt. Ob der Vertrag durch Klick des Nutzers oder durch Annahme des AppStore-Betreibers zustande kommt, wird nur in seltenen Fällen entscheidend sein. Bedeutung kann die Unterscheidung allerdings bei der Auslegung der Willenserklärungen erlangen. **51**

II. Inhalt der Willenserklärungen

Nachdem geklärt ist, welche Willenserklärungen beim Erwerb einer App abgegeben werden, stellt sich nun die Frage nach deren **Inhalt.** Konkret: *Wer* gibt *welche* Erklärungen ab? **52**

Maßgeblich für die Auslegungen von Willenserklärungen ist der **objektive Empfängerhorizont,** also wie die jeweiligen Willenserklärungen nach Treu und Glauben und unter Berücksichtigung der Verkehrssitte zu verstehen sind. Entscheidend sind dabei die Gesamtumstände der Erklärung.[64]

Ausgangslage ist zunächst der **Wortlaut** der Erklärung.[65] Sowohl Apple[66], als auch Google[67] stellen in ihren jeweiligen Nutzungsbedingungen gegenüber dem Endkunden klar, dass sie in ihrem AppStore sowohl eigene, als auch Apps Dritter anbieten. Bei Apple heißt es explizit, dass bezüglich Apps von Drittanbietern *kein* direkter Vertrag zwischen Apple und dem Endnutzer zustande kommen soll. Auch Google stellt mittlerweile ausdrücklich klar, dass beim Kauf von Android Apps ein separater Vertrag mit dem jeweiligen Anbieter der App zustande komme. Wenn nun der jeweilige AppStore die App eines Dritten für diesen vertreibt und nicht selbst Vertragspartner werden möchte, so beschreibt dies den klassischen Fall der **unmittelbaren Stellvertretung** nach §§ 164ff. BGB. **53**

Merkwürdigerweise geht Apple jedoch im eigenen iDPLA von einem **Kommissionsgeschäft** nach Art. 91 Luxemburgischem Code Civil aus. Wenn jedoch eine Kommission vorläge, würde das bedeuten, dass Apple als Kommissionär der Vertragspartner des Endnutzers würde. Denn das Handeln im **eigenen** Namen auf **fremde** Rechnung führt nicht nur im deutschen Recht dazu, dass der Kommissionär (bzw. Kommissionsagent)[68] selbst Vertragspartner des Erwerbers wird.[69] Gerade das schließt Apple jedoch sowohl im iDPLA als auch in den iTunes Nutzerbedingungen explizit aus. Selbst die eigenen Vertragswerke scheinen sich folglich zu widersprechen. **53a**

Für das Verhältnis zum Endnutzer spielt jedoch die Bezeichnung im Innenverhältnis zwischen AppStore und Anbieter zunächst keine Rolle, da hier nach dem **objektiven Erklärungswert** des Vertreterhandelns gefragt werden muss und folglich auch hier allein der objektive Empfängerhorizont maßgeblich ist.[70] Eine solche Wertung **53b**

---

[64] *Schiemann* in Staudinger Eckpfeiler des Zivilrechts C. Rn. 47.

[65] *Singer* in Staudinger BGB Buch 1 § 133 Rn. 45.

[66] iTunes Nutzungsbedingungen, „Nutzungsbedingungen des AppStores", „Lizenz für die Produkte aus dem AppStore", http://www.apple.com/legal/itunes/de/terms.html, abgerufen am 7.7.2015.

[67] Google Play Nutzungsbedingungen, Ziff. 2, http://play.google.com/about/terms.html, abgerufen am 7.7.2015.

[68] *Hopt* in Baumbach/Hopt HGB § 383 Rn. 3; *Feldmann,* Tagungsband Herbstakademie 2011, 47 (54).

[69] *Hopt* in Baumbach/Hopt HGB § 392 Rn. 1.

[70] *Hopt* in Baumbach/Hopt HGB § 383 Rn. 18; so auch *Degmair* K&R 2013, 213 (215); anders: *Feldmann,* Tagungsband Herbstakademie 2011, 47 (55); *Lachenmann* in Solmecke/Taeger/Feldmann Mobile Apps Kap. 3 Rn. 344, 347.

lässt sich auch § 164 Abs. 2 BGB entnehmen, wonach sich der Vertreter nicht darauf berufen kann, dass der Wille in fremdem Namen zu handeln nicht erkennbar hervorgetreten ist. Maßgeblich ist daher nicht die subjektive Vereinbarung des AppStores als Vertreter mit dem Anbieter, sondern ob dies auch objektiv für den Kunden hervorgetreten ist.

53c Voraussetzung für eine wirksame Stellvertretung ist daher auch, dass der Vertreter **erkennbar** im Namen des Vertretenen auftritt **(Offenkundigkeitsgrundsatz).**[71] Anhand der allgemeinen Auslegungsregeln muss also deutlich werden, dass der Vertretene und nicht der Vertreter Zuordnungssubjekt der Wirkungen des Rechtsgeschäfts sein soll.[72] Es stellt sich daher aus dogmatischer Sicht die Frage, ob das Handeln im fremden Namen durch den AppStore für den Endnutzer objektiv erkennbar ist und ob die „Klarstellung" in AGB, nicht selbst Vertragspartner zu werden, dem Offenkundigkeitsgrundsatz genügen kann.

53d Grundsätzlich kommt es nicht darauf an, ob der Wille in fremden Namen zu handeln explizit oder konkludent offenbart wird.[73] Allerdings zeigen diverse gesetzgeberische Wertungen – zB die Impressumspflicht oder die Informationspflichten nach Art. 246 Abs. 1 Nr. 2 EGBGB; sogar zu den **Kerninformationspflichten** aus Art. 246a § 3 EGBGB zählt nach dessen Nr. 2 die Identität des Unternehmers – dass der Vertragspartner möglichst frühzeitig und genau identifizierbar sein muss. Dieser Wertung würde allein die Nennung in AGB wohl nicht entsprechen. Aber auch Sinn und Zweck des Offenkundigkeitsgrundsatzes ist es gerade, dass aus dem **Handeln des Vertreters** die Fremdbestimmtheit hervor geht. Die Offenlegung des Geschäftsherrn dient der Festlegung der Parteirolle im Rechtsgeschäft aus Gründen des Verkehrsschutzes.[74] Dem Verkehrsschutz kann aber nur bei ausreichender Wahrnehmungsmöglichkeit genüge getan werden, sodass der bloße Hinweis auf das Gewollte in den AGB hierfür nicht ausreichen dürfte, insbesondere wenn diese zudem höchst intransparent gestaltet werden (dazu sogleich).

54 Aus objektiver Sicht tritt dem Endnutzer gegenüber noch immer ausschließlich der AppStore in Erscheinung. Der Anbieter der App tritt hingegen in den Hintergrund. Bei Apple wird er noch immer konsequent nur als „Entwickler" der App bezeichnet. Google verwendet mittlerweile an prominenter Stelle den Begriff des „Anbieters" und bezeichnet diesen lediglich in Hinblick auf die Kontaktdaten noch als „Entwickler". Dies erscheint auch konsequent, da Anbieter und Entwickler nicht zwingend personenidentisch sein müssen und Google somit objektiv erkennbar zwischen den beiden Positionen differenziert.

54a Die Bezeichnung als „Entwickler" ist durchaus interessant, denn in den englischen Versionen der AppStores ist nicht etwa vom „Developer", sondern vom „Seller" – zu deutsch „Verkäufer" – die Rede. Anders in den deutschen Versionen: Vom „Verkäufer" ist hier keine Rede. Versteht der durchschnittliche Nutzer diese Begriffe gleich? Kann aus dem Hinweis auf den „Entwickler" geschlossen werden, dass dieser auch „Verkäufer" der App ist? Zumindest hinsichtlich des Begriffes „Anbieter" kann mittlerweile wohl mit guten Argumenten vertreten werden, dass der objektive Empfänger

---

[71] *Ellenberger* in Palandt § 164 Rn. 1.
[72] *Schramm* in MüKo BGB § 164 Rn 15.
[73] *Ellenberger* in Palandt § 164 Rn. 1.
[74] *Schramm* in MüKo BGB § 164 Rn 15.

davon ausgehen kann, dass er sodann auch mit dem entsprechenden Anbietenden einen Vertrag schließt, wenn an leicht auffindbarer Stelle sogar dessen volle Adresse auffindbar ist. Dies gilt umso mehr, wenn im Rahmen derselben App sowohl von „Anbieter“ als auch „Entwickler“ die Rede ist: Dies stellt klar, dass „Entwickler“ und „Anbieter“ verschieden sein können, sodass für „Anbieter“ die Interpretation als eigentlicher Vertragspartner naheliegt. Bei der Verwendung des Terminus „Entwickler“ *per se* bleibt es allerdings fragwürdig.

Bei Apple werden die **„Entwickler“** lediglich namentlich benannt, wobei die Wahl **54b**
des Namens im Ermessen des Anbieters der App liegt. Die Bezeichnung eines konkreten Unternehmens ist dabei genauso möglich, wie der Name einer Privatperson oder gar eine reine Phantasiebezeichnung. Weder die Angabe eines Impressums noch eines genaueren Anbieter-Profils ist dort üblich. Einzig die Angabe einer externen Hersteller-Webseite ist optional möglich. Auch können die Anbieter eigene Nutzungsbedingungen für ihre Apps verwenden. In der Praxis ist es jedoch ausgesprochen selten, in einem AppStore auf konkrete Herstellerangaben zu stoßen.

Im Google *Play Store* hingegen hat sich auch in dieser Hinsicht seit 2012 einiges **54c**
getan. Hier kann nun zumindest durch nur einen Klick der Anbieter samt E-Mail Adresse und Postanschrift eingesehen werden. Meist taucht der „Entwickler“ der App dem Nutzer gegenüber aber nur als ein unverbindlicher Name auf. Einzig in der Rechnung, die im Anschluss an die Bestellung per E-Mail verschickt wird – also nachdem der Nutzer seine Willenserklärung abgegeben hat – wird deutlich, dass die Rechnung eigentlich auf den Anbieter der App ausgestellt wird. Doch auch der Umstand, dass die Rechnung nicht auf den AppStore lautet, sagt nicht zwingend etwas über den Vertragspartner aus – schließlich kann der AppStore auf fremde Rechnung handeln, etwa im Rahmen eines Kommissionsgeschäfts (dazu oben und ausführlich im Kapitel zu den Vertragsbeziehungen zwischen App-Anbieter und AppStore).

Vor dem **Empfängerhorizont** des durchschnittlichen Nutzers sieht also zum Zeit- **54d**
punkt des Kaufes – derzeit zumindest bei Apple – alles danach aus, als wäre der „Entwickler“ lediglich der „Hersteller“ der App – und damit nicht der Vertragspartner.[75]

Gerne werden hierzu **Vergleiche mit anderen Plattformen** herangezogen, etwa **55**
mit *eBay* oder *Amazon Marketplace.* Auch dort werden Produkte Dritter über eine Plattform vertrieben – der Vertrag kommt dort direkt zwischen dem Produktanbieter und dem Kunden zustande und nicht etwa mit dem Betreiber der Plattform. Doch zeigt sich bei genauerer Betrachtung ein entscheidender Unterschied: Ob bei *eBay* oder *Amazon,* wo immer Dritte Produkte vertreiben, weisen die Plattformen ausdrücklich darauf hin.

Preis: **EUR 1.149, 50**
Alle Preisabgaben inkl. MwSt.

Gewöhnlich versandfertig in 3 bis 4 Tagen.

Verkauf und Versand durch **ejoker**. Für weitere Informationen klicken Sie bitte auf den Verkäufernamen.

Abbildung: Hinweis auf Verkauf durch Dritte bei amazon.de

[75] So auch *Kremer* CR 2011,769 (771); *Marly* Praxishandbuch Softwarerecht Rn. 1173; *Degmair* K&R 2013, 213 (216); *Lachenmann* K&R 2013, 505 (506); *Lachenmann* ITBR 2015, 99 (100); aA *Feldmann* Tagungsband Herbstakademie 2011, 47 (50).

56 Hier zeigt sich, wie problematisch die Argumentation bei AppStores ist. Einerseits ist dem durchschnittlichen Nutzer durchaus bewusst, dass nicht jede Verkaufsplattform auch identisch mit dem Verkäufer der dort angebotenen Ware ist. Es ist also an sich nichts Ungewöhnliches, dass der AppStore dem Nutzer gegenüber die komplette Abwicklung des App-Verkaufs übernimmt.

57 Auf der anderen Seite ist es jedoch üblich, dass der Vertragspartner auf Verkaufsplattformen im Netz **ausdrücklich benannt** wird, wenn er vom Betreiber der Plattform abweicht. Der Nutzer erwartet die Angabe des Verkäufers. Wenn jedoch nur vom „Entwickler" die Rede ist, wird anstatt des *Vertragspartners* also der *Hersteller* des Kaufgegenstandes angegeben.

58 Diese unsaubere Gestaltung vieler AppStores führt zu einem Dilemma: Auf der einen Seite betonen die AppStore-Betreiber, dass sie selbst nicht Vertragspartner beim Verkauf von Dritt-Apps sein wollen. Auf der anderen Seite ist aber mitunter genau das der Eindruck, der beim Nutzer erweckt wird.

59 Bei Google Play verhält es sich nunmehr wie folgt: Die Regelung in den Nutzungsbedingungen ist mittlerweile eindeutiger, der Vertragspartner wird explizit festgelegt. Die Gesamtumstände sprechen mittlerweile eher dafür, dass nicht Google als Betreiber von Google Play einen Vertrag mit dem Nutzer eingeht, sondern der jeweilige App-Anbieter. Es wird also derzeit – bei aktueller Gestaltung von Google Play –[76] der jeweilige Anbieter Vertragspartner beim Verkauf von Apps.

Weniger eindeutig ist hingegen noch immer die Situation bei Apple. Denn in den Nutzungsbedingungen verwahrt sich Apple ausdrücklich gegen einen Vertrag über den Verkauf von Dritt-Apps. Dennoch sprechen noch immer gewichtige Argumente dafür, Apple als Vertragspartner gegenüber dem Endnutzer zu sehen.

60 Dabei gilt es auch zu berücksichtigen, **auf welche Weise** Apple besagte Klausel kommuniziert: Die Nutzungsbedingungen umfassen die gesamte Produktpalette von iTunes – Musik, Filme, Bücher, Mac- und iPhone-Apps. Das erkennbar aus dem Englischen übersetzte Regelwerk umfasst 22 Seiten bei einer Schriftgröße von 7,5 Punkt.[77] Die entsprechende Klausel zur Lizenzierung von Apps findet sich unten auf Seite 17. Selbst wenn man annähme, dass den Nutzer bei der Auslegung einer AGB-Klausel eine Erforschungspflicht träfe, um seinerseits die Bedeutung einer Erklärung aufzuklären[78], stößt man hier an die Grenzen des Zumutbaren. Von Offenkundigkeit kann hier keine Rede sein, selbst wenn man annähme, dass dieser mittels AGB genüge getan werden könnte (vgl. oben).

61 Darüber hinaus deckt sich die Klausel nicht mit dem Bild, das Apple nach außen suggeriert. Apple tritt als **„Herr über die Apps"** auf, hat die wesentliche Kontrolle über den AppStore, über die Werbung für einzelne Apps, kontrolliert Inhalte und technische Umsetzung und filtert qualitativ minderwertige Apps aus. Gleichzeitig tritt der eigentliche Anbieter der App bei der Gestaltung des AppStores in den Hintergrund. Der AppStore erweckt also aktiv den Eindruck, selbst Anbieter der Apps zu sein – regelt aber gleichzeitig das genaue Gegenteil in den Nutzungsbedingungen. Der Verdacht liegt folglich nahe, dass die Klausel überraschend und damit unwirksam

[76] Im Gegensatz zu der Version von 2012, wo auch bei Google noch einzig vom „Entwickler" die Rede war. Stand: Mai 2015.

[77] Auch 2012 umfassten die iTunes Nutzungsbedingungen bereits 22 Seiten, allerdings bei einer Schriftgröße von immerhin 10 Punkt.

[78] *Singer* in Staudinger BGB Buch 1 § 133 Rn. 18.

ist, denn ungewöhnlich nach § 305c Abs. 1 BGB sind auch solche Klauseln, die dem Verlauf der Vertragsverhandlungen oder dem äußeren Erscheinungsbild des Vertrages widersprechen.[79] Zudem kommt auch ein Verstoß gegen § 309 Nr. 7 und Nr. 8 BGB in Betracht, wenn sich der Klauselverwender wie hier darauf beruft, hinsichtlich jeglicher Ansprüche des Endnutzers nicht verantwortlich zu sein, obgleich er mangels Offenkundigkeit der Vertretung selbst Vertragspartner geworden ist.[80] Jedenfalls aber wird Apple sich nicht auf den strengen Wortlaut berufen können, sondern muss sich an dem aus objektiver Sicht Erklärtem festhalten lassen.

Wohlgemerkt: All diese Ausführungen gelten nur für den **aktuellen Stand.** Entscheidend ist dabei, dass der eigentliche Vertragspartner in den AppStores nicht ausdrücklich benannt ist, sondern vielmehr hinter den Betreiber des AppStores zurücktritt. Das bedeutet jedoch auch: Durch eine Umgestaltung des AppStores lässt sich dieses rechtliche Ergebnis auch umkehren. Das zeigt Google nun sehr anschaulich, denn noch 2012 konnte man die Ausführungen zu Apple ebenso auf den Google Play Store beziehen. Allein eine Änderung der unglücklichen Übersetzung des „Entwicklers" kann diese Argumentation ins Wanken bringen. Denn maßgeblich ist der objektive Empfängerhorizont: Bewirkt die Änderung am AppStore, dass dem durchschnittlichen Nutzer deutlich gemacht wird, mit wem er nach Vorstellung der AppStore-Betreiber einen Vertrag schließen soll, wird auch der Widerspruch mit den Nutzungsbedingungen aufgelöst. **62**

C. Allgemeine Geschäftsbedingungen: Rechte und Pflichten

Nachdem nun die Frage behandelt wurde, wer beim App-Kauf unter welchen Voraussetzungen welche Verträge schließt, gilt es nun, die **Rechte und Pflichten** der Beteiligten genauer zu betrachten. Grundlage dafür sind die Allgemeinen Geschäftsbzw. Nutzungsbedingungen der jeweiligen AppStores. Auch hier gilt, dass es sich stets nur um eine Momentaufnahme handeln kann. So hat beispielsweise der Verbraucherzentrale Bundesverband (vzbv) 2012 alle großen Anbieter von AppStores wegen intransparenter AGB abgemahnt.[81] Betroffen waren nicht nur Apple und Google, sondern auch Nokia, Microsoft und Samsung. Sowohl Nokia als auch Microsoft unterwarfen sich außergerichtlich. Apple gab für sieben der 15 gerügten Klauseln eine Unterlassungserklärung ab, hinsichtlich der weiteren acht wurde im Mai 2013 von Apple Berufung beim KG Berlin[82] gegen das insoweit ergangene Urteil des LG Berlin[83] eingelegt. Google unterlag der Klage des vzbv vor dem LG Berlin[84] und legte im Dezember 2013 Berufung beim KG Berlin[85] ein.[86] Gegen Samsung erging im Juni 2013 ein rechtskräftiges Urteil des LG Frankfurt (a.M.).[87] Dieses kippte unter anderem die **63**

[79] *Grüneberg* in Palandt BGB § 305c Rn. 3 mwN.
[80] Vgl. hierzu auch *Feldmann* Tagungsband Herbstakademie 2011, 47 (56).
[81] http://www.vzbv.de/10100.htm, abgerufen am 7.7.2015.
[82] Berufung unter Az. 5 U 69/13, primär Datenschutzrecht betreffend.
[83] LG Berlin Urt. v. 30.4.2013 – 15 O 92/12.
[84] LG Berlin Urt. v. 19.11.2013 – 15 O 402/12.
[85] Az. 23 U 268/13.
[86] http://www.vzbv.de/pressemeldung/vzbv-gewinnt-klage-gegen-google, abgerufen am 7.7.2015.
[87] LG Frankfurt Urt. v. 6.6.2013 – 2–24 O 246/12; http://www.vzbv.de/pressemeldung/samsung-app-store-zahlreiche-klauseln-rechtswidrig, abgerufen am 7.7.2015.

Klausel zur automatischen Installation von Updates unter Berufung auf § 308 Nr. 4 BGB, indem es eine nach § 475 Abs. 1 BGB unzulässige Beschneidung des Wahlrechts bei der Nacherfüllung aus § 437 Nr. 1 BGB annahm.[88] Das zeigt, dass die Rechtsfragen rund um die AGB von AppStores für alle Beteiligten praktisch hoch relevant und noch lange nicht geklärt sind.

I. Allgemeine Geschäftsbedingungen von Apple

64 Die Nutzung des Apple AppStore unterliegt den „iTunes Store Nutzungsbedingungen" (Nutzungsbedingungen)[89]. Diese erfassen nicht nur den Kauf von Apps, sondern auch von Musik und anderen Inhalten, die über *iTunes* vertrieben werden. Entsprechend umfangreich ist das Vertragswerk – es umfasst 22 Seiten[90], eng bedruckt, nur teilweise mit Nummerierung und in kleiner Schriftgröße. Eine Trennung zwischen den verschiedenen Produkten ist auch nur zu Teilen vorgesehen, sodass sich die Regelungen zu Apps aus dem AppStore quer durch die Nutzungsbedingungen verteilen. Sprachlich merkt man den Nutzungsbedingungen nicht mehr ganz so deutlich wie noch 2012 an, dass es sich um eine Übersetzung aus dem Englischen handelt. An vielen Stellen führte das vor allem damals dazu, dass Klauseln selbst für fachkundige Leser kaum noch nachzuvollziehen waren. Hier zeigen sich mittlerweile deutliche Verbesserungen. Dennoch bewegen sich die *iTunes*-Nutzungsbedingungen noch immer nahe an der Grenze des Transparenzgebotes.

65 Da jedoch die Nutzungsbedingungen von *iTunes* einem **stetigen Wandel** unterliegen, werden wir uns auf die wichtigsten Punkte für Kauf und Verkauf von Apps beschränken. Wichtig sind nicht die juristischen Feinheiten einzelner Klauseln, sondern ein generelles Verständnis davon, wie das Rechtsverhältnis zwischen Apple und den Nutzern nach außen geregelt ist.

Die Nutzungsbedingungen unterliegen deutschem Recht (Absatz „Verschiedenes"). Vertragspartner ist die Niederlassung von Apple in Luxemburg.

1. Leistungen von Apple

66 Apple differenziert sehr genau zwischen eigenen Produkten und Apps, die von Dritten vertrieben werden. Unter „Lizenz für die Produkte aus dem Mac AppStore und dem AppStore" heißt es:

> „Es gibt folgende zwei (2) Kategorien von AppStore Produkten: (i) solche AppStore Produkte, die von Apple entwickelt wurden und die an Sie von iTunes lizenziert werden („Apple Produkte") und (ii) solche AppStore Produkte, die von Dritt-Entwicklern entwickelt wurden und die an Sie von diesen Dritt-Entwicklern lizenziert werden („Dritt-Produkte"). [...]
>
> Sie wissen, dass, wenn Sie ein Dritt-Produkt von iTunes erwerben, Sie eine bindende Vereinbarung direkt mit dem Veröffentlicher des Dritt-Produktes abschlie-

[88] Vgl. hierzu auch *Marly* Praxishandbuch Softwarerecht Rn. 1175.

[89] http://www.apple.com/legal/itunes/de/terms.html, abgerufen am 7.7.2015.

[90] Gespeichert mittels PDF-Drucker. Zur besseren Vergleichbarkeit in Wörtern: Stand 2.12.2012 = 13.034 Wörter, Stand 2.1.2015 = 14.674 Wörter.

ßen […]; iTunes ist nicht Partei der Lizenzvereinbarung zwischen Ihnen und dem Veröffentlicher bezüglich dieses Dritt-Produktes."

Dass Apple trotz dieser Klausel jedoch auch für Apps Dritter Vertragspartei werden kann, haben wir oben bereits dargestellt.

Klar ist aber auch: Vorgesehen ist von Apple lediglich eine **Vermittlerposition.** Der **67**
Verkauf von Apps soll direkt zwischen dem Anbieter der App und dem Endkunden stattfinden. Wie ebenfalls bereits oben erwähnt, ließe sich diese rechtliche Konstruktion auch ohne weiteres umsetzen, wenn der AppStore entsprechend gestaltet wäre. Aktuell jedoch besteht noch immer eine klaffende Lücke zwischen der Regelung in den Nutzungsbedingungen und der übrigen Kommunikation dem Endkunden gegenüber. Dieser Widerspruch darf nicht zu Lasten des Verbrauchers aufgelöst werden.[91]

2. Nutzungsrechte

Apple regelt unter den Punkten „Nutzungsregeln für AppStore Produkte" und **68**
„Endnutzer-Lizenzvereinbarung für lizenzierte Anwendungen" ausführlich, in welchem Umfang der Nutzer berechtigt ist, die erworbenen Apps zu **nutzen.** Ein nicht abschließender Überblick:

- Die Lizenz erstreckt sich nur auf Geräte, die in Eigentum oder Besitz des Nutzers stehen. Eine Übertragung auf andere Geräte ist unzulässig. Vor dem Verkauf eines Gerätes müssen die installierten Apps entfernt werden.
- Jede Kopie von installierten Apps, sowie von Updates für Apps, ist untersagt.
- Es dürfen Apps von bis zu fünf verschiedenen Benutzerkonten auf einem Gerät installiert werden.
- Die Lizenzen gelten nur für einen Benutzer. Werden Geräte von mehreren Benutzern verwendet (als Beispiel sind Arbeitnehmer eines Unternehmens und Bibliotheken mit öffentlichen Arbeitsplätzen für Studenten genannt), ist für jeden Anwender eine separate Lizenz erforderlich.
- Apps dürfen weder vermietet, noch verliehen, verkauft, übertragen, weitervertrieben oder unterlizenziert werden.

Viele dieser Klauseln sind nicht eindeutig, widersprüchlich und laufen zum Teil **69**
sogar ins Leere. So ist völlig unklar, in welchem Verhältnis die Erlaubnis zur Installation von Apps von fünf verschiedenen Benutzerkontos zum Verbot der Übertragung von Apps auf Geräte Dritter stehen soll. Auch die Regelung, dass für jeden Anwender eines Gerätes eine separate Lizenz erforderlich sein soll, ist in sich **widersprüchlich.** Denn im selben Absatz erklärt Apple, dass eine Benutzung eines Gerätes durch mehrere Personen zulässig ist – und ergänzt „klarstellend", dass für jeden Anwender eine eigene Lizenz verlangt wird.

Die **Intransparenz** dieser Klauseln lässt sich auch nicht ohne weiteres verbrau- **70**
cherfreundlich auflösen. Denn im Urheberrecht gilt der sog. Zweckübertragungsgrundsatz. Danach werden Nutzungsrechte im Zweifel immer nur so weit eingeräumt, wie es für die konkrete Nutzung zwingend erforderlich ist.[92] Das bedeutet: Selbst wenn einzelne Klauseln wegen Verstoßes gegen den Transparenzgrundsatz nichtig sind, bedeutet das nicht, dass der Verbraucher dadurch mehr Rechte bei der Verwen-

[91] Ausführlich dazu Rn. 52 ff.

[92] *Wandtke/Grunert* in Wandtke/Bullinger UrhG § 31 Rn. 51.

dung von Apps erhält. Im Gegenteil werden seine Nutzungsrechte lediglich auf das erforderliche Maß beschränkt.

71 Der Umfang der Nutzungsrechte, die durch Apple eingeräumt werden, ist somit alles andere als eindeutig. Hinzu kommt, dass die Nutzungsbedingungen einen automatischen Wegfall der Nutzungsrechte im Fall eines Verstoßes gegen die Lizenzvereinbarungen vorsehen. Ähnliche Konstruktionen sind aus Open-Source-Lizenzen bekannt und wurden bereits gerichtlich bestätigt.[93] Ob diese Rechtsprechung zu freien Lizenzen – bei denen ein weiterer Spielraum zur Wahrung der Interessen des Rechteinhabers besteht – aber auch auf eine solche Rechterückfallklausel anwendbar ist, kann jedoch durchaus hinterfragt werden. Insbesondere deshalb, weil für den Anwender durch die unpräzise Rechteeinräumung kaum vorhersehbar ist, wann er noch zur Nutzung seiner erworbenen App berechtigt ist und wann er die Grenzen des Zulässigen überschreitet.

3. Datenschutzrechtliche Einwilligung

72 Der Nutzer willigt darüber hinaus ein, dass **technische Daten** – unter anderem mit Personenbezug – erhoben, verarbeitet und genutzt werden dürfen. Genauere Angaben, um welche technischen Informationen es sich handelt, werden nicht genannt. Lediglich von Geräte-, Anwendungs- und Systeminformationen ist die Rede, was für eine erforderliche Transparenz der Datenerhebung wenig hilfreich sein dürfte. Dementsprechend dürfte die Einwilligung durch den Nutzer auch unwirksam sein. Schon deshalb, weil § 4a Abs. 1 S. 3 BDSG[94] eine besondere Hervorhebung von Einwilligungsklauseln in Allgemeinen Geschäftsbedingungen erfordert. Dies ist jedoch in den *iTunes*-Nutzungsbedingungen noch immer nicht der Fall.[95]

4. Haftungsausschluss

73 Noch 2012 schloss Apple die eigene Haftung unter „Endnutzer-Lizenzvereinbarung“ Punkt e) umfangreich aus. Der Haftungsausschluss war offenbar eine eins zu eins Übersetzung aus dem Englischen und entsprach in keiner Weise den Anforderungen deutschen Rechts. Dies hat sich mittlerweile grundlegend geändert, der aktuelle Haftungsausschluss entspricht den gängigen Formulierungen und dürfte zumindest derzeit einer rechtlichen Überprüfung grundsätzlich standhalten.

5. Zusammenfassung

74 Die Nutzungsbedingungen von Apple lassen viele **wesentliche Fragen offen.** Allein die Einräumung der Nutzungsrechte ist in sich widersprüchlich und inkonsistent. Hinzu kommen seitenweise Klauseln, die nach deutschem Recht keine Bedeutung haben – wie Hinweise auf möglicherweise anstößige Inhalte auf Internetseiten, die von Apps aus verlinkt werden können. Auch die Einwilligung in die Datenverarbeitung und der Haftungsausschluss entsprechen nicht dem deutschen Recht. Insgesamt

[93] LG Berlin Beschl. v. 21.2.2006 – 16 O 134/06, CR 2006, 735; LG München I Urt. v. 12.7.2007 – 7 O 5245/07, CR 2008, 57; LG Bochum Teilurteil v. 20.1.2011 – I-8 O 293/09, MMR 2011, 474.

[94] Zur Anwendbarkeit des BDSG vgl. *Marly* Praxishandbuch Softwarerecht Rn. 1179.

[95] Zur Datenschutzrichtlinie von Apple vgl. LG Berlin Urt. v. 30.4.2013 – 15 O 92/12, NJW 2013, 2605.

scheinen die Nutzungsbedingungen noch immer eher nach amerikanischen Maßstäben entwickelt und lediglich ins Deutsche übersetzt worden zu sein, was dazu führt, dass einige der relevanten Klauseln nach europäischem Verständnis noch immer unwirksam sein dürften.

II. Allgemeine Geschäftsbedingungen von Google

Wer sich bei Google Play registriert, muss die „Google Play-Nutzungsbedingungen"[96] akzeptieren. Ergänzend dazu gelten die „Google Play – Geschäfts- und Programmrichtlinien"[97] (Programmrichtlinien). Die Nutzungsbedingungen und wohl auch die Programmrichtlinien, auf die in den Nutzungsbedingungen Bezug genommen wird, unterliegen deutschem Recht (Ziff. 11.5). Vertragspartner ist die Google Inc. 75

1. Leistungen von Google

In den Nutzungsbedingungen stellt Google schon in der Einleitung klar, dass man sich selbst als reine Vermittlungsplattform sieht. Im Wortlaut heißt es in Ziff. 2: 76

> „Erwerb von Google und Anbietern. Jedes Mal, wenn Sie „Inhalte" (definiert als Datendateien, Apps, Text, Software für Mobilgeräte, Musik, Audiodateien oder andere Sounddateien, Fotos, Videos oder sonstige Bilder) bei Google Play erwerben, gehen Sie einen separaten Vertrag ein mit entweder:
>
> (a) Google Commerce Limited auf der Grundlage der Nutzungsbedingungen (soweit anwendbar); oder
> (b) im Falle von Zeitschriften und nur falls entsprechend gekennzeichnet, mit dem Anbieter der Inhalte („Anbieter"), wobei Google diesen vertritt; oder
> (c) im Falle von Android Apps mit dem jeweiligen Anbieter der App.
>
> Dieser separate Vertrag nach (a), (b) oder (c) besteht zusätzlich zu Ihrem Vertrag mit Google Inc. für die Nutzung des Dienstes auf Grundlage dieser Google Play Nutzungsbedingungen."

Auch an weiteren Stellen der Nutzungsbedingungen stellt Google klar, dass über den *Play Store* sowohl eigene Produkte von Google, als auch Produkte Dritter vertrieben werden können[98]. Wie auch in den Richtlinien für Entwickler differenziert Google darüber hinaus auch gegenüber den Endnutzern sehr genau zwischen seinen Leistungen als Betreiber der **Plattform** Google Play und mit damit verbundenen Zahlungsdienstleistungen und verweist lediglich auf die Möglichkeit, verschiedene Zahlungsverfahren anbieten zu können. Alle transaktionsverbundenen Regelungen finden sich also nicht in den Nutzungsbedingungen von Google Play.

2. Gewährleistungsausschluss

Noch 2012 schloss Google unter Ziff. 9 der Nutzungsbedingungen sämtliche Gewährleistung aus – sowohl was den Betrieb der Plattform Google Play betrifft, als 77

[96] http://play.google.com/about/terms.html, abgerufen am 7.7.2015.
[97] https://play.google.com/intl/de_de/about/android-developer-policies.html, abgerufen am 7.7.2015.
[98] So etwa in den Ziff. 4 (Google Wallet), 6 (Fehlerhafte Inhalte) und 7, Stand: 17.11.2014.

auch hinsichtlich der dort angebotenen Produkte. Die Klausel wurde nun in Gänze entfernt und auch nicht durch eine überarbeitete Fassung ergänzt.[99] Es gilt daher nunmehr das gesetzliche Gewährleistungsrecht. Zumindest für diejenigen Apps, die von Google selbst (kostenpflichtig) angeboten werden, war ein Gewährleistungsausschluss nach § 475 Abs. 1 BGB unzulässig. Danach ist eine Vereinbarung unwirksam, wenn sie vor Mitteilung eines Mangels getroffen wird und wenn sie die Gewährleistungsrechte der §§ 433 ff. BGB ausschließt. Genau das war bei Ziff. 9 der Google Play Nutzungsbedingungen der Fall. Zumindest in dieser Pauschalität war der Gewährleistungsausschluss daher unwirksam.

Generell ist ein **Gewährleistungsausschluss** an dieser Stelle jedoch durchaus denkbar. Etwa wenn dieser die Gewährleistung ausschließlich für kostenlos zur Verfügung gestellte Apps von Google und für Apps Dritter einschränkt. Oder umgekehrt: Wenn solche Apps ausgenommen werden, die Google selbst kostenpflichtig anbietet.

78 Werden Apps kostenlos vertrieben, ist allerdings ohnehin fraglich, ob überhaupt ein Gewährleistungsausschluss notwendig ist: So ist die Haftung für kostenlos zur Verfügung gestellte Apps schon von Gesetzes wegen eingeschränkt. Nimmt man in diesem Fall eine Schenkung an, ist die Haftung des Schenkenden nach den § 521 BGB auf Vorsatz und grobe Fahrlässigkeit, bzw. hinsichtlich Schadensersatz für Sachmängel sogar nur auf Arglist beschränkt, § 524 Abs. 1 BGB. Ein Gewährleistungsausschluss wäre dann überflüssig. Dies mag Google möglicherweise dazu bewogen haben, nun in Gänze auf einen Gewährleistungsausschluss zu verzichten.

3. Haftungsausschluss

79 Sowohl die Haftung von Google als auch – und das war ungewöhnlich – die Haftung des Nutzers wurde durch Ziff. 10.1 der Nutzungsbedingungen auf Vorsatz und grobe Fahrlässigkeit, bzw. die Verletzung von Kardinalpflichten beschränkt. Allerdings dürfte der Haftungsausschluss in der damaligen Form[100] ohnehin unwirksam gewesen sein. Denn ein bloßer Hinweis auf „Kardinalpflichten" verstößt nach der Rechtsprechung des BGH gegen das Transparenzgebot.[101] Auch den Haftungsausschluss hat Google nun ersatzlos gestrichen.[102]

4. Das Rückgaberecht

80 Google räumt dem Nutzer ein **„Rückgaberecht"** für erworbene Apps ein (Ziff. 2 der Geschäfts- und Programmrichtlinien)[103]. Dort heißt es:

> „Stornierung: Sie können alle auf Google Play erworbenen Apps innerhalb von **15 Minuten**[104] nach dem Zeitpunkt des Downloads zurückgeben. Die entsprechenden Gebühren werden in diesem Fall in vollem Umfang erstattet. Sie dürfen

---

[99] Stand: 17.11,2014.

[100] Stand: August 2012.

[101] BGH Urt. v. 20.7.2005 – VIII ZR 121/04, NJW 2006, 46 – Kardinalpflichten.

[102] Stand: 17.11.2014.

[103] Abrufbar unter http://play.google.com/intl/de_de/about/android-developer-policies.html, abgerufen am 7.7.2015.

[104] Obgleich Ende 2014 der Rückgabezeitraum von 15 Minuten auf zwei Stunden erhöht wurde, wurde dies in den Programmrichtlinien bisher nicht aufgenommen. Wohl aber unter https://support.google.com/googleplay/answer/134336?hl=de, abgerufen am 7.7.2015.

eine App nur einmal zurückgeben. Wenn Sie die gleiche App später erneut kaufen, können Sie sie nicht ein zweites Mal zurückgeben. Wenn die Rückgabe einer App möglich ist, können Sie diese über die Benutzeroberfläche von Google Play vornehmen. Sie können ausschließlich Apps zurückgeben."

Praktisch wird dies in Google Play wie nachfolgend dargestellt umgesetzt: **81**

Abbildung: Der „Erstatten"-Button bei einer App unter Android.

Wie dieses „Rückgaberecht" rechtlich einzuordnen ist, ist in der Literatur bislang **82** noch nicht untersucht worden. In Betracht kommen drei Optionen: a) ein einfaches Rücktrittsrecht, b) ein Widerrufsrecht oder c) ein Rückgaberecht iSv § 356 BGB aF, welches mit Umsetzung der Verbraucherrechterichtlinie[105] seit dem 13. Juni 2015 entfallen ist.

Sprachlich schien sich zunächst Variante c) aufzudrängen, denn in den Programm- **83** richtlinien ist vom „zurückgeben" die Rede. Rechtlich passte das jedoch nicht: Das Rückgaberecht war auf *Sachen* ausgelegt und war ein Relikt des früheren Versandhandelsprivilegs[106]. Die Rückgabe einer App ist schlicht nicht möglich.

Somit bleibt die Frage, ob es sich bei der Erstattung der Apps um ein **Rücktritts-** **84** oder ein **Widerrufsrecht** handelt. Ein *gesetzliches* Widerrufsrecht bestand vor Umsetzung der Verbraucherrechterichtlinie nicht. Denn nach § 312d Abs. 4 Nr. 1 BGB aF bestand bei Fernabsatzverträgen kein Widerrufsrecht, wenn es um Waren ging, die „auf Grund ihrer Beschaffenheit nicht für eine Rücksendung geeignet sind". Darunter fielen auch alle Güter, die digital per Download vertrieben werden.[107] Auch dies hat sich jedoch mit der Umsetzung der Verbraucherrechterichtlinie grundlegend geändert.

[105] Richtlinie 2011/83/EU über die Rechte der Verbraucher, zur Abänderung der Richtlinie 93/13/EWG des Rates und der Richtlinie 1999/44/EG des Europäischen Parlaments und des Rates sowie zur Aufhebung der Richtlinie 85/577/EWG des Rates und der Richtlinie 97/7/EG des Europäischen Parlaments und des Rates.

[106] *Micklitz/Schirmbacher* in Spindler/Schuster BGB § 312d Rn. 100.

[107] *Schmidt-Räntsch* in BeckOK BGB § 312d Rn. 41.

Nach § 355 Abs. 1 BGB nF besteht nunmehr ein generelles Widerrufsrecht. Einen Ausnahmetatbestand für digitale Downloads gibt es in dieser Form nicht mehr. Das Widerrufsrecht für Downloads kann ferner gem. § 356 Abs. 5 BGB nF ausgeschlossen werden. Dies ist bei Google in den Programmrichtlinien zumindest für die vorgesehene Zeit gerade nicht erfolgt.

84a Daher kann das „Rückgaberecht" grundsätzlich als Ausprägung des gesetzlichen Widerrufsrechts angesehen werden. Problematisch ist dann jedoch, dass in den Programmrichtlinien lediglich von 15 Minuten (bzw. faktisch zwei Stunden) die Rede ist, wohingegen das gesetzliche Widerrufsrecht eine Frist von 14 Tagen abdeckt. Hinzu kommt, dass das Widerrufsrecht durch Google bereits zu Beginn des Downloads ausgeschlossen wird, in einer Form, die grundsätzlich auch den Voraussetzungen des § 356 Abs. 5 BGB nF genügen dürfte. Dieser setzt nämlich voraus, dass der Unternehmer mit der Ausführung des Vertrags erst begonnen hat, nachdem der Verbraucher ausdrücklich zugestimmt hat, dass der Unternehmer mit der Ausführung des Vertrags vor Ablauf der Widerrufsfrist beginnt, und seine Kenntnis davon bestätigt hat, dass er durch seine Zustimmung mit Beginn der Ausführung des Vertrags sein Widerrufsrecht verliert.

Denkbar wäre es allerdings, in der Möglichkeit zur „Erstattung" bei Google ein *vertraglich* eingeräumtes Rücktrittsrecht zu sehen.

85 Der Unterschied zwischen Widerruf und Rücktritt dürfte in der Praxis hingegen marginal sein. Denn beim Widerrufsrecht handelt es sich um nichts anderes, als eine besondere Form des Rücktrittsrechts.[108] In jedem Fall kann sich der Nutzer also von dem **Vertrag lösen** und das Schuldverhältnis wandelt sich in ein Rückgewährschuldverhältnis um[109]. Zwar sieht das Widerrufsrecht einige zusätzliche Rechtsfolgen vor, die auf die „Erstattung" beim Kauf von Apps nicht zu passen scheinen – etwa Regelungen zum Wertersatz, oder zu Hin- und Rücksendekosten. Praktisch kommen diese Rechtsfolgen jedoch so oder so nicht in Betracht: Schließlich verliert eine App nicht an Wert und muss auch weder hin noch zurück gesendet werden. Dennoch scheint das Rücktrittsrecht besser zu passen: Das Widerrufsrecht ist auf den Kauf körperlicher Gegenstände, sowie auf Dienstleistungen ausgelegt und erfasst typische Geschäfte im Fernabsatzvertrag. Das Rücktrittsrecht ist demgegenüber offener gestaltet und schreibt die Rechtsfolgen nicht in der Präzision vor, wie es beim Widerrufsrecht der Fall ist. Es spricht also Vieles dafür, dass die „Erstattung" beim Kauf von Apps ein vertragliches Rücktrittsrecht darstellt.

86 Eine völlig neue Möglichkeit, um Apps vorab zu testen, hatte *Amazon* 2012 auf den Markt gebracht. Mit dem Projekt „Test Drive" bot *Amazon* die Möglichkeit, Apps sowohl auf dem mobilen Gerät, als auch im Webbrowser **testen** zu können.[110] Dabei wurde die App erst gar nicht auf dem jeweiligen Gerät installiert, sondern lief vollständig in einer Cloud-Umgebung. Der Unterschied war für den Nutzer jedoch kaum spürbar. Zunächst funktionierte die Technik nur mit Apps, die über einen speziellen AppStore von *Amazon* angeboten wurden. Die Technik hätte auch für Google und Apple interessant sein können. Denn für die Anbieter von Apps und die AppStore-

[108] *Stadler* in Jauernig BGB § 355 Rn. 3.
[109] *Gaier* in MüKo BGB § 346 Rn. 16.
[110] http://www.amazonappstoredev.com/2012/05/test-drive-begins-beta-rollout-on-android-phones.html, abgerufen am 7.7.2015.

Betreiber hat die Technologie den Vorteil, dass die App während des Test-Zeitraumes gar nicht erst auf das Gerät des Endnutzers übertragen werden muss. Solange der Nutzer die App nicht verbindlich und dauerhaft gekauft hat, verbleibt die Kontrolle über die App daher beim AppStore.

Rechtlich tun sich dabei natürlich völlig neue Fragen auf: Denn wird die App dem **87**
Nutzer während des Test-Zeitraumes erst gar nicht überlassen, liegt auch noch kein Kauf vor. Um ein Rücktrittsrecht kann es sich bei der Möglichkeit der Rückerstattung dann also nicht mehr handeln. Das Projekt „Test Drive“ war in Deutschland noch im Test-Betrieb und als vollständiger Service nur in den US verfügbar. Mittlerweile wurde auch dort der Betrieb wieder eingestellt, sodass auch ein Start in Deutschland nun ausgeschlossen ist.[111] Begründet wurde dies mit sinkender Nachfrage aufgrund der weiten Verbreitung von „Free-to-Play“-Apps. Klar ist aber dennoch: Auch in diesem Bereich ist der Markt in Bewegung und es ist gut möglich, dass sich in naher Zukunft sowohl bei Apple, als auch bei Google einiges verändern wird.

5. Zusammenfassung

Mit der Verbraucherrechterichtlinie hat sich in Sachen App-Vertrieb einiges getan. **88**
Es bleibt abzuwarten, ob die derzeitigen Umsetzungen der Abbedingung des Widerrufsrechts durch die AppStores den gesetzlichen Vorgaben entsprechen. Denkbar wäre zum Beispiel auch das Erfordernis separater Checkboxen oder vergleichbarer Schaltflächen. Obgleich die Richtlinie als Vollharmonisierung die Rechtslage vereinfachen sollte, bedarf es wohl auch hier zunächst noch gerichtlicher Klärung.

[111] https://developer.amazon.com/public/community/post/Tx37MJGGNT2JP98/Announcement-Amazon-TestDrive-Service, abgerufen am 7.7.2015.

Kapitel 3. Die Rechtsprobleme bei der App-Entwicklung

89 Wie oben dargestellt, zeichnen sich Apps aus juristischer Sicht vor allem durch die – für den IT-Bereich eher ungewöhnlichen – Vertragsbeziehungen aus. In diesem Kapitel sollen diese Vertragsbeziehungen „hinter den Kulissen" zwischen AppStore und Hersteller bzw. Anbieter einer App genauer betrachtet werden.

A. Entwicklungsstadium

90 Am Anfang des Weges einer App zum Endnutzer steht – natürlich – die **Software-Entwicklung.** Während dies technisch meist der aufwändigste Teil im Entstehungsprozess ist, soll er an dieser Stelle nur grob gestreift werden. Denn juristisch unterscheidet sich die Entwicklung einer App kaum von üblichen Konstellationen in der Software-Entwicklung. Die meisten Besonderheiten, die etwa bereits bei der Vertragsgestaltung oder Ausarbeitung eines Pflichtenheftes berücksichtigt werden müssen, ergeben sich aus den vertraglichen Beziehungen mit dem Betreiber des AppStores oder aus den Besonderheiten, die gegenüber den Endnutzern zu beachten sind. Das Augenmerk soll deshalb auf diesen rechtlichen Beziehungen liegen.

91 Dennoch soll bereits an dieser Stelle auf einige Fallstricke im frühen Entwicklungsstadium einer App hingewiesen werden. Vor allem bei der Ausarbeitung eines Pflichtenheftes sollten die Besonderheiten von Apps und ihrer Veröffentlichung frühzeitig bedacht werden. So sollte ein Pflichtenheft – über die üblichen Anforderungen hinaus – folgende Punkte enthalten:

- **Angaben zur Art der App:** Um bereits das erste grundlegende Missverständnis im Entwicklungsprozess zu vermeiden, sollten sich die Beteiligten im Klaren darüber sein, ob die App als native App oder als WebApp umgesetzt werden soll.
- **Angaben zur Plattform:** Es muss auch geklärt werden, ob eine App für *iOS,* Android, Windows oder andere Plattformen entwickelt werden soll. Wie oben erwähnt, gibt es technische Möglichkeiten, Apps auch parallel für verschiedene Plattformen zu entwickeln *(cross-platform).* Die Wahl der passenden Technologie sollte dabei dem Entwickler obliegen – er kann am besten einschätzen, welche Technik sich für welches Vorhaben am besten eignet. Außerdem ist auch nicht jede App für eine *cross-platform* Entwicklung geeignet. Die Frage der anvisierten Betriebssysteme sollte daher in jedem Fall bereits in der Planungsphase thematisiert und das Ergebnis fixiert werden.
- **Angaben zur Betriebssystem-Version:** Auf welchen Versionen der jeweiligen Betriebssysteme muss die App laufen? Eine App, die etwa auf einem aktuellen iPhone funktioniert, kann unter Umständen auf älteren Gerätegenerationen nicht funktionieren – was die Zielgruppe der Nutzer erheblich einschränken kann. Hier sollte im Vorfeld klargestellt werden, welche Mindestversion von der App unterstützt werden soll und kann.

- **Angaben zum Umfang der geschuldeten Leistung:** Der Weg einer App von der Entwicklung bis zum Endkunden kann lang und kompliziert sein. Daher sollte bereits in der Projektplanung geklärt werden, wer für das Einstellen der App in den jeweiligen AppStore, für Lizenzen und Gebühren, für die Gestaltung der Verkaufsseiten in den AppStores und die entsprechenden Arbeiten zuständig ist. Andernfalls besteht die Gefahr, dass die App zwar absprachegemäß erstellt ist, aber zum geplanten Starttermin noch längst nicht im AppStore verfügbar ist.
- **Regelungen zu Updates:** Software ist in den seltensten Fällen vollständig fehlerfrei. Es ist völlig normal, dass einzelne Fehler erst nach Veröffentlichung auftreten und behoben werden können. Deshalb verpflichten sowohl Apple als auch Android ihre Entwickler und App-Anbieter zu Updates ihrer Software, sollten Fehler auftreten. Dies sollte sich auch im Pflichtenheft bzw. im Entwicklungsvertrag wiederfinden: In welchem Umfang sind Updates geschuldet? In welchem Zeitraum muss auf Fehler reagiert werden? Wie soll die Auslieferung von Updates ablaufen? Soll ein über die Erstentwicklung hinausgehender Pflegevertrag abgeschlossen werden, kann dies bereits im Pflichtenheft erwähnt werden. Den Abschluss des Vertrages ersetzt eine solche Absichtserklärung jedoch nicht.
- **Nutzungsbedingungen der AppStores:** Damit eine App erfolgreich vertrieben werden kann, müssen einige technische Rahmenbedingungen eingehalten werden, die von den AppStore-Betreibern vorgegeben werden. Auf diese Rahmenbedingungen sollte auch im Softwareerstellungsvertrag, bzw. im Pflichtenheft Bezug genommen werden. Denn sie regeln die technischen Voraussetzungen unter denen die Entwicklung der App stattfinden muss.

Erfahrungsgemäß ist eine **sorgfältige Planung und Absprache** bereits vor Beginn **92** der eigentlichen Entwicklung die Grundlage für ein erfolgreiches Projekt. Viele Streitigkeiten, die während oder nach Entwicklung einer Software auftreten, hätten sich dadurch vermeiden lassen, dass beide Parteien ihre Erwartungen und alle als vorausgesetzt verstandenen Bedingungen schon im Vorfeld verbindlich besprochen hätten. Wir können daher nur dazu raten, die Planungsphase bei der Entwicklung von Apps ernst zu nehmen und größte Sorgfalt in die Erstellung eines Pflichtenheftes zu legen. Die hier dargestellten Punkte stellen vor allem die Besonderheiten bei der App-Entwicklung dar und sind keinesfalls abschließend. Daneben gelten alle allgemeinen Angaben, die ein Pflichtenheft für einen IT-Vertrag enthalten sollte, etwa Regelungen zu *Change Requests,* Fristen, Ansprechpartnern, usw.

B. Vertragsbeziehung zwischen AppStore und App-Anbieter

Für Entwickler und Anbieter von Apps ist die Vertragsbeziehung zum AppStore als **93** Vertriebsplattform von zentraler Bedeutung. Denn der AppStore stellt die Schnittstelle zwischen der eigenen App und dem Endnutzer dar. Für den wirtschaftlichen Erfolg einer App führt kein Weg am AppStore vorbei. Die vertraglichen Grundlagen unterscheiden sich je nach verwendeter Plattform zum Teil erheblich. Hier sollen vor allem Apple (iPhone) und Google (Android) genauer betrachtet werden.

I. Vertragliche Grundlagen bei Apple

94 Die **Vertragsbeziehungen** zu den App-Anbietern sind bei Apple in vielerlei Hinsicht außergewöhnlich. Die Besonderheiten beginnen schon beim Vertragsschluss: Wer Apps für Apple-Produkte entwickeln möchte, muss sich bei Apple als „Entwickler" registrieren[112]. Dabei müssen Anbieter in das *Registered Apple Developer Agreement*[113] einwilligen. Dort wird zunächst festgelegt, dass aus diesem „Agreement" keinerlei rechtliche Ansprüche entstehen sollen (Ziff. 1). Der Anbieter wird jedoch umfassend zum Stillschweigen über vertrauliche Informationen verpflichtet, die er im Rahmen der Plattformen für Entwickler von Apple erhält (Ziff. 4–6). Darüber hinaus wird Apple umfassend von jeglicher Haftung freigestellt (Ziff. 13). Eine etwaig dennoch bestehende Haftung wird auf 50 US-Dollar beschränkt (Ziff. 14).

95 Nach Abschluss dieser Registrierung stellt Apple dem Entwickler verschiedene **Informationen und Anleitungen** rund um die Erstellung von Apps für *iOS* zur Verfügung. Für die Erstellung, das Testen und vor allem das Veröffentlichen von Apps ist jedoch eine weitere Registrierung für eines von mehreren *Apple Developer Programs* notwendig, für die Apple eine Gebühr erhebt[114]. Erst nach dieser weiteren kostenpflichtigen Registrierung erhalten Anbieter Einblick in das „iOS Developer Program License Agreement" (iDPLA)[115], in dem die genauen Rechte und Pflichten, sowie die Anforderungen definiert sind, die Apple an Apps stellt, die im AppStore veröffentlicht werden sollen.

Abbildung: Ablauf bei der Registrierung für den AppStore *von Apple.*

96 Das *Registered Apple Developer Agreement* spielt für den weiteren Verlauf des App-Vertriebs eine eher untergeordnete Rolle. Man wird hier von einem **Dienstvertrag** zwischen Anbieter und Apple ausgehen können, der sich ausschließlich auf den Zugang zu den Informationen bezieht, die Apple nach der Registrierung bereitstellt.

97 Von entscheidender Bedeutung für den Vertrieb von Apps ist hingegen das iDPLA. Das englischsprachige iDPLA besteht aus dem eigentlichen Vertragstext, einer Anlage über den *Apple Push Notification Service* and Local Notifications („Attachment 1"), einer weiteren Anlage über ergänzende Nutzungsbedingungen für *In-App-*

---

[112] https://developer.apple.com, abgerufen am 7.7.2015.

[113] Registered Apple Developer Agreement, Rev. 3/1/10, https://developer.apple.com/programs/terms/registered_apple_developer_20100301.pdf, abgerufen am 7.7.2015.

[114] Es stehen verschiedene „Developer Programs" zur Verfügung, je nach Anwendungsbereich der App. Die Preise liegen zwischen 99 und 299 US-Dollar pro Jahr. Daneben gibt es ein kostenloses Programm für Universitäten, bei dem jedoch keine Veröffentlichung von Apps vorgesehen ist. https://developer.apple.com/programs, abgerufen am 7.7.2015.

[115] Eine Version dieses Dokuments von Januar 2010 ist bei der *Electronic Frontier Foundation* verfügbar, https://www.eff.org/files/20100127_iphone_dev_agr.pdf, abgerufen am 7.7.2015. Dieses Buch bezieht sich auf die Fassung vom 9.3.2015.

Purchases („Attachment 2"), einer Anlage mit *Additional Terms for the Game Center* („Attachment 3"), einer ergänzenden Anlage zur Nutzung der *iCloud* („Attachment 4"), wiederum einer Anlage mit *Additional Terms for Passes* („Attachment 5"), sowie einer Anlage für die Nutzung des *Apple Mapps Service* („Attachment 6"). Hinzu kommen zudem Regelungen zum kostenlosen („Schedule 1") und kostenpflichtigen („Schedule 2") Vertrieb von Apps im Apple AppStore, denen ebenfalls Anhänge bezeichnet als „Exhibits" beigefügt werden. Insgesamt besteht das Vertragswerk aus gut 59 Seiten[116], ohne Schedule 2 dazuzuzählen.

1. Anwendungsbereich und Rechtsnatur

Das iDPLA ist ein **typengemischter Vertrag,** hauptsächlich bestehend aus Elementen von Dienst- und Lizenzverträgen. Als anwendbares Recht wird das Recht der Vereinigten Staaten von Amerika, sowie des US-Bundesstaates Kalifornien festgelegt (Ziff. 15.10 iDPLA). Gerichtsstand ist der Northern District of California. **98**

Die Wahl des **US-amerikanischen bzw. kalifornischen Rechts** dürfte in diesem Kontext auch zulässig sein. Nach Art. 3 Abs. 1 VO EG/593/2008 (Rom-I) ist die Wahl des anwendbaren Rechts grundsätzlich zulässig. Da es sich bei den Anbietern regelmäßig[117] nicht um Verbraucher handelt, liegt auch kein Verbrauchervertrag im Sinne von Art. 6 Rom-I vor. **99**

Vielmehr spiegelt die Klausel den **gesetzlichen Regelfall** wider: Nach Art. 4 Abs. 2 Rom-I unterliegt ein typengemischter Vertrag dem nationalen Recht der Vertragspartei, die die für den Vertrag charakteristische Leistung erbringt. Mit anderen Worten: Welches Recht für den Vertrag gilt, hängt davon ab, welche Partei die Leistung erbringt, die den Vertrag von anderen Verträgen unterscheidet. Da der Schwerpunkt der iDPLA in der Leistung Apples besteht, das SDK, Dokumentationen und den Zugang zum AppStore bereitzustellen, liegt diese charakteristische Leistung bei Apple. Somit wäre auch nach dem gesetzlichen Regelfall US-amerikanisches Recht anwendbar, sodass die Klausel im Wesentlichen nur eine Klarstellung darstellt. Zweifel können allerdings an der Wirksamkeit der Gerichtsstandsvereinbarung bestehen.[118] **100**

Die **Laufzeit** des iDPLA beträgt ein Jahr. Nach Ablauf verlängert sich der Vertrag (kostenpflichtig) um ein weiteres Jahr. Unterbleibt die Zahlung der Gebühren kann Apple den Vertrieb aller Apps, die auf Basis des jeweiligen Vertrages entwickelt und veröffentlicht wurden, einstellen. Das iDPLA ist somit als Dauerschuldverhältnis angelegt. **101**

2. Die Regelungen im Einzelnen

a) Nutzungsrechte am Software Development Kit

Zunächst räumt Apple dem Entwickler, bzw. Anbieter der App ein **beschränktes Recht** ein, das Software Development Kit (SDK) – also die Software-Grundlage zur Entwicklung von Apps für Apples *iOS* – zu nutzen. Konkret erlaubt das iDPLA die **102**

[116] Als PDF-Datei. Zur besseren Vergleichbarkeit: 35.353 Wörter, Stand: März 2015.

[117] Vgl. hierzu ausführlich *Marly* Praxishandbuch Softwarerecht Rn. 1168, der richtigerweise zwischen verbraucherischen und unternehmerischen Anbietern differenziert.

[118] *Kremer,* CR 2011,769 (772).

Installation einer angemessenen Zahl[119] von Kopien des SDK, sowie der dazugehörigen Dokumentation.

103 Gleichzeitig erlaubt Apple die Nutzung einer **Test-Umgebung** auf sog. registrierten Geräten[120]. Das bedeutet, dass auf Basis des iDPLA lediglich eine beschränkte Nutzung der entwickelten Apps möglich ist. Anbieter können ihre Apps also lediglich in der Testphase auf einzelnen, bei Apple registrierten Geräten nutzen und testen. Auf anderen Geräten sind die Apps zu diesem Zeitpunkt noch nicht lauffähig.

104 Anders sieht dies – wie wir später noch ausführlich darstellen werden – bei Android Apps aus. Diese können zu jedem beliebigen Zeitpunkt in der Entwicklung auf jedem beliebigen Android-Gerät installiert und genutzt werden. Der Hintergrund ist, dass die Distribution von Apps bei Apple wesentlich geschlossener und restriktiver gestaltet ist, als bei Android. Eine Verbreitung von *iOS*-Apps darf ausschließlich über Apples AppStore erfolgen – bei Android ist eine Verbreitung von Apps hingegen auch über andere Vertriebskanäle möglich, zum Beispiel per Download von einer Webseite oder über alternative AppStores.

Dies schlägt sich somit auch im iDPLA nieder, wo die Nutzung von Apples Software schon auf Lizenzierungsebene auf bestimmte Geräte beschränkt wird.

b) Nutzungsrechte an Apps

105 Die Lage bei den Rechten an den entwickelten Apps ist verworren. Zunächst regelt Ziff. 3.1e) des iDPLA, dass der Anbieter der App **versichert,** sämtliche Rechte an der App innezuhaben, die erforderlich sind, um Apple den Vertrieb der App zu ermöglichen. Eine Rechteeinräumung findet jedoch an dieser Stelle noch nicht statt.

Erst im Schedule 1 – dem Teil des iDPLA, der die *Veröffentlichung* von Apps betrifft – findet eine **Einräumung** von Rechten statt. Der Nutzer räumt Apple in Ziff. 1.2 des Schedule 1 das Recht ein, Kopien von der App anzufertigen und sämtliche Nutzungshandlungen vorzunehmen, die erforderlich sind, um Apple den Vertrieb der App zu ermöglichen. Dazu gehören auch Marketingmaßnahmen, wie das Veröffentlichen von Screenshots oder von Auszügen aus der App.

106 Das bedeutet: Grundsätzlich verbleiben alle Rechte an der App **beim Anbieter.** Apple werden nur die Rechte eingeräumt, die für den Vertrieb erforderlich sind. Allerdings garantiert der Anbieter Apple gegenüber, dass er diese Rechte auch vollständig hat und berechtigt ist, sie an Apple einzuräumen.

107 Dies kann vor allem dann ein Problem sein, wenn einzelne **Bestandteile** der App nicht selbst erstellt wurden, sondern zugekauft oder frei genutzt werden. Verwendet eine App beispielsweise Stock-Fotos, muss sichergestellt werden, dass die eingekaufte Lizenz für die Fotos auch eine Verbreitung von Screenshots oder Auszügen durch Apple abdeckt. Dasselbe gilt für Inhalte, die unter Creative Commons stehen: Zwar erfassen Creative Commons Lizenzen auch die Verbreitung von Inhalten über Apps. Eine Unterlizenzierung kann aber durchaus eingeschränkt sein – etwa bei Creative Commons Share Alike.

---

[119] Im Original „reasonable number of copies", 2.1 iDPLA.

[120] Im Original „Provisioning Profiles" on „Registered Devices", 2.1c) und d) iDPLA.

c) Vorgaben für Inhalt und Umsetzung von Apps

Weiterhin macht Apple umfangreiche Vorgaben zu technischer **Gestaltung, Inhalt und Funktionsweise** von Apps. Im Einzelnen: 108

- Apps dürfen nur auf Basis der von Apple vorgegebenen **Software Development Kits** und der dazugehörigen Dokumentation erstellt werden. Workarounds, die Sicherheitsmaßnahmen dieser oder von Apple vorgesehene Funktionsweisen umgehen, sind unzulässig (Ziff. 3.2 und 3.3 iDPLA).
- Apps dürfen sich nicht selbst installieren oder anderen **ausführbaren Code** nachladen (Ziff. 3.3.2 iDPLA).
- Apps dürfen die Mechanismen des Apple **AppStores** nicht erweitern oder umgehen (Ziff. 3.3.3 iDPLA). Der Installationsprozess einer App wird also vollständig von Apple vorgegeben – Apps dürfen von diesem vorgegeben Ablauf nicht abweichen.
- Apps dürfen **Daten** nur in speziell dafür vorgesehene Verzeichnisse speichern und nur aus diesen Verzeichnissen Daten lesen (Ziff. 3.3.4 iDPLA).
- Jede App muss mit den **nationalen Gesetzen aller Länder** übereinstimmen, in denen die App angeboten wird. Wird eine App also sowohl in Deutschland, als auch in den USA vertrieben, muss die App sowohl deutschem, als auch US-amerikanischem Recht entsprechen (Ziff. 3.3.11 iDPLA). Besonders führt Apple diese Pflicht im Folgenden für das Datenschutzrecht und die Privatsphäre der Nutzer im weiteren Sinne aus. So ist eine geheime Aufnahme oder Übertragung von Daten unzulässig. Apps sollen die Erlaubnis der Nutzer einholen und optisch oder akustisch signalisieren, wenn eine Aufnahme oder Übertragung stattfindet (Ziff. 3.3.8 iDPLA).
- Besonders geregelt sind außerdem **Location Based Services,** also Dienste, die GPS- und andere Standortdaten verwenden. Diese dürfen für bestimmte Zwecke nicht verwendet werden (zum Beispiel für die autonome Steuerung von Fahrzeugen oder Notfalldienste, Ziff. 3.3.14 iDPLA). Außerdem müssen die Nutzer bei Navigationssystemen jeder Art darauf hingewiesen werden, dass die Verwendung auf eigene Gefahr erfolgt und die Geodaten möglicherweise nicht exakt sind (Ziff. 3.3.15 iDPLA).

Zum Inhalt von Apps macht Apple insbesondere folgende Vorgaben: 109

- Die Inhalte von Apps müssen **ordnungsgemäß lizenziert** sein (Ziff. 3.3.18, 3.3.19 iDPLA).
- Apps dürfen nichts enthalten, was „nach Apples vernünftigem **Ermessen**“[121] anstößig sein könnte – Apple darf Apps zurückweisen, die in irgendeiner Form obszön, pornografisch oder diffamierend sind (Ziff. 3.3.20 iDPLA).
- Apps dürfen keine **Viren** oder ähnliche Schadsoftware enthalten (Ziff. 3.3.21 iDPLA).
- Nutzt eine App **Open Source Software,** ist der Anbieter verpflichtet, die jeweiligen Lizenzen einzuhalten (Ziff. 3.3.22 iDPLA). In der Praxis empfiehlt es sich daher, die einzelnen Komponenten, die auf Open Source Software basieren, schon in der Entwicklung genau zu dokumentieren. In der fertigen App kann dann an unauf-

[121] Im Original: „[...] that in Apple's reasonable judgement may be found objectionable.“.

fälliger Stelle eine Liste der entsprechenden Programmbestandteile mit dem Hinweis auf die jeweilige Lizenz und die Urheber angezeigt werden.

110 Daneben gibt es weitere **ausführliche Regelungen,** sowohl über Technik, als auch über Inhalte von Apps. Beispielsweise verpflichtete Apple die Anbieter von Apps zur Einhaltung der Human Interface Guidelines, die Empfehlungen geben, wie Design und Layout von Apps gestaltet werden sollen. Da Apple sich das Recht vorbehält, alle Anforderungen an Apps jederzeit zu ändern, empfiehlt es sich, die jeweils aktuelle Version des iDPLA genau zu studieren.

111 Auf technischer Seite ist vor allem die Verpflichtung hervorzuheben, **sämtliche nationale Rechtsvorschriften** einzuhalten. Der Anbieter einer App garantiert damit gegenüber Apple, dass seine App den Gesetzen jedes Landes entspricht, in denen sie angeboten wird. Für App-Anbieter bedeutet das: Es ist verlockend, eine App weltweit vertreiben zu können. Die Garantie, dass eine App mit jeder einzelnen nationalen Gesetzgebung im Einklang steht, wird sich jedoch in den seltensten Fällen geben lassen. Hier ist besondere Vorsicht geboten.

112 Eine weitere Besonderheit sind die Regelungen zu **finanziellen Transaktionen** (vor allem *In-App-Purchases*[122]). So sieht Ziff. 7.1 iDPLA vor, dass das Erheben jeglicher Gebühren über die Schnittstelle von Apple durchgeführt werden muss. Was zunächst sehr abstrakt klingt, kann durchaus weitreichende Folgen haben. So beanstandete Apple im Mai 2012 einige Apps, die den Cloud-Speicher-Dienst *Dropbox* verwendeten. Der Grund: *Dropbox* blendete unter bestimmten Umständen einen Link zu seiner Webseite ein, wo kostenpflichtige Speichererweiterungen angeboten werden. Schon diesen Link beanstandete Apple als Verstoß gegen das iDPLA.[123] Auch der Spendendienst Flattr[124], mit dem Nutzer durch einfachen Klick einen kleinen Betrag an Anbieter kostenloser Services spenden können, ist nach Auffassung von Apple innerhalb von Apps nicht erlaubt.[125] Das bedeutet: Wann immer eine App eine finanzielle Transaktion vorsieht, ist die Verwendung der internen Apple-Zahlungsfunktion verpflichtend. Der Rückgriff auf Dritt-Anbieter ist nach Ansicht von Apple unzulässig und kann zum Ausschluss der App aus dem AppStore führen.

113 Bei den inhaltlichen Vorgaben fällt besonders die **„Generalklausel"** in Ziff. 3.3.14 iDPLA auf. Danach liegt es letztlich im Ermessen von Apple, ob eine App erscheinen darf oder nicht. In diesem Zusammenhang kam es in der Vergangenheit auch bereits zu Differenzen. So musste beispielsweise die BILD-Zeitung in ihrer digitalen Ausgabe für Apple-Geräte auf Nacktbilder verzichten, was der Deutsche Journalisten Verband als unzulässigen Eingriff in die Pressefreiheit kritisierte.[126] Doch nicht nur erotische Inhalte können dazu führen, dass einer App der Zugang zum AppStore verwehrt wird. Auch politische Karikaturen können zu einer Verbannung aus dem AppStore führen. Der wahrscheinlich prominenteste Fall war der Karikaturist und Pulitzer-Preisträger Mark Fiore, dessen App wegen anstößiger Inhalte im Jahr 2010 aus dem AppStore

[122] https://support.apple.com/de-de/HT202023, abgerufen am 7.7.2015.

[123] The Verge, Dropbox confirms Apple rejecting Apps that use its SDK, http://www.theverge.com/2012/5/2/2993027/dropbox-confirms-apple-rejecting-apps-use-sdk, abgerufen am 7.7.2015.

[124] http://www.flattr.com.

[125] t3n, Apple blockt Apps mit Flattr-Integration, http://t3n.de/news/apple-blockt-apps-390638/, abgerufen am 7.7.2015.

[126] Heise Online, Zensur-Vorwürfe gegen Apple, http://www.heise.de/newsticker/meldung/Zensur-Vorwuerfe-gegen-Apple-897582.html, abgerufen am 7.7.2015.

entfernt wurde[127]. Erst die Intervention von Steve Jobs persönlich führte dazu, dass die App wieder aufgenommen wurde.[128] Eine ganze Reihe weiterer Fälle ist bekannt – von der App eines irakischen Journalisten bis zum deutschen Magazin „Stern".[129]

Die Konsequenz für App-Anbieter: Nicht nur die technischen Voraussetzungen, auch die Inhalte der App wollen sorgfältig geprüft sein. Vor allem bei Apps mit journalistischen Inhalten können die **inhaltlichen Vorgaben** im iDPLA zum Problem werden: Es gilt, einen Kompromiss zwischen dem Selbstverständnis der Presse und den Anforderungen des AppStores zu finden.

Um das Risiko einer Löschung aus dem AppStore zu minimieren sollte zumindest **114**
auf **erotische Inhalte** verzichtet werden. Denn hier scheint die Freigabepolitik von Apple nach wie vor strenge Maßstäbe anzulegen. Anders bei politischen Inhalten: Hier scheint Apple tendenziell aus den vergangenen Fällen, allen voran dem Fall Mark Fiore, Konsequenzen gezogen zu haben und scheint sensibilisiert zu sein. In jüngerer Vergangenheit sind jedenfalls keine vergleichbaren Fälle mehr bekannt geworden.

d) Der Vertrieb von Apps

Die Veröffentlichung von Apps im AppStore ist im Anhang „Schedule 1", bzw. in **115**
„Schedule 2" geregelt. Danach wird Apple zur Distribution der App an Endnutzer ermächtigt, wobei seit neuerem nun in Exhibit A zu Schedule 1 genauer definiert wird, in welchen Ländern Apple als „Agent" meist iSv §§ 2295 ff. California Civil Code tätig wird (Canada, New Zealand, USA u.v.a.) und in welchen als „Commissionaire" nach Art. 91 Luxembourg Code de Commerce (ua ganz Europa). Im Schedule 2 ist hingegen von einem „Commissionaire" die Rede.

Der Begriff des Kommissionsgeschäft aus dem Luxembourg Code de Commerce **116**
entspricht grundsätzlich dem Verständnis nach §§ 383 ff. HGB. Art. 91 Luxembourg Code de Commerce lautet: „Der Kommissionär ist derjenige, welcher **in seinem eigenen Namen** oder unter einer Firma **auf Rechnung eines Kommittenten** handelt." Dies würde eigentlich bedeuten, dass Apple Apps **in eigenem Namen auf fremde Rechnung** verkauft.

Der Kommissionär unterscheidet sich also vom reinen Stellvertreter iSd § 164 **117**
BGB dadurch, dass er im *eigenen* und nicht im Namen des Vertretenen handelt. Die Konsequenzen sind weitreichend: Handelt Apple als Kommissionär, tritt Apple zwingend selbst als Verkäufer gegenüber dem Endkunden auf – mit der Folge, dass Apple auch die Haftung übernimmt. Handelt Apple hingegen als Stellvertreter (oder Bote), vermittelt Apple lediglich ein Vertragsverhältnis zwischen dem Nutzer und dem App-Anbieter. Letzterer würde dann dem Endnutzer gegenüber in der Haftung stehen. Welche Variante liegt also vor?

Besondere Bedeutung hat dabei das Vertragsverhältnis zwischen dem AppStore **118**
und dem Endnutzer, bzw. zwischen dem App-Anbieter und dem Endnutzer. Schließt

---

[127] Wired.com, Apple AppStore Bans Pulitzer-Winning Satirist for Satire, http://www.wired.com/epicenter/2010/04/apple-bans-satire/, abgerufen am 7.7.2015.

[128] Wired.com, Jobs Rewrites History About Apple Ban on Satire, http://www.wired.com/epicenter/2010/06/jobs-apple-satire-ban/, abgerufen am 7.7.2015.

[129] Eine Liste weiterer Fälle: Spiegel online, iTunes AppStore – Wie Apple Inhalte zensiert, http://www.spiegel.de/netzwelt/netzpolitik/0,1518,692005,00.html, abgerufen am 7.7.2015.

der Endnutzer den Vertrag über den Kauf einer App direkt mit dem App-Anbieter, kann der AppStore-Betreiber kein Kommissionär mehr sein. Wie oben dargestellt, ist die Situation an dieser Stelle schwierig: Nach aktuellem Stand spricht viel dafür, dass ein Vertrag zwischen dem Endnutzer und dem AppStore zustande kommt – in diesem Fall wäre ein Kommissionsgeschäft zwischen dem AppStore und dem App-Anbieter wahrscheinlich. Schließlich verkauft der AppStore im eigenen Namen – abzüglich der Provision geht der Kaufpreis jedoch im Wesentlichen an den App-Anbieter.

Allerdings: Dies ist nur eine **Momentaufnahme.** Im Außenverhältnis zum Endnutzer ist seitens Apple eigentlich *kein* Vertragsverhältnis gewollt. Es ist vielmehr der intransparenten, ungenauen und missverständlichen Gestaltung der AppStores geschuldet, dass letztlich dennoch ein Vertrag zwischen Nutzer und AppStore zustande kommt. Durch einige Modifikationen ließe sich dies jedoch beheben, was die vertragliche Konstellation mit dem Endnutzer auf den Kopf stellen würde.

119 Durch den Bezug des Begriffs des „Commissionaires" auf Art. 91 Luxembourg Code de Commerce und dessen dortige Definition drängt sich ein Widerspruch in Apples Vertragswerken auf: Während Apple im iDPLA ermächtigt wird, für den App-Anbieter nach außen als „Agent" bzw. „Commissionaire" aufzutreten, will Apple gegenüber dem Endkunden nicht Vertragspartner sein. Die Interpretation der Klauseln im iDPLA schwanken also zwischen dem „Commissionaire" als tatsächlichem Kommissionär im deutschen Rechtsverständnis und dem „Agent" als Stellvertreter oder Bote nach deutschem Recht. Welche von beiden Alternativen anwendbar ist, hängt davon ab, wo der jeweilige Endnutzer „lokalisiert" ist. Die Verzahnung der vertraglichen Regelungen im Innenverhältnis und im Außenverhältnis ist also sehr komplex, schwer zu überblicken und obendrein noch abhängig von der Gestaltung der AppStores.

120 Fest steht: Apple wird ermächtigt, für den App-Anbieter die **Vermarktung** der App zu übernehmen. Dabei wird Apple aktuell zumindest bei Endkunden in Europa und einer Vielzahl weiterer Länder (vgl. Exhibit A Nr. 2) laut iDPLA für den App-Anbieter als Kommissionär tätig, also auch Vertragspartner. Doch ebenso wie bei der Frage des Vertragsverhältnisses mit dem Endkunden, lässt sich dies nur für den Moment festhalten. Die Branche ist in einem ständigen Wandel. Das gilt für die Technik ebenso wie für die juristische Einordnung. Wichtig ist daher nicht das Ergebnis, sondern die Kriterien: Besteht ein Vertragsverhältnis zwischen dem AppStore und dem Endkunden, spricht das für ein Kommissionsgeschäft. Der AppStore wird dann im eigenen Namen auf Rechnung des App-Anbieters tätig. Liegt *kein* solches Vertragsverhältnis vor, kann der AppStore *per definitionem* kein Kommissionär sein. In diesem Fall bleibt lediglich eine Stellvertretung – wenn der AppStore den Kauf im Namen des App-Anbieters durchführt – oder eine schlichte Botenstellung – wenn der AppStore die Willenserklärung des App-Anbieters lediglich transportiert. Für beide Lösungen gibt es gute Argumente, doch auch sie hängen wiederum von der Gestaltung des AppStore ab. In der Praxis dürfte der Unterschied allerdings kaum eine Rolle spielen.

e) Zusammenfassung

121 Kernstück des Vertragsverhältnisses zwischen Apple und den App-Anbietern ist das iDPLA. Schon der **Abschluss des Vertrages** ist außergewöhnlich, erhalten Entwickler doch erst nach mehreren abgestuften Registrierungsprozessen überhaupt erst Zugriff auf das Dokument. Auch das iDPLA selbst ist kein alltäglicher IT-Vertrag. Apple macht dezidierte Vorgaben für Gestaltung und Inhalt von Apps, behält sich ein ungewöhnlich weites Prüfungsrecht vor und hält für App-Anbieter zahlreiche potenzielle Fallstricke bereit. Eine genaue Prüfung der jeweils aktuellen Version des iDPLA ist daher unumgänglich. Die genaue Ausgestaltung des Verhältnisses zwischen Apple und den App-Anbietern im Hinblick auf den Vertrieb von Apps ist kompliziert, zum Teil widersprüchlich und eng verzahnt mit dem Vertragsverhältnis gegenüber dem Endkunden. Daher lassen sich zur rechtsdogmatischen Einordnung stets nur Momentaufnahmen festhalten. Entscheidend ist jedoch, dass Apple weitgehend die Herrschaft über den Vertrieb der Apps erhält und weitgehende Befugnisse für Marketing und Verbreitung der Apps erhält – so weit, dass letztlich offen bleiben kann, wer eigentlich dem Endkunden gegenüber als Verkäufer auftritt.

II. Vertragliche Grundlagen bei Android

Völlig anders als bei Apple gestalten sich die **Vertragsverhältnisse bei Android.** **122**
Die Besonderheiten beginnen damit, dass das Betriebssystem Android als **Open Source Software** verfügbar ist. Der Quellcode ist also zu großen Teilen frei verfügbar, jedermann kann ihn einsehen, kopieren oder an seine Bedürfnisse anpassen.

Entwickler des Android-Betriebssystems ist die Open Handset Alliance, ein Konsortium mehrerer Unternehmen. Bekanntestes und engagiertestes Mitglied des Konsortiums ist Google. Doch auch Vodafone, eBay, Intel und viele weitere große Telekommunikations- und Medienunternehmen sind Teil des Zusammenschlusses.[130]

Der Vertrieb von Apps erfolgt hingegen größtenteils über Google Play, dem Pen- **123**
dent zum AppStore bei Apple. Anders als bei Apple ist also der Anbieter des mobilen Betriebssystems nicht identisch mit dem Anbieter des AppStores. Hinzu kommt, dass für Android-Systeme nicht zwingend der AppStore von Google vorgeschrieben ist. Vielmehr können Apps auch direkt von den Webseiten ihrer Anbieter heruntergeladen und installiert werden. Neben Google Play gibt es auch weitere Anbieter von eigenen AppStores, die allerdings bislang kaum Verbreitung gefunden haben. Google Play ist also trotz der offenen Architektur von Android der zentrale Vertriebskanal für Apps.

Dennoch spiegelt sich die unterschiedliche **Philosophie der Systeme** auch in der Vertragsgestaltung deutlich wieder.

1. Die Software-Lizenz

Die Entwicklung der App beginnt mit dem **Download** des *Software Development* **124**
Kits von Android. Anders als bei Apple ist hier keine Registrierung notwendig. Und auch die Lizenzierung gestaltet sich bedeutend einfacher. Das Android-Betriebssystem und die meisten dazugehörigen Programme und Bibliotheken stehen unter der Apache Software License 2.0, einige Teile auch unter der General Public License 2.[131] Dementsprechend können sämtliche Resourcen, die zur Entwicklung von Android-Apps erforderlich sind, frei heruntergeladen und ohne größere Einschränkungen ver-

[130] http://www.openhandsetalliance.com/oha_members.html, abgerufen am 7.7.2015.

[131] http://source.android.com/source/licenses.html, abgerufen am 7.7.2015.

wendet werden – auch zu kommerziellen Zwecken. Lediglich für die Veröffentlichung von Apps in Google Play ist ein Entwicklerkonto notwendig, für das eine einmalige Gebühr[132] erhoben wird.

125 Dennoch ist auch Android im Hinblick auf das Lizenzmodell nicht frei von **Kritik.** Denn das Betriebssystem Android steht zwar unter einer freien Lizenz, die Apache Software License lässt jedoch auch viel Raum für proprietäre Entwicklungen. So ist es etwa nicht erforderlich, alle Anpassungen, die an dem freien Betriebssystem vorgenommen werden, ebenfalls als Open Source zu veröffentlichen. Das hat zur Folge, dass viele Erweiterungen und Anpassungen von Telefonherstellern und zum Teil auch von Google selbst, nicht frei im Quelltext verfügbar sind. Von der Open Source Community wird Android daher immer wieder als „Mogelpackung" kritisiert.[133]

126 Nichtsdestotrotz lässt sich festhalten, dass die Lizenzierung bei Android bedeutend weniger restriktiv und im Ergebnis auch übersichtlicher gestaltet ist als bei Apple. Einschränkungen auf eine gewisse Anzahl von Kopien oder Testgeräten existieren beispielsweise nicht.

2. Google Play

127 Besonderheiten für die **App-Entwicklung** ergeben sich also vor allem dann, wenn die App bei Google Play veröffentlicht werden soll. Wer eine App über Google Play vertreiben möchte, benötigt ein sog. **Entwicklerkonto.** Zur Einrichtung eines solchen Kontos wird ein Vertrag mit Google abgeschlossen, der die Konditionen des Vertriebs regelt. Die Einzelheiten sind im „Developer Distribution Agreement" (DDA)[134]. Die Vertragsbedingungen werden auf einer Vielzahl an Sprachen zur Verfügung gestellt, die mittels Dropdown-Menü individuell bestimmt werden können.

a) Anwendungsbereich und Rechtsnatur

128 Wie auch bei den Apple-Nutzungsbedingungen handelt es sich beim DDA und einen **typengemischten Vertrag** mit dem Schwerpunkt eines Dienstvertrages. In Ziff. 1.1 definiert Google seine Leistungen als das Bereitstellen einer Plattform zum Vertrieb von „Software, Inhalten und digitalen Materialien". Wie auch Apple stellt Google eine Rechtswahlklausel nach der das Recht des Staates Kalifornien Anwendung finden soll (Ziff. 15.7), als Gerichtsstand wird Santa Clara in Kalifornien vorgeben. Sowohl zur Rechtswahl, als auch zur Wahl des Gerichtsstandes gilt das bereits im Zusammenhang mit Apple Gesagte: Die Rechtswahl dürfte nicht zu beanstanden sein.

b) Leistungen von Google

129 Nach Ziff. 1.1 der DDA gewährt Google durch den Vertrag Zugriff auf Google Play zum Vertrieb von Apps. Anders als bei Apple bezeichnet sich Google nicht als „Agent". Vielmehr soll die Leistung von Google allein in der **Bereitstellung der Plattform** für den Verkauf bestehen. Damit ist die Stellung von Google als reine

---

[132] Diese beträgt aktuell 25 US-Dollar, Stand Juni 2015.

[133] Joe Hewitt, Android and Open Source, http://joehewitt.com/2010/10/20/android-and-open-source, abgerufen am 7.7.2015.

[134] https://play.google.com/about/developer-distribution-agreement.html, abgerufen am 7.7.2015.

Vermittlerrolle ausgelegt, vergleichbar mit eBay oder anderen Verkaufsplattformen. Google stellt das technische Kommunikationsmittel um Käufer und Verkäufer von Apps zueinander zu bringen. Grenzfragen, ob es sich bei dem Verhältnis zwischen App-Anbieter und Google um ein Auftrags-, oder Vertreterverhältnis handelt, kommen bei Google nicht auf.

Nicht vom DDA erfasst sind **Zahlungsdienstleistungen,** die innerhalb der Ver- **130** kaufsplattform durchgeführt werden können. Diese übernahm Google im Rahmen seines Dienstes *„Google Checkout“,* welcher Ende 2013 von „Google Wallet“ abgelöst wurde.[135] Für diesen sind jedoch gesonderte Verträge vorgesehen. Zahlungsdienstleistungen können ferner nach Ziff. 3.1 DDA auch durch externe Zahlungsabwickler erfolgen. Ziff. 3.1 bis 3.5 des DDA enthalten zudem allgemeine Regelungen zu Preisgestaltung und Bezahlung. Insbesondere wird hier auf die Transaktionsgebühr verwiesen, die derzeit 30 % des Gesamtpreises der App umfasst.[136]

c) Leistungen des App-Anbieters

Der App-Anbieter räumt Google nach Ziff. 5 DDA ein **nicht-ausschließliches** **131** **Recht** ein, die App „für administrative und demonstrative“ Zwecke nutzen zu dürfen. Außerdem erhält Google selbstverständlich auch die Nutzungsrechte, die zum Vertrieb erforderlich sind. Dasselbe gilt auch für eventuell bestehende Markenrechte: Nach Ziff. 6 DDA darf Google auch Markennamen von App-Anbietern für Marketingzwecke im Zusammenhang mit der jeweiligen App nutzen.

d) Vorgaben für Inhalt und Umsetzung von Apps

Auch Google macht Vorgaben, welche technischen Voraussetzungen von Apps er- **132** füllt sein müssen und gibt Beschränkungen für den Inhalt mobiler Anwendungen. Die wichtigsten Vorgaben im Überblick:

- Auch Google schreibt vor, dass die Apps allen **nationalen Gesetzen der Länder entsprechen** müssen, in denen sie angeboten werden (Ziff. 4.2 DDA).
- Alle Apps müssen die **Datenschutzrechte der Nutzer** achten und insbesondere eine rechtlich einwandfreie Datenschutzerklärung beinhalten (Ziff. 4.3 DDA).
- Der **Vertrieb alternativer AppStores,** über die Apps Dritter nachinstalliert werden können, ist über den Android Market, bzw. über Google Play nicht erlaubt (Ziff. 4.5 DDA).
- Der App-Anbieter muss gewährleisten, dass er **alle erforderlichen Rechte** innehat, um die App und ihre Inhalte vertreiben zu dürfen (Ziff. 5.5 DDA).

Flankierend zum „Developer Distribution Agreement“ sind **inhaltliche Vorgaben** **133** an Apps in den „Google Play Developer Program Policies“ (DPP)[137] geregelt. Obwohl Google diese in ein eigenes Dokument ausgegliedert hat, sind die Vorschriften bei Weitem nicht so komplex und detailliert, wie bei Apple. So wird dort etwa die Verbreitung von „sexuell eindeutigem“ Material, von Hassreden oder von Viren untersagt. Auch Glücksspiel-Apps sind bei Google nicht gestattet.

---

[135] https://checkout.google.com/seller/fees.html, abgerufen am 7.7.2015.

[136] https://support.google.com/googleplay/android-developer/answer/112622?hl=de, abgerufen am 7.7.2015.

[137] http://play.google.com/about/developer-content-policy.html, abgerufen am 7.7.2015.

134 Daneben verbietet Google auch die Verwendung **missverständlicher App-Bezeichnungen.** Apps müssen demnach eindeutig als Produkt von Dritten erkennbar sein. Sie dürfen nicht den Eindruck erwecken, im Zusammenhang mit Google oder sonstigen Dritten zu stehen. Eine App, die beispielsweise mit Hilfe von Google Maps Reiserouten abspeichern kann, darf nicht „Google Maps Reiserouten" heißen. Auch eine Verwechslungsgefahr mit anderen Funktionen von Smartphones darf nicht bestehen. Eine Kamera-App darf zum Beispiel nicht einfach „Camera" heißen, ein Voice-Recorder nicht „Microphone".

135 Besonders hervorzuheben ist auch noch ein weiterer Punkt: Auch bei Android dürfen Apps keine **„unerwartet starke Netzwerkauslastung"** verursachen oder bewusst gegen die Nutzungsbedingungen von Mobilfunkprovidern verstoßen. Dies kann vor allem für Apps relevant sein, die Inhalte streamen oder andere datenintensive Anwendungen bereitstellen. In der Praxis haben sich hier vor allem zwei Maßnahmen durchgesetzt. Zum einen werden Nutzer häufig gewarnt, wenn eine App besonders viel Datenverkehr verursacht. Der Nutzer wird dann beim erstmaligen Starten der App oder beim Aktivieren der jeweiligen Option innerhalb der App darauf hingewiesen, dass diese Funktion ein hohes Datenvolumen produzieren kann. Zum anderen bieten viele Apps die Möglichkeit, solch datenintensive Funktionen nur dann zu aktivieren, wenn sie ein Wireless LAN und keine Mobilfunkverbindung nutzen.

136 Insgesamt ist festzuhalten, dass besonders bei diesen Restriktionen für Apps **Aktualität** von entscheidender Bedeutung ist. Gerade bei diesen praktischen Regelungen nimmt Google sehr regelmäßig Änderungen vor, um mit den technischen und geschäftlichen Entwicklungen im Mobile-Sektor Schritt zu halten. Die Änderungen an den Vorgaben treten dabei nicht nur für neue Apps in Kraft, sondern beziehen sich auch auf jedes *Update* bestehender Apps. Mit jeder neuen Version einer App müssen also die aktuellen Nutzungsbedingungen beachtet werden. Hier gilt es, sich auf dem Laufenden zu halten, um die Änderungen rechtzeitig zu erfahren und berücksichtigen zu können. Schließlich handelt es sich dabei um elementare und geschäftskritische Informationen – mit einem Verstoß riskiert man nicht weniger als den Ausschluss der App aus Google Play.

e) Vorgaben für den Verkauf von Apps

137 Im Unterschied zu Apple macht Google darüber hinaus einige **Vorgaben zum Verkauf von Apps.** Die Wichtigste ist in Ziff. 3.7 DDA geregelt. Danach müssen bestimmte Apps für 48 Stunden nach dem Kauf ein Erstattungsrecht ermöglichen. Dieses **„Rückgaberecht"** soll immer dann bestehen, wenn der Endnutzer vorab keine Möglichkeit hat, die App zu testen. Handelt es sich also um eine App, die nur gegen Bezahlung zum Download steht, muss der Endnutzer die Möglichkeit haben, die App innerhalb von 48 Stunden wieder „zu stornieren". Anders bei Apps mit *Freemium*-Modell: Wird eine App kostenlos angeboten und mit Werbung finanziert und lässt sich durch eine Kaufoption die Werbung aus der App entfernen, hatte der Nutzer bereits die Gelegenheit, die App vor dem Kauf zu testen. Eine Erstattung ist dann nicht erforderlich. Dasselbe gilt für *Shareware*-Modelle, bei denen die App nur für einen begrenzten Zeitraum kostenlos zur Verfügung gestellt wird und danach kostenpflichtig freigeschaltet werden muss.

Zu beachten ist allerdings, dass App-Anbieter zwar dazu verpflichtet sind, ein Rückgaberecht von 48 Stunden zu ermöglichen, Google aber lediglich ein Rückgaberecht innerhalb von zwei Stunden nach dem Kauf technisch realisiert.[138] Diese Diskrepanz ist möglicherweise darauf zurückzuführen, dass Google Anfang 2012 im Zuge des Rebrandings vom *Android Market* zu Google Play sämtliche Nutzungsbedingungen neu gestaltet hat. Denkbar erscheint, dass das DDA an dieser Stelle noch nicht an die neuen Gegebenheiten angepasst wurde. Allerdings ist dies nun bereits einige Jahre und mehrere Aktualisierungen des DDA her, sodass es sich durchaus auch um eine bewusste Entscheidung Googles handeln könnte, nach den ersten zwei Stunden den Erstattungsprozess zu verkomplizieren. Der Anbieter einer App ist nämlich dennoch verpflichtet, über das Rückgaberecht, dass Google Play selbst technisch vorsieht hinaus eine weitergehende Rückgabemöglichkeit umzusetzen. Unter „Alle Bestellungen" können auch nach der technischen Rückerstattungszeit zumindest bis zum Ablauf der 48 Stunden Rückerstattungen beantragt werden. Die Entwickler mussten den Anträgen zunächst noch selbst zustimmen. Mittlerweile nimmt Google solche Rückerstattungen offenbar sogar automatisch vor, und zwar auch nach Ablauf der 48-Stunden-Frist aus dem DDA.[139] 138

Praktisch wird die **Rückabwicklung** direkt von Google Play realisiert: Kauft ein Nutzer eine App, bekommt er in Google Play für zwei Stunden nach der Installation einen Button „Erstatten" angezeigt, mit dem er den Kauf rückgängig machen kann. In diesem Fall wird ihm der Kaufpreis gutgeschrieben und die App automatisch gelöscht. Der Anbieter einer App muss also während dieses Zeitraums selbst keine weiteren technischen Vorkehrungen treffen. 139

Abbildung: Der „Erstatten"-Button bei einer App unter Android

[138] Ende 2014 von 15 Minuten auf zwei Stunden erhöht worden; https://support.google.com/googleplay/answer/134336?hl=de, abgerufen am 7.7.2015.

[139] Giga.de, Google Play Store: Rückerstattungen gekaufter Apps inoffiziell auch nach 15 Minuten Zeitfenster möglich, http://www.giga.de/apps/google-play-store/news/google-play-store-rueckerstattung-gekaufter-apps-inoffiziell-auch-nach-15-minuten-zeitfenster-moeglich/, abgerufen am 7.7.2015.

140 Eine weitere Regelung zum Verkauf von Apps findet sich in den *Developer Program Policies.* Dort werden Vorgaben zur Gestaltung der Produktbeschreibungen gemacht und ein Verbot von Manipulationen an der Platzierung der App innerhalb des Google-Angebotes ausgesprochen.

141 Auch Google sieht eine Verpflichtung vor, die Abwicklung interner Zahlungen (**„In-App-Purchases"**) über „authorisierte Zahlungsservices" abzuwickeln – der einzige[140] bislang authorisierte Zahlungsdienstleister ist Googles Transaktionsdienst Google Wallet. Dennoch ist zumindest die Praxis von Google bei weitem nicht so restriktiv wie bei Apple. Während Apple auch gegen indirekte Verkäufe vorgeht – etwa wenn Apps Links auf Webseiten setzen, über die wiederum kostenpflichtige Dienste gebucht werden können[141] – toleriert Google solche mittelbaren Verkäufe „aus Apps heraus". Vielmehr bezieht sich diese Verpflichtung zur Nutzung von durch Google ausgewählte Zahlungsdienstleister nur auf In-App-Verkäufe im engeren Sinne – beispielsweise den Vertrieb kostenpflichtiger Add-ons für Apps.

142 Wer etwa innerhalb seiner Apps Produkte verkaufen möchte, muss die von Google bereitgestellten **In-App-Sale-Technologien** verwenden. Der Verkauf von Zusatzprodukten darf also nur dann in Apps bereitgestellt werden, wenn die (kostenpflichtigen) Dienste von Google für die Abwicklung verwendet werden. Bei Apple nennt sich die Technologie *In-App-Purchase,* bei Google wird sie *In-App-Sale* genannt. Von diesem Grundsatz, dass Googles Zahlungsdienst genutzt werden muss, sind zwei Ausnahmen vorgesehen: Erstens, wenn es sich bei dem Produkt hauptsächlich um physische Gegenstände handelt – etwa bei einem Online-Shop, der seine Produkte über eine App vertreibt. Zweitens, wenn es sich um Produkte handelt, die auch außerhalb der App genutzt werden können. Dieser Punkt ist vor allem für Mobile Games interessant: Virtuelle Produkte, die innerhalb eines Spieles verkauft werden, müssen also nur dann über Google abgewickelt werden, wenn diese Produkte ausschließlich innerhalb der App nutzbar sind. Handelt es sich dagegen um Produkte, die sowohl in der mobilen, als auch in der Desktop- oder Konsolen-Version eines Spiels eingesetzt werden können, ist der App-Anbieter nicht auf Google angewiesen.

f) Zusammenfassung

143 Auch Google macht einige Vorgaben zu Inhalt und Gestaltung von Apps. Im Vergleich zu Apple sind diese Vorgaben jedoch weit liberaler und weniger detailliert. Der Grund ist die unterschiedliche Philosophie der Systeme: Während *iOS* als geschlossenes, von Apple kontrolliertes System konzipiert ist, ist Android frei als Open Source. Dieses völlig verschiedene Verständnis spiegelt sich auch in den Vorgaben für Entwickler wider.

[140] http://www.theverge.com/2012/3/8/2855744/google-play-in-app-payments-wallet, abgerufen am 7.7.2015.

[141] Siehe dazu ausführlich Rn. 112.

Kapitel 4. Apps und Informationspflichten

A. Allgemeines

Informationspflichten im Internet sind stets ein Reizthema. Impressumspflicht, Widerrufsbelehrung, Jugendschutzangaben, Datenschutzerklärung – für juristische Laien ist oft kaum zu überblicken, wer wann welche Angaben zu machen hat. Doch gelten diese Informationspflichten auch für Apps? Welche Angaben können und müssen im AppStore gemacht werden? Und welche Informationen müssen in der App selbst vorhanden sein? Dieser Abschnitt soll einen Überblick über die wichtigsten Informationspflichten geben, wie sie sinnvollerweise zu erfüllen sind und was Anbieter von Apps dabei zu beachten haben. **144**

B. Informationspflichten nach dem Telemediengesetz

Das wahrscheinlich wichtigste Gesetz im Hinblick auf Informationspflichten im Internet ist das **Telemediengesetz** (TMG). Ob Apps dem Telemedienbegriff unterfallen, hängt von verschiedenen Faktoren ab, die an dieser Stelle genauer betrachtet werden sollen.[142] **145**

I. Internationaler Anwendungsbereich des Telemediengesetzes

Zunächst stellt sich die Frage, in welchen Fällen das Telemediengesetz **international anwendbar** ist. Das TMG gilt jedenfalls für alle Diensteanbieter, die ihren Sitz in der Bundesrepublik Deutschland haben (§ 3 Abs. 1 TMG). Anbieter aus anderen Mitgliedsstaaten der Europäischen Union sind nur erfasst, wenn sie ihre Dienste auch in Deutschland *gewerbsmäßig* anbieten (§ 3 Abs. 2 TMG). Nach Art. 6 ROM-II kann jedoch auch für Anbieter aus Drittstaaten das Telemediengesetz gelten. Danach gilt im Falle von Wettbewerbsverstößen das Recht des Staates, „in dessen Gebiet die Wettbewerbsbeziehungen oder die kollektiven Interessen der Verbraucher beeinträchtigt worden sind". Jedenfalls dann, wenn sich ein Dienst an deutsche bzw. europäische Verbraucher richtet, werden auch Anbieter aus Nicht-EU-Staaten die Informationspflichten des Telemediengesetzes zu beachten haben. **146**

Wann das der Fall ist, lässt sich anhand von Indizien feststellen. Ist schon die Produktseite im AppStore auf Deutsch gestaltet, wird man auf jeden Fall eine Ansprache deutscher Verbraucher annehmen können. Auch die Sprache der App selbst kann ein Indiz sein, ebenso wie die Webseite des Anbieters, Support-Foren, etc. Letztlich sind hier vielfältige Kriterien denkbar – entscheidend ist das Gesamtbild, das sich anhand der einzelnen Kriterien ergibt. **147**

---

[142] Die Hinweispflichten nach § 13 TMG werden näher behandelt in Kapitel 6 Rn. 227 ff. dieses Buches.

II. Apps als Telemediendienste

148 Nach § 1 Abs. 1 TMG gilt das Telemediengesetz für alle **„elektronischen Informations- und Kommunikationsdienste“,** soweit sie nicht Telekommunikationsdienste, telekommunikationsgestützte Dienste oder Rundfunk sind. Erfasst sind also nur solche Apps, die in irgendeiner Form Informations- und Kommunikationsdienste anbieten. Schon das Teledienstegesetz, der Vorgänger des TMG, war nur auf solche Angebote anwendbar, die über das Netz abrufbar waren.[143] Damit fallen alle Apps aus dem Anwendungsbereich des TMG, die lediglich lokale Funktionen anbieten – Spiele ohne Online-Anbindung zum Beispiel.

Außerdem nicht erfasst sind **„Telekommunikationsdienste“,** also Anwendungen, die vor allem in der *Übertragung* und dem *Transport* von Daten bestehen. Apps, die Voice-over-IP-Dienste anbieten könnten etwa darunter fallen. Für diese Apps würde das Telemediengesetz folglich nicht gelten. Unter „Rundfunk“ fallen alle Dienste, die Bild oder Ton *linear* verbreiten, wie zum Beispiel Radio-Streams.

149 Welche Apps bleiben also nun übrig? Vom TMG erfasst sind alle Apps mit

1. Online-Anbindung,
2. die nicht nur Daten transportieren, sondern auch aufbereiten und
3. nicht nur lineare Streams anbieten.

Beispiele:

Facebook: Facebook dürfte das klassische Beispiel für einen Informations- und Kommunikationsdienst darstellen. Die Daten werden auch nicht nur transportiert, sondern auch aufbereitet und um Daten von Facebook ergänzt. Die Facebook-App ist damit eindeutig ein Telemediendienst.

Instagram[144]: Die App ist zwar primär eine Foto-App, dahinter steht aber vor allem der Community-Aspekt. Die Fotos können automatisch ins Netz geladen und dort geteilt werden. Damit ist Instagram ein Telemediendienst.

WhatsApp[145]: WhatsApp ist primär ein Instant Messenger. Der Hauptzweck besteht in der Übermittlung von Kurznachrichten. Deshalb spricht viel dafür, dass WhatsApp eher ein Telekommunikations- als ein Telemediendienst ist.

90elf[146]: Das Fußball-Radio 90elf bietet mit seiner App einen Live-Radio-Stream für Fußballspiele an. Dabei handelt es sich primär um einen Rundfunkdienst.

150 Eine weitere Art der Telemedien sind die **journalistisch-redaktionellen Telemediendienste,** geregelt in den §§ 54ff. Rundfunkstaatsvertrag (RStV). Für diese besondere Art von Telemedien gelten besondere Informationspflichten, zum Beispiel § 55 Abs. 2 RStV. Was aber sind „journalistisch-redaktionelle Telemedien“? Die Definition bereitet immer wieder Schwierigkeiten.

151 Das Gesetz definiert sie als Angebote, „in denen insbesondere vollständig oder teilweise Inhalte periodischer Druckerzeugnisse in Text oder Bild wiedergegeben werden“. Erfasst sind damit auf jeden Fall die Online-Ableger klassischer Printmedien – wer offline journalistischen Sorgfaltspflichten unterliegt, soll diese auch online erfüllen müssen. Vor allem das Web 2.0 hat aber viele Grenzfälle hervorgebracht.

---

[143] *Hoeren,* NJW 2007, 801 (802).
[144] http://instagr.am/.
[145] http://www.whatsapp.com/.
[146] http://www.9elf.de.

Zum Beispiel Blogs, die eigene Inhalte veröffentlichen und zum Teil professionell journalistisch tätig sind, aber keine Print-Ableger haben. Auch diese Medien sind vom RStV erfasst. Entscheidend ist, dass ein Online-Dienst eigene Inhalte erstellt und dabei journalistisch im weitesten Sinne arbeitet. Das setzt voraus, dass der Anbieter selbst Inhalte erstellt oder zumindest durch Auswahl, Kommentierung oder Bearbeitung so aufbereitet, dass seine eigene Wertung in die Inhalte einfließt.[147] Dies muss auch regelmäßig geschehen. Entscheidend ist, dass der Anbieter mit seiner Publikation planmäßig Einfluss auf die öffentliche Meinungsbildung nimmt[148].

In Abgrenzung dazu spricht § 55 Abs. 1 RStV von Telemedien, die **„ausschließlich** 152
persönlichen oder familiären Zwecken“ dienen. Gemeint sind damit die sprichwörtlichen Online-Tagebücher, die keine weitere Reichweite als den unmittelbaren Freundes- und Familienkreis haben. Praktisch hat diese Ausnahme daher wenig Relevanz – besonders bei Apps.

Für Apps kann man also festhalten: Immer da, wo eigene, redaktionell aufbereitete Inhalte über eine App verbreitet werden, liegt ein journalistisch-redaktioneller Telemediendienst vor. Vor allem bei Apps von Presseverlagen oder Blogs liegt stets der Verdacht nahe, dass es sich um journalistisch-redaktionelle Inhalte handelt.

Beispiele: 153

Spiegel Online[149]**:** Die App von Spiegel Online ist ein klassisches Beispiel für einen journalistisch-redaktionellen Telemediendienst. Als Online-Ableger von Printveröffentlichungen entspricht die Spiegel-App genau dem gesetzlich normierten Regelfall.

Pulse[150]**:** Die App „Pulse“ ist ein Aggregator. Sie übernimmt also Inhalte Dritter – zum Beispiel von den Webseiten von Tageszeitungen – und bereitet sie für mobile Endgeräte auf. Dabei handelt es sich um einen Grenzfall: Zwar verbreitet die App journalistisch-redaktionelle Inhalte, übernimmt diese aber weitgehend automatisch und ohne eigenes Eingreifen von Dritten. Die App selbst ist wohl eher kein journalistisch-redaktioneller Telemediendienst.

Google Newsstand[151]**:** Mit „Newsstand“ bietet Google eine App an, mit der sich Webseiten in ein auf mobile Endgeräte optimiertes Format konvertieren lassen. Der Nutzer gibt dazu die jeweilige Webseite an, die Google anschließend konvertiert und dem Nutzer künftig auch neue Beiträge der Webseite innerhalb von Newsstand anzeigt. Auch hier bearbeitet Google zweifellos zumindest auch journalistisch-redaktionelle Inhalte. Die Auswahl trifft jedoch der Nutzer selbst – Google bietet lediglich den Dienst an, beliebige Inhalte in ein anderes Format zu konvertieren. Google Newsstand ist daher kein journalistisch-redaktioneller Telemediendienst.

Während es bei Apps durchaus Konstellationen gibt, wo es sich nicht um einen Te- 154
lemediendienst handelt, stellen die **AppStores** in jedem Fall einen Telemediendienst dar. Die Frage ist allerdings, wer Anbieter dieses Dienstes ist. Konkret: Wer ist für die jeweiligen Produktseiten der Apps verantwortlich – der AppStore-Betreiber oder der Anbieter der App?

Eine ähnliche juristische Diskussion[152] fand bereits über die **Impressumspflichten** 155
bei Twitter statt. Auch dort stellt sich die Frage: Worin genau besteht eigentlich der „Dienst“, für den ein Impressum vorgehalten werden muss? Handelt es sich nur bei

---

147 *Micklitz/Schirmbacher* in Spindler/Schuster 8. Teil RStV § 55 Rn. 15.

148 *Ott*, MMR 2007, 354 (356).

149 http://www.spiegel.de/netzwelt/web/spiegel-online-app-und-neue-mobil-seite-a-754387.html, abgerufen am 7.7.2015.

150 http://www.pulse.me/.

151 https://play.google.com/store/newsstand, ehemals „Google Currents“.

152 Eine ausführliche Übersicht bietet *Krieg*, juris AnwaltZertifikatOnline 10/2009, Anm. 3.

der Plattform Twitter um einen Telemediendienst oder stellt nicht vielmehr jedes einzelne Nutzerprofil einen eigenständigen Dienst dar?

156 Im Zusammenhang mit Twitter kristallisierten sich bald **drei Ansichten** heraus. So plädierte *Stadler* dafür, den Begriff des „Dienstes" eng auszulegen und nur auf „eigenständige und abgeschlossene Gesamtangebote" zu beziehen.[153] Das jedoch gebe § 5 Telemediengesetz nicht her, konterte *Lapp*[154]. Es gebe auch keinen Grund, den Begriff dahingehend einzuschränken: Selbst bei Twitter sei es ohne Weiteres möglich, zumindest einen Link auf ein Impressum unterzubringen, um der Impressumspflicht genüge zu tun. Aus diesen beiden Ansichten katalysierte *Krieg*[155] eine dritte, wertende Ansicht. Demnach komme es auf die Art der Nutzung an. Verwende der Nutzer Twitter hauptsächlich zur Individualkommunikation, etwa wie einen öffentlichen Chat, liege auch kein Telemediendienst vor. Liege jedoch eine gewisse Nachhaltigkeit vor, zum Beispiel indem mit dem Twitter-Profil ein eigenes inhaltliches Angebot geschaffen werden soll, handele es sich dabei um einen eigenständigen Telemediendienst.

157 Auch abseits der Twitter-Diskussion wurde die Frage, ob auch einzelne Profil-Seiten eines größeren Gesamtangebotes der Impressumspflicht unterfallen können, bereits behandelt. Dabei ging es hauptsächlich um die **Profile von Verkäufern bei eBay.** Das OLG Düsseldorf[156] stellte diesbezüglich unter Berufung auf ein älteres Urteil des OLG Frankfurt[157] darauf ab, ob ein solches Profil eine „kommunikationsbezogene Eigenständigkeit" besitzt. Haben die Inhaber eines Profils die Möglichkeit, dieses selbst zu gestalten und dienen sie ausschließlich der Präsentation des Angebotes des Profilinhabers, soll eine Impressumspflicht bestehen, so das OLG Düsseldorf. Ähnlich entschied es auch das OLG Frankfurt[158] in Bezug auf ein Portal für Kleinanzeigen. Demnach sei jeder, der kommerziell Kleinanzeigen bei dem Portal aufgebe, der Impressumspflicht unterworfen.

158 Diese Grundsätze – sowohl im Hinblick auf die Diskussion um Twitter, als auch bezüglich eBay – lassen sich auf die **Produktseiten in AppStores** übertragen. Mit Ausnahme der sehr engen Ansicht von *Stadler,* führen alle vertretenen Meinungen zu dem Ergebnis, dass eine Impressumspflicht auch für die Angebote in AppStores besteht. Nach der Ansicht der Rechtsprechung muss allerdings auch die „kommunikationsbezogene Eigenständigkeit" vorliegen. Die Produktseite, auf der eine App vorgestellt wurde, muss also als eigenständiges Angebot innerhalb des AppStores gestaltet sein.

159 An dieser Stelle schließt sich dann der Kreis, denn eben diese Frage hat uns schon bei den Vertragskonstellationen zwischen Endnutzer, App-Anbieter und AppStore beschäftigt. Auch hier stellt sich also die Frage, wer aus Sicht eines Dritten als Akteur auftritt. Ist es der AppStore, der als Anbieter der App auftritt, trifft auch diesen die Impressumspflicht. Ist es hingegen der App-Anbieter, der als Inhaber des Profils in

---

[153] *Stadler,* Impressumspflicht für Twitter-Account?, http://www.internet-law.de/2009/04/impressumspflicht-fur-twitter-account.html, abgerufen am 7.7.2015.

[154] *Lapp,* Impressumspflicht für Twitter-Account?http://blog.beck.de/2009/04/17/impressumspflicht-fuer-twitter-account, abgerufen am 7.7.2015.

[155] *Krieg,* juris AnwaltZertifikatOnline 10/2009, Anm. 3.

[156] OLG Düsseldorf Urt. v. 18.12.2007 – I-20 U 17/07, MMR 2008, 682 (683).

[157] OLG Frankfurt Urt. v. 6.3.2007 – 6 U 115/06, MMR 2007, 379 (380).

[158] OLG Frankfurt a. M. Urt. v. 23.10.2008 – 6 U 139/08, GRUR-RR 2009, 315.

Erscheinung tritt, trifft ihn für dieses Profil auch eine eigenständige Impressumspflicht.

160

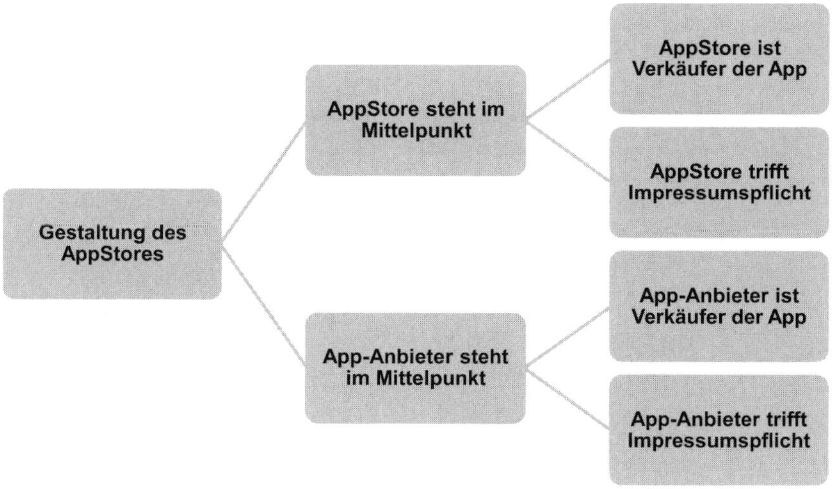

Abbildung: Übersicht zur Rolle der AppStore*s*

III. Die Impressumspflichten im Einzelnen

Die wahrscheinlich wichtigsten Informationspflichten des Telemediengesetzes sind die **Impressumspflichten** aus § 5 TMG. Danach haben Diensteanbieter für „geschäftsmäßige, in der Regel gegen Entgelt angebotene" Telemedien einige Pflichtangaben leicht erkennbar und zugänglich zu veröffentlichen. 161

Das Merkmal der **„geschäftsmäßig"** angebotenen Telemedien darf dabei allerdings nicht zu eng ausgelegt werden. Lediglich Internetseiten zu rein privaten Zwecken sollen nicht der Impressumspflicht unterliegen.[159] Andererseits reicht bereits das Schalten von Werbung für die Geschäftsmäßigkeit eines Telemediendienstes aus.[160] 162

Auch kostenlose Apps können damit der Impressumspflicht unterliegen, wenn sie werbefinanziert sind. Ob allein die Finanzierung durch Spenden für eine Geschäftsmäßigkeit ausreicht, ist hingegen nicht klar. Denn nach der Gesetzesbegründung sind Idealvereine – die zwar gemeinnützig sind, jedoch Spenden entgegennehmen können – von der Impressumspflicht nach § 5 TMG ausdrücklich ausgeschlossen[161]. Ob dies auch auf spendenfinanzierte Apps übertragbar ist, ist bislang jedoch noch nicht entschieden worden. 163

Zusammengefasst bedeutet das: Apps, die einen Telemediendienst darstellen und die geschäftsmäßig – das heißt nicht zu rein privaten Zwecken – angeboten werden, unterfallen der Impressumspflicht. § 5 TMG zählt die genauen Daten auf, die ein Impressum zu enthalten hat. Dazu gehören insbesondere Name und Anschrift des Anbieters, eine E-Mail-Adresse und Angaben „zur schnellen Kontaktaufnahme" (etwa ein 164

[159] BT-Drs. 16/3078, 14.
[160] *Ott,* MMR 2007, 354 (355).
[161] BT-Drs. 16/3078, 14.

Kontaktformular oder eine Telefonnummer[162]). Hinzu kommen bei juristischen Personen: Rechtsform, Name der Vertretungsberechtigten, ggf. Angaben zum Stammkapital, Handels- oder ähnliche Registernummer. Bei Kammerberufen sind außerdem die Angabe der Kammer und bestimmter berufsrechtlicher Vorschriften zu machen. In einigen Fällen ist auch die Angabe der Aufsichtsbehörde anzugeben.

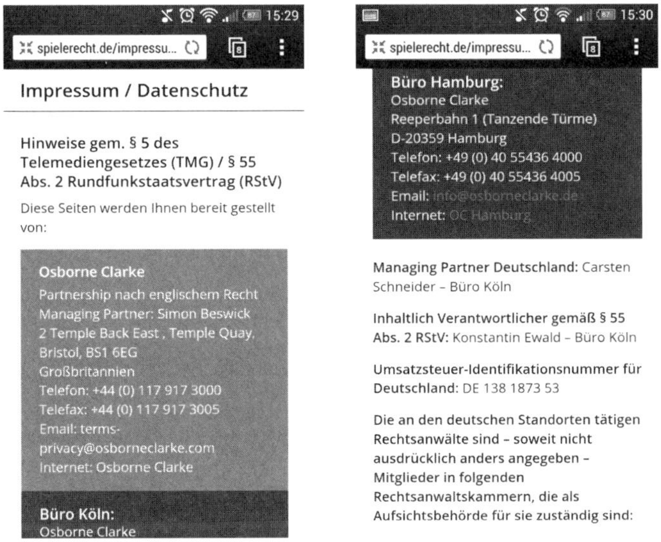

Abbildung: Beispiel eines Impressums auf spielerecht.de (Auszug)

165 **Journalistisch-redaktionelle Telemediendienste**[163] müssen nach § 55 Abs. 2 RStV außerdem eine inhaltlich verantwortliche Person benennen. Dabei muss es sich um eine natürliche, geschäftsfähige Person handeln.

166 Für mobile Anwendungen ergeben sich wenige Besonderheiten bei der Impressumspflicht. Das Impressum muss leicht erkennbar, unmittelbar erreichbar und ständig verfügbar sein.

167 Unter **„leicht erkennbar"** versteht die Rechtsprechung, dass sich das Impressum unter einer gängigen Bezeichnung finden lassen muss. Dabei muss nicht zwingend der Begriff „Impressum" verwendet werden. Auch „Kontakt" oä ist ohne Weiteres zulässig. Entscheidend ist, dass der Nutzer das Impressum als solches erkennt.[164]

168 **„Unmittelbar erreichbar"** ist ein Impressum, wenn es „ohne wesentliche Zwischenschritte", das heißt ohne längeres Suchen, erreichbar ist.[165] Ist das Impressum über zwei Klicks von jeder Unterseite einer Webseite aus erreichbar, genügt das diesen Anforderungen.[166] Auf Apps wird man diese Zwei-Klick-Regel allerdings wohl nur bedingt übertragen können, schon aufgrund der Platzverhältnisse auf kleinen

---

[162] Die Angabe einer Telefonnummer ist nicht zwingend erforderlich, wenn ein Kontaktformular bereitgestellt wird, das ebenfalls eine effiziente Kontaktaufnahme ermöglicht, EuGH Urt. v. 16.10.2008 – Rs. C-298/07, MMR 2009, 25.

[163] Siehe Rn. 150 ff.

[164] BGH Urt. v. 20.7.2006 – I ZR 228/03, GRUR 2007, 159 (160).

[165] BT-Drs. 14/6098, 21.

[166] BGH Urt. v. 20.7.2006 – I ZR 228/03, GRUR 2007, 159 (164).

Bildschirmen. Es wäre schließlich auch nicht im Sinne des Nutzers, bei seinem Online-Spiel ständig ein Impressums-Symbol im Bild zu haben. Ein Verweis im Hauptmenü einer App dürfte daher den Anforderungen an die „unmittelbare Erreichbarkeit" genügen.

Das Impressum muss schließlich auch **„ständig verfügbar"** sein. Das ist in den meisten Fällen unproblematisch. Das OLG Düsseldorf hat zudem entschieden, dass ein kurzfristiger Ausfall des Impressums von wenigen Minuten keinen Verstoß gegen die Impressumspflichten darstellt.[167] Bei Apps stellt sich an dieser Stelle allerdings die Frage, ob die ständige Verfügbarkeit bedeutet, dass das Impressum auch ohne Internet-Verbindung verfügbar sein muss. Zumindest bei nativen Apps wäre das naheliegend. Oder umgekehrt: Bei Webseiten stellt sich diese Frage nicht – ist kein Internet vorhanden, ist nicht nur das Impressum, sondern die gesamte Webseite nicht verfügbar. Bei Apps kann das anders sein: Funktioniert die App, muss wohl auch das Impressum funktionieren. Eine Einbindung des Impressums über das Internet (zB als WebView[168]) ist daher eher nicht zu empfehlen. **169**

C. Widerrufsbelehrung

Die wohl komplizierteste Informationspflicht im Internet, die immer wieder für Verunsicherung sorgt, ist die Widerrufsbelehrung. Steht einem Verbraucher ein Widerrufsrecht zu, muss er an verschiedensten Stellen innerhalb des Kaufvorgangs über seine Rechte informiert werden. Sowohl an Form und Inhalt sind dabei hohe Anforderungen gestellt, die es genau zu beachten gibt, um rechtliche Nachteile (zB verlängerte Widerrufsfristen) oder Konsequenzen (zB Abmahnungen) zu vermeiden. **170**

Dabei stellt sich stets zu allererst die Frage, ob bei Apps überhaupt ein **Widerrufsrecht besteht.** Steht dem Verbraucher kein Widerrufsrecht zu, muss er selbstredend auch nicht darüber aufgeklärt werden. Wir haben diesen Punkt bereits oben kurz gestreift, als es um das Rückgaberecht bei Google Play ging.[169] Hier haben sich signifikante Änderungen der Rechtslage durch Umsetzung der **Verbraucherrechterichtlinie** ergeben. **171**

Nach § 312g Abs. 1 BGB steht Verbrauchern bei **Fernabsatzverträgen** ein Widerrufsrecht zu. Ein Fernabsatzvertrag ist nach § 312c Abs. 1 BGB ein Vertrag, der zwischen einem Verbraucher und einem Unternehmer ausschließlich unter Einsatz von Fernkommunikationsmitteln zustande kommt, es sei denn, der Vertragsabschluss findet nicht in einem für den Fernabsatz organisierten Vertriebs- oder Dienstleistungssystem statt. **172**

Vor der Verbraucherrechterichtlinie normierte § 312d Abs. 4 Nr. 1 BGB aF einen Ausschluss des Widerrufsrechts, wenn es sich um eine Sache handelte, die sich „auf Grund ihrer Beschaffenheit **nicht für eine Rücksendung eignet**". Hierunter wurden auch digitale Güter gefasst. Dieser Ausschluss ist mit der neuen Rechtslage entfallen, sodass das Widerrufsrecht nun auch für (datenträgerlose) digitale Güter und daher **173**

---

[167] OLG Düsseldorf Urt. v. 4.11.2008 – I-20 U 125/08, MMR 2009, 266.

[168] WebView bezeichnet eine spezielle Komponente in Apps, mit der sich Internetseiten in eine native App einbinden lassen, siehe dazu auch die Ausführungen zu WebApps Rn. 3.

[169] Siehe oben Rn. 137.

auch für Apps gilt. Gemäß § 312d Abs. 1 BGB iVm Art. 246a EGBGB ist daher auch der jeweilige Verkäufer der App (wie oben gesehen je nach Gestaltung AppStore oder App-Anbieter) dazu verpflichtet, den Verbraucher bereits vor Abgabe dessen Vertragserklärung entsprechend zu informieren.

174 Das kann durchaus lästig sein, wenn der wertvolle Platz auf kleinen Bildschirmen mit langen juristischen Texten vergeudet werden muss. Noch 2009 entschied jedoch das OLG Hamm[170], dass auch im M-Commerce die Widerrufsbelehrung vollständig abgedruckt werden müsse – Platzmangel sei keine Entschuldigung.

175 Dem nahm der europäische Gesetzgeber nun den Wind aus den Segeln und relativierte mit Art. 246a § 4 Abs. 3 EGBGB die Informationspflichten dahingehend, dass ihnen bei einem Fernabsatzvertrag lediglich in einer den benutzten **Fernkommunikationsmitteln angepassten Weise** nachgekommen werden müsse. Die erleichterten Informationspflichten bei begrenzter Darstellungsmöglichkeit enthält Art. 246a § 3 EGBGB für Fernabsatzverträge.

176 Warum ein Widerrufsrecht für digitale Güter allerdings dennoch eher unangemessen sein könnte, zeigt das folgende Beispiel:

Angenommen, ein Nutzer kauft eine App. Diese wird heruntergeladen und auf seinem Endgerät installiert. Sobald die App auf dem Gerät vorhanden ist, ist es dem Nutzer möglich, diese auch innerhalb des Gerätes zu kopieren – zum Beispiel in einen anderen Unterordner. Auch das Kopieren auf andere Geräte ist somit möglich. Zum Teil werden dafür spezielle „Hacks“ benötigt[171], einige Apps bieten das Backup von Apps aber auch als reguläre Funktion an. Auch ohne größeren technischen Aufwand ist es damit möglich, Apps lokal zu vervielfältigen. Kopiert der Nutzer nach dem Kauf die App und erklärt dann den Widerruf, wird zwar die Installation, die durch den AppStore vorgenommen wurde, gelöscht, nicht aber die Kopie dieser Installation. Der Nutzer hätte die App kostenlos erworben.

177 Zwar haben viele Apps **Schutzvorkehrungen** vor solchem Missbrauch und auch Google sieht Maßnahmen vor, um dies zu verhindern. Bei Apples *iOS* ist genau genommen sogar das gesamte Betriebssystem darauf ausgelegt, den Zugriff des Nutzers auf Bereiche zu verhindern, die Apple nicht für den Nutzerzugriff vorgesehen hat. Ausschließen lässt sich dieses „Wegkopieren“ von Apps jedoch nicht – gleich unter welchem Betriebssystem. Und es zeigt, dass ein erheblicher Unterschied zwischen einer „Rücksendung“ und dem Löschen einer App besteht. Das Risiko für den Anbieter ist ungleich größer: Bei einer Rücksendung hat er die Kaufsache als körperlichen Gegenstand in der Hand und kann sicher ausschließen, dass sie sich noch beim Kunden befindet. Bei rein virtuellen Kaufsachen funktioniert das nicht. Insgesamt lässt sich damit festhalten, dass ein Widerrufsrecht bei Apps kaum zu rechtfertigen wäre –

[170] OLG Hamm Urt. v. 16.6.2009 – 4 U 51/09, K&R 2009, 813.

[171] Man spricht dabei von „gerooteten“ Geräten oder „Jailbreaks“. Dabei verschafft sich der Nutzer durch technische Tricks und Hilfsmittel Administratorrechte auf dem Gerät und hat somit Vollzugriff auf sämtliche Funktionen, die das Betriebssystem bietet – auch solche, die vor „normalen“ Nutzern ansonsten verborgen sind. Diese „Root-Technologie“ ist bei Android-Geräten in aller Regel auch völlig legal, denn das Betriebssystem steht ja als Open-Source-Software zur Verfügung und darf daher frei angepasst werden. Lediglich wenn geschützte Sonderanfertigungen einzelner Hersteller technisch umgangen werden, könnten sich marken-, urheber- und strafrechtliche Probleme stellen, BGH Urt. v. 9.6.2004 – I ZR 13/02, MMR 2005, 94; *Neubauer,* MMR 2011, 626.

denn die gesetzliche Regelung sieht viele der Besonderheiten beim Verkauf rein viruteller Waren schlicht nicht vor.

Aus diesem Grund hat der europäische Gesetzgeber mit Erweiterung des Wider- 178
rufsrechts auf datenträgerlose digitale Güter zugleich auch die Möglichkeit geschaffen, das Widerrufsrecht mit Zustimmung des Verbrauchers abzubedingen. Nach § 356 Abs. 5 BGB **erlischt** bei einem Vertrag über die Lieferung von nicht auf einem körperlichen Datenträger befindlichen digitalen Inhalten das Widerrufsrecht, wenn der Unternehmer mit der Ausführung des Vertrags begonnen hat, nachdem der Verbraucher

1. **ausdrücklich zugestimmt** hat, dass der Unternehmer mit der Ausführung des Vertrags vor Ablauf der Widerrufsfrist beginnt, und
2. seine **Kenntnis davon bestätigt** hat, dass er durch seine Zustimmung mit Beginn der Ausführung des Vertrags sein Widerrufsrecht verliert.

Die Umsetzung eines rechtlich wirksamen Ausschlusses ist somit offensichtlich mit 179
hohen Hürden verbunden, denn es ist in zweifacher Hinsicht eine aktive Willensbetätigung des Verbrauchers erforderlich. Zudem müssen die beiden Erklärungen vom Verbraucher abgegeben werden, bevor der Unternehmer mit der Vertragsausführung beginnt. Es muss daher vor Beginn der Vertragsausführung irgendeine Handlung des Verbrauchers erfolgen, die die Willens- bzw. Wissenserklärungen (in nachweisbarer Weise) widerspiegelt. Dies klingt zunächst stark nach einer vorgeschalteten „Opt-In"-Schaltfläche oder Checkbox. Google setzt dies im Google Play Store durch einen bloßen Hinweis im Zusammenhang mit den Nutzungsbedingungen und Erstattungsrichtlinien vor Betätigung des „Kaufen"-Buttons um. Hier werden folglich durch einen einzigen Klick auf den „Kaufen"-Button gleich mehrere Erklärungen und Zustimmungen abgegeben.

Abbildung: Umsetzung der Abbedingung des Widerrufsrechts durch Google

Bei Apple erfolgt lediglich ein Hinweis in den AGB. Faktisch gewährt Apple jedoch derzeit über die „Problem melden"-Funktion dennoch ein vierzehntägiges Widerrufsrecht (siehe Abbildung). Wie lange dies so bleibt ist fraglich. Zunächst hatte Apple nur selektiv im Fall von häufigen Rückgaben oder Missbrauch ebenfalls einen Ausschluss des Widerrufsrechts mittels Pop-up eingerichtet. Mitlerweile wurde jedoch schon mehrfach berichtet, dass ein solches Ausschluss-Pop-up auch ohne nachvollziehbaren Grund erschien.[172] Offenbar steht also auch bei Apple ein entsprechender Kurswechsel an.

> Um Ihren Kauf innerhalb von 14 Tagen nach dem Erhalt dieser Rechnung zu stornieren, können Sie:
> **ein Problem melden** oder **Kontakt mit uns aufnehmen.**
> **Weitere Infos zu Ihrem Widerrufsrecht**

Abbildung: Hinweis zum 14-tägigen Widerrufsrecht in der Rechnung von Apple

179a Als Folge erlischt das Widerrufsrecht, wenn der Unternehmer mit der Ausführung des Vertrags beginnt. Das bedeutet in der Praxis, dass der Unternehmer dem Verbraucher den digitalen Inhalt derart bereitgestellt haben muss, dass der Verbraucher diesen unmittelbar wahrnehmen bzw. nutzen kann. Im Fall von Downloads hat der Unternehmer durch die unmittelbare Bereitstellung der Datei zum Herunterladen, spätestens jedoch bei Beginn der Datenübermittlung, mit der Ausführung des Vertrags begonnen.

D. Preisangaben und sonstige Informationspflichten

180 Neben der Widerrufsbelehrung gibt es jedoch noch zahlreiche **weitere Informationspflichten,** die im digitalen Geschäftsleben zu beachten sind und die auch beim Be- und Vertrieb von Apps berücksichtigt werden müssen.

Einige der wichtigsten Informationspflichten im E-Commerce finden sich in der Preisangabenverordnung (PAngV). Dort ist geregelt, wie genau Preise für Waren – auch im Internet – auszuzeichnen sind.

Für den E-Commerce von besonderer Bedeutung ist § 1 Abs. 2 PAngV. Danach müssen Verbrauchern gegenüber stets die **vollständigen Endpreise** angegeben werden. Bei Fernabsatzverträgen muss zusätzlich ein Hinweis erfolgen, dass in den Preisen die **Umsatzsteuer** enthalten ist und ob ggf. Liefer- oder Versandkosten anfallen.

181 Schon bei der Produktseite von Apps im AppStore kann das ein Problem sein. Zwar ist es durchaus möglich, einen entsprechenden Hinweis auf die Umsatzsteuer vorzusehen, regelmäßig fehlt dieser Hinweis dennoch. Meist findet sich erst auf der **Rechnung** – also nach dem Kauf – eine genaue Aufschlüsselung des Preises. Den Anforderungen der Preisangabenverordnung wird das nicht gerecht. Zusätzlich verkompliziert wird die Lage auch dadurch, dass – wie oben dargestellt – die Frage des eigentlichen **Vertragspartners** beim Kauf einer App durchaus unübersichtlich ist. Entsprechend schwierig ist es zu beurteilen, wen genau eigentlich die Umsatzsteuer- und damit die Informationspflicht trifft: Den Anbieter der App oder den Anbieter des AppStore? In jedem Fall ist es zu empfehlen, als Anbieter von Apps genau auf die korrekte Auszeichnung der Umsatzsteuer zu achten. Es ist nicht zu raten, sich auf die bislang unklare Rechtslage zu verlassen und darauf zu setzen, dass der Betreiber des AppStores die Verantwortung für die Gestaltung der Produktseiten übernehmen muss. Solange dies noch nicht gerichtlich geklärt ist, ist dringend anzuraten, die eigenen

[172] iPhone-ticker.de, Apple warnt: App Rückgaben und rotes Apple Watch Ausrufezeichen, http://www.iphone-ticker.de/apple-warnt-app-rueckgaben-und-rotes-apple-watch-ausrufezeichen-81745/, abgerufen am 7.7.2015.

Informationspflichten unabhängig von der Verantwortlichkeit des AppStores genau zu prüfen und auch einzuhalten.

Dennoch stellt sich die Frage, wer eigentlich für solche Verstöße gegen die Preis- 182
angabenverordnung verantwortlich ist. Ein entscheidendes Argument, das sich wie ein roter Faden durch die Rechtsfragen beim Vertrieb von Apps zieht, ist die Frage nach dem Anbieter der App bzw. der Produktseite. Wie wir oben bereits mehrfach dargestellt haben, kann das sowohl der Betreiber des AppStores, als auch der eigentliche Anbieter der App sein. Je nach Ergebnis dieser Prüfung, die – wie gesagt – im Moment wohl teilweise zu Lasten der AppStore-Betreiber ausfällt, bemisst sich auch die Verantwortlichkeit für die Gestaltung der jeweiligen Produktseite – und somit auch für Verstöße gegen die Preisangabenverordnung. Kurz: Wenn Google oder Apple als Verkäufer einer App und Anbieter der Produktseite anzusehen sind, sind sie auch für Verstöße bei den Preisangaben verantwortlich.

E. Zusammenfassung

Auch die Informationspflichten stellen bei **Entwicklung und Vertrieb** von Apps 183
eine Herausforderung dar. Es gilt genau zu unterscheiden, wie die jeweilige App rechtlich einzuordnen ist und die entsprechenden Informationspflichten sowohl bei der Entwicklung, als auch bei der **Veröffentlichung** im AppStore zu berücksichtigen. Speziell die Impressumspflicht ist nicht immer einfach einzuordnen. Telemedien, Rundfunk, journalistisch-redaktionelle Telemedien – die Differenzierung der verschiedenen rechtlichen Kategorien ist durchaus kompliziert. Wer auf Nummer sicher gehen will, sollte an passender Stelle in seiner App die grundlegenden Impressumsdaten unterbringen. Ein überflüssiges Impressum ist jedenfalls unschädlich.

Kapitel 5. Apps und Datenschutzrecht

184 Daten sind die Währung des digitalen Zeitalters. Dieser mittlerweile ziemlich abgedroschene Satz hat nichts von seinem Wahrheitsgehalt verloren. So gesehen gibt es keine „kostenlosen“ Apps. Bezahlt wird nicht mit Geld, sondern mit persönlichen Daten. Diese nutzen App-Anbieter oder Dritte dann meist für Werbezwecke.[173]

185 Gleichzeitig wächst jedoch auch bei App-Nutzern das **Datenschutz-Bewusstsein.** Anders ist nicht zu erklären, dass zum ersten Mal eine Untersuchung der Stiftung Warentest im Juni 2012 zu heftigen öffentlichen Diskussionen führte. Der Grund damals: Die Stiftung hatte einige der beliebtesten Apps unter die Lupe genommen und herausgefunden, dass diese persönliche Informationen der Nutzer ungesichert und teilweise unbemerkt an Dritte übertragen.[174] Seitdem folgten fast im Wochenrhythmus neue Untersuchungen mit sehr ähnlichen Ergebnissen, so dass heute eine kaum mehr überschaubare Zahl an Untersuchungen verschiedenster Stellen belegt: Um die datenschutzrechtliche Compliance einer erschreckend hoher Zahl von Apps ist es nicht zum Besten bestellt.

So verwundert es auch nicht, dass mobile Applikationen zunehmend von deutschen und europäischen Datenschutzaufsichtbehörden geprüft wurden und werden. Die bislang durchgeführten Prüfungsaktionen im Rahmen von sog. „Sweep Days“ haben dabei regelmäßig gezeigt, dass die Mehrzahl der Apps erhebliche Mängel beim Datenschutz aufweisen. Dies insbesondere im Hinblick auf fehlende oder lückenhafte Informationen über den Umgang mit Daten. Die datenschutzrechtlichen Anforderungen werden von vielen App-Anbietern offenbar immer noch nicht ausreichend wahrgenommen.[175]

186 Die Diskussion kreist dabei ganz überwiegend um private Daten, die durch Apps kompromittiert werden. Die datenschutzrechtlichen Fragen bekommen aber eine ganz andere Dimension, wenn sich auf dem privaten Endgerät nicht nur private Adressen oder Fotos, sondern auch sensible Unternehmensdaten befinden – Stichwort: Bring Your Own Device.[176]

187 Ziel und Zweck des Datenschutzes ist es, den Nutzer einer App vor einer unzulässigen Erhebung und Nutzung seiner Daten zu bewahren und damit sein **Persönlichkeitsrecht** zu schützen.[177] Die Spielregeln, die dabei gelten sowie die typischen datenschutzrechtlichen Fallstricke für App-Entwickler und Anbieter stellen wir im Folgenden in aller Kürze dar – zusammen mit praktischen Tipps, wie man diese umgehen kann.

---

[173] Die extrem spannende Diskussion, ob und wie der Einzelne darüber hinaus eine „Gegenleistung“ für seine Daten bekommt, nimmt gerade Fahrt auf, kann hier aber nicht vertieft werden. Erste Ansätze sind etwa verschiedene vergünstigte Kranken- oder KfZ-Versicherungstarife, die an die Preisgabe bestimmter personenbezogener Daten durch die einzelnen Nutzer geknüpft sind.

[174] test 06/2012; online abrufbar unter http://www.test.de/Datenschutz-bei-Apps-Welche-Apps-Ihre-Daten-ausspaehen-4378643–4383181/, abgerufen am 29.6.2015.

[175] Siehe die Pressemitteilung des Bayerischen Landesamtes für Datenschutzaufsicht vom 26.5.2014, online abrufbar unter http://www.lda.bayern.de/lda/datenschutzaufsicht/p_archiv/2014/pm008.html, sowie die Pressemitteilung des Hessischen Datenschutzbeauftragten vom 11.9.2014, online abrufbar unter https://www.datenschutz.hessen.de/presse_2014.htmentry4257; jeweils abgerufen am 1.7.2015.

[176] Dazu überblicksartig unten in Kapitel 6.

[177] So ausdrücklich § 1 Abs. 1 BDSG.

Von besonderer Bedeutung für die Praxis sind dabei zwei ausführliche Stellungnahmen der Aufsichtsbehörden: Die Artikel-29-Datenschutzgruppe – ein Gremium der nationalen europäischen Datenschutzbehörden, das die EU-Kommission berät – und die deutschen Datenschutzbehörden in Form des sog. Düsseldorfer Kreises haben einige hilfreiche Vorgaben und Hilfestellungen veröffentlicht: Die *„Stellungnahme zu Apps auf intelligenten Endgeräten"*[178] der Artikel-29-Datenschutzgruppe aus Februar 2013 enthält Empfehlungen für App-Entwickler, AppStores, Hersteller von Betriebssystemen und Endgeräten sowie sonstige Dritte.

Die Stellungnahme wird durch die *„Orientierungshilfe zu den Datenschutzanforderungen an App-Entwickler und App-Anbieter"* des Düsseldorfer Kreises vom Juni 2014 ergänzt.[179] Damit verfolgen die deutschen Behörden den Zweck, App-Entwicklern und anderen Marktteilnehmern die wesentlichen rechtlichen und technischen Anforderungen aufzuzeigen. Mit dieser Orientierungshilfe liegt zum ersten Mal eine abgestimmte Zusammenfassung der datenschutzrechtlichen Spielregeln vor, die insbesondere App-Anbieter nach Ansicht der Aufsichtsbehörden zu beachten haben. Sie ist dabei deutlich hilfreicher für die Praxis als die vorgenannte Stellungnahme der Artikel-29-Datenschutzgruppe und ein „Must Read" für alle Beteiligten des App-Ökosystems. Dies nicht zuletzt deshalb, weil das Bayerische Landesamt für Datenschutzaufsicht wiederholt angedroht hat, bei Verstößen gegen datenschutzrechtliche Bestimmungen künftig Bußgelder zu verhängen.[180]

A. Terminologie

Wie oben dargestellt, sind an der Entwicklung und dem Vertrieb einer mobilen App in der Regel mehrere Personen bzw. Unternehmen beteiligt. **188**

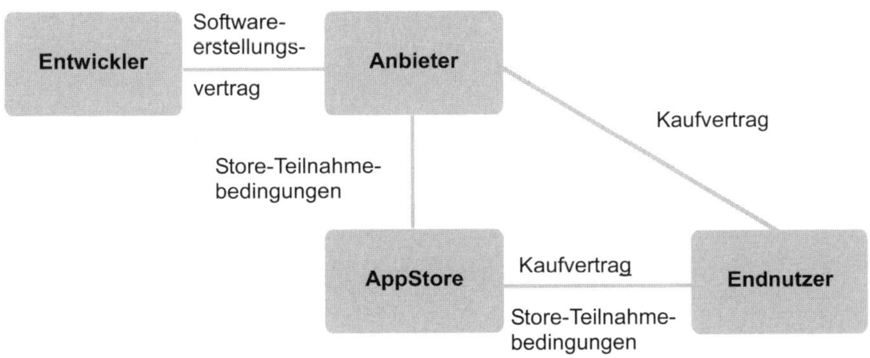

Abbildung: Vertragsbeziehungen beim Vertrieb von Apps

[178] Working Paper 202, abrufbar unter http://www.cnpd.public.lu/de/publications/groupe-art29/wp202_de.pdf, angerufen am 30.6.2015.

[179] Online abrufbar unter http://www.lda.bayern.de/lda/datenschutzaufsicht/lda_daten/Orientierungshilfe_Apps_2014.pdf; abgerufen am 30.6.2015.

[180] Siehe die Pressemitteilung des Bayerischen Landesamtes für Datenschutzaufsicht vom 26.5.2014, online abrufbar unter http://www.lda.bayern.de/lda/datenschutzaufsicht/p_archiv/2014/pm008.html, abgerufen am 30.6.2015.

189 Schaut man durch die datenschutzrechtliche Brille auf die unter Rn. 188 noch einmal illustrierten verschiedenen **Rechtsbeziehungen**[181] zwischen den Beteiligten des App-Ökosystems, so wird zunächst eines klar: Bei dem Nutzer einer App handelt es sich um den „Betroffenen" iSd § 3 Abs. 1 BDSG. Es sind seine Daten, die durch eine App erhoben, verarbeitet und an Dritte übermittelt werden. Der Nutzer ist somit aus der Sicht des Datenschutzrechts derjenige, den es zu schützen gilt.

190 Nicht ganz so evident ist die Bestimmung der sog. **„verantwortlichen Stelle".** Dabei handelt es sich nach der Legaldefinition des § 3 Abs. 7 BDSG um „die Person oder Stelle, die personenbezogene Daten für sich selbst erhebt, verarbeitet oder nutzt oder dies durch andere im Auftrag vornehmen lässt."[182]

191 Ist der Entwickler einer App identisch mit dem Anbieter, so muss diese Person oder dieses Unternehmen in der Regel auch als „verantwortliche Stelle" für die Rechtmäßigkeit der Datenerhebung und Verarbeitung durch die eigene App geradestehen.[183] Oft wird jedoch der App-Anbieter die technische Entwicklung einer App bei einem **Dritten** in Auftrag geben, diese dann aber im eigenen Namen im AppStore veröffentlichen. Dann ist nicht der Entwickler, sondern der eigentliche Anbieter der App verantwortliche Stelle iSd Bundesdatenschutzgesetzes. Er allein entscheidet, welche Daten seine App erhebt und wie diese verarbeitet werden. Folglich muss er auch Adressat der Verpflichtungen des Bundesdatenschutzgesetzes gemäß § 2 BDSG sein. Daran ändert auch der Umstand nichts, dass er als Anbieter im Wege der Unterbeauftragung einen Dritten[184]mit der Entwicklung der App beauftragt hat. Der Anbieter mag in diesem Fall im Innenverhältnis Ansprüche gegen den Entwickler haben; im Außenverhältnis trägt er die datenschutzrechtliche Verantwortung jedoch alleine.[185]

192 Noch wenig diskutiert wurde die Frage, ob eventuell auch die **AppStore-Betreiber** für die Datenerhebung und -verarbeitung mittels der App als verantwortliche Stelle iSd § 3 Abs. 7 BDSG angesehen werden können[186]. Dafür spricht, dass sie es sind, die die Apps veröffentlichen. Dagegen spricht aber, dass sie darauf, welche Funktionen eine App hat und welche Daten sie erhebt und wie sie diese verarbeitet, nur sehr begrenzten Einfluss haben. Die AppStores liefern mit ihren Vorgaben nur den Rahmen für die technische Gestaltung der Apps. Wie wir unten noch näher darstellen, untersagen sie den App-Anbietern auch bestimmte Datenerhebungen, etwa von eindeutigen Gerätekennungen. Das macht sie aber noch nicht zur verantwortlichen Stelle. Die AppStores erheben durch die von Ihnen vertriebenen Apps weder Daten für eigene Zwecke noch verarbeiten oder nutzen sie die Daten der Endnutzer selbst.

Sehr wohl sind die AppStores jedoch als verantwortliche Stelle anzusehen im Hinblick auf die Nutzerdaten, die sie zu eigenen und selbst definierten Zwecken erheben

---

[181] Wobei ein Kaufvertrag nur bei kostenpflichtigen Apps vorliegt, wie oben unter Rn. 27ff. näher ausgeführt. Bei kostenlosen Apps handelt es sich dagegen um eine Schenkung.

[182] Ähnlich auch die entsprechende Begriffbestimmung der EU-Datenschutzrichtlinie in Art. 2 lit. d.

[183] So auch die erwähnte Orientierungshilfe des Düsseldorfer Kreises, S. 6.

[184] Der Entwickler wird in dieser Konstellation ggfs. Auftragnehmer des App-Anbieters iRe Auftragsdatenverarbeitung nach § 11 BDSG, falls er personenbezogene Daten im Auftrag des App-Anbieters verarbeitet. Handelt er iRd Auftragsdatenverarbeitung jedoch weisungswidrig, kann auch der Entwickler zur verantwortlichen Stelle werden.

[185] Zur Haftung im Einzelnen unten Kapitel 9.

[186] Das dürfte unproblematisch der Fall sein für eigene Apps der AppStores.

und verarbeiten. Man denke etwa an die Log-in oder Abrechnungsdaten, die AppStores von jedem registrierten Kunden erheben.[187]

B. Anwendbares Recht

Die datenschutzrechtlichen Spielregeln ergeben sich insbesondere aus dem deut- **193**
schen Bundesdatenschutzgesetz, dem Telemediengesetz, dem Telekommunikationsgesetz sowie unter Umständen auch aus der Europäischen Datenschutzrichtlinie.[188] Aufgrund der nach wie vor herrschenden Unsicherheit über den finalen Inhalt der Europäische Datenschutz-Grundverordnung[189] (DSGVO) fassen wir den Stand des Gesetzgebungsverfahrens im Folgenden nur kurz zusammen.[190]

I. Abgrenzung zu ausländischen Rechtsordnungen

Schauen wir zunächst auf die Anwendbarkeit des Bundesdatenschutzgesetzes:[191] **194**
Dessen Normen sind immer dann anwendbar, wenn sowohl der Nutzer als auch der **Anbieter einer App in Deutschland** sitzen und der Umgang mit personenbezogenen Daten demzufolge im Inland stattfindet (§ 1 Abs. 2 Nr. 3 BDSG). Die Bestimmung des anwendbaren Rechts folgt also dem so genannten **Territorialprinzip,** das dem Bundesdatenschutzgesetz zugrunde liegt. Nach Art. 4 Abs. 1 lit. c der EU-Datenschutzrichtlinie werden Daten im Inland erhoben oder verarbeitet, wenn dazu auf Mittel zurückgegriffen wird, die in Deutschland belegen sind.

Werden Daten durch Apps erhoben, so ist das mobile Endgerät, auf dem die App **195**
installiert ist, ein solches „Mittel".[192] Da eine App in einem bestimmten Land nur dann rechtmäßig heruntergeladen und installiert werden kann, wenn der App-Anbieter diese ausdrücklich für das jeweilige Land des Endnutzers zur Veröffentlichung im AppStore freigegeben hat, kann der App-Anbieter demnach zumindest theoretisch steuern, welchem Datenschutzrechtsregime er sich und seine App unterwerfen möchte. Es ist jedoch noch nicht geklärt, ob etwa eine deutsche Datenschutz-Aufsichtsbehörde nicht doch deutsches Recht anwenden würde, wenn eine etwa im österreichischen AppStore veröffentlichte App von deutschen Endnutzern installiert würde.

Wenden wir uns nun der Konstellation zu, dass der App-Anbieter in einem anderen **196**
EU-Mitgliedstaat sitzt. Dann gilt das in der EU-Datenschutzrichtlinie verankerte so genannte **Sitzprinzip.** Das bedeutet, dass sich das anzuwendende nationale Recht allein nach dem Recht des Ortes richtet, an dem die verantwortliche Stelle (dh in der

---

[187] So auch die Orientierungshilfe des Düsseldorfer Kreises, S. 8 f.

[188] Richtlinie 95/46/EG.

[189] Verordnung des Europäischen Parlaments und des Rates zum Schutz natürlicher Personen bei der Verarbeitung personenbezogener Daten und zum freien Datenverkehr, Fassung vom 11.6.2015.

[190] Siehe dazu Rn. 363 ff.

[191] Die Anwendbarkeit der datenschutzrechtlichen Vorschriften des TMG sowie des TKG folgt denselben Regeln, dh diese Gesetze sind im internationalen Kontext immer dann anwendbar, wenn auch das BDSG anwendbar wäre, vgl. *Stadler* ZD 2011, 57 (58).

[192] So auch *Kremer* CR 2012, 438 (439) oder *Stadler* ZD 2011, 57 (58).

Regel der App-Anbieter) ihren Sitz hat (§ 1 Abs. 5 S. 1 BDSG).[193] Es kommt also umgekehrt nicht darauf an, wo die personenbezogenen Daten erhoben, verarbeitet oder genutzt werden. Dahinter steht der Gedanke, es international tätigen Unternehmen zu ermöglichen, sich europaweit ausschließlich nach dem „Heimatrecht" zu richten, anstatt mehrere und in der Praxis auch alles andere als einheitliche Datenschutzgesetze verschiedener EU-Mitgliedstaaten beachten zu müssen.[194]

197 Genau umgekehrt verhält es sich, wenn der Anbieter seinen Sitz im **EWR-Ausland** hat und seine Apps in einem deutschen AppStore anbietet. Dann gilt nach § 1 Abs. 5 S. 2 BDSG doch wieder das Territorialprinzip, dh es kommt darauf an, wo der App-Anbieter die Daten des Nutzers erhebt, nutzt oder verarbeitet. Geschieht dies zumindest teilweise in Deutschland, sind die Vorschriften des Bundesdatenschutzgesetzes anwendbar.

198 In der Praxis bedeutet das Folgendes: Sitzt der App-Anbieter in einem anderen EU-Mitgliedstaat, so ist in der Regel das Datenschutzrecht dieses Staates maßgebend. Wird eine App dagegen in Deutschland von einem im EWR-Ausland ansässigen Anbieter angeboten und von einem deutschen Nutzer installiert, so werden dabei auch personenbezogene Daten des deutschen Nutzers im Inland zumindest erhoben. Auch wenn die weitere Nutzung und Verarbeitung dieser Daten dann außerhalb des EWR erfolgt – weil dort zB die Server des App-Anbieters stehen – gilt zumindest für die Erhebung der Daten deutsches Recht.[195]

199 Soweit die Theorie. In der Praxis kommt es häufig zu schwierigen **Abgrenzungsfragen.** Hier kommt es oft darauf an, welche von mehreren Konzerngesellschaften die „tatsächliche Verantwortung" für die Erhebung und Verarbeitung personenbezogener Daten trägt.

200 In der Praxis findet sich häufig folgende Konstellation: Die Muttergesellschaft eines App-Anbieters sitzt in den USA. Der Anbieter betreibt sowohl in Irland als auch in Deutschland eine Niederlassung in Form einer eigenen juristischen Person. Wendet man die oben skizzierten Regeln an, ergibt sich folgendes Bild: Deutsches Datenschutzrecht wäre anwendbar, wenn entweder die deutsche Niederlassung oder die U.S.-Muttergesellschaft für die Erhebung und Verarbeitung der Nutzerdaten in Deutschland verantwortlich wäre. Dagegen wäre irisches Recht anwendbar, wenn die irische Niederlassung auch die Erhebung und Verarbeitung der Daten deutscher Nutzer verantworten würde.

Ein in der Fachpresse immer wieder diskutiertes Beispiel ist der Fall Facebook: Das Unternehmen vertrat in einem Rechtsstreit die Auffassung, dass auf seine deutschen Aktivitäten irisches Datenschutzrecht anwendbar sei; die Hamburger Datenschutz-Aufsichtsbehörde dagegen argumentierte, dass die Verantwortung letztlich bei

[193] Eine Ausnahme gilt nur dann, wenn die verantwortliche Stelle eine Niederlassung im Inland hat und von dieser Niederlassung aus agiert. Dabei setzt eine Niederlassung eine „feste Einrichtung" im Sinne des § 42 Abs. 2 GewO voraus (vgl. dazu *Gola/Schomerus* BDSG § 1 Rn. 28). Dieser Fall könnte in der Praxis künftig eine bedeutendere Rolle spielen im Anschluss an die Entscheidung EuGH Urt. v. 13.5.2014 – C-131/12.

[194] Die Praxis zeigt, dass innerhalb der EU mitnichten von einer „Vollharmonisierung" des Datenschutzrechts infolge der EU-Datenschutzrichtlinie gesprochen werden kann. Davon geht aber offenbar der EuGH aus, vgl. EuGH Urt. v. 24.11.2011 – C-468/10 sowie C-469/10, EuZW 2012, 37 ff.

[195] *Gola/Schomerus* BDSG § 1 Rn. 29.

der U.S.-Muttergesellschaft liege und daher deutsches Datenschutzrecht Anwendung finde.[196] Das OVG Schleswig hat sich der Ansicht von Facebook angeschlossen und dementsprechend die Anwendung des deutschen Datenschutzrechts nach § 1 Abs. 5 S. 1 BDSG iVm Art. 4 EU-Datenschutzrichtlinie verneint.[197]

Das KG Berlin vertrat dagegen in einem anderen Rechtsstreit die gegenteilige Auffassung, indem es eine Qualifikation der irischen Tochter als Niederlassung ablehnte und stattdessen die Anwendung des deutschen Datenschutzrechts über Art. 4 Abs. 1 lit. c) EU-Datenschutzrichtlinie bejahte.[198]

Für Aufsehen sorgte unlängst der Europäische Gerichtshof mit seinem Urteil zum „Recht auf Vergessenwerden" im Verfahren „Google Spain ./. AEPD.[199] Dabei legten die höchsten europäischen Richter den Anwendungsbereich nationalen Datenschutzrechts recht weit aus. Anknüpfungspunkt war dabei der Begriff „im Rahmen der Tätigkeit einer Niederlassung" iSd Art. 4 Abs. 1 lit. a der Europäischen Datenschutz-Richtlinie. Der Gerichtshof kam dabei trotz des Sitzes des Anbieters Google in den USA zu dem Ergebnis, dass auf die Aktivitäten von Google in Spanien nationales spanisches Datenschutzrecht anwendbar sei. Obwohl die spanische Niederlassung von Google lediglich die Aufgabe habe, in Spanien für den Verkauf von Werbeanzeigen und damit die allgemeine Rentabilität des Unternehmens zu sorgen, sei diese Tätigkeit der spanischen Niederlassung untrennbar mit den Aktivitäten von Google USA verbunden, weshalb über Art. 4 Abs. 1 lit. a der Europäischen Datenschutz-Richtlinie dann nationales spanisches Datenschutzrecht Anwendung finde.

Angesichts dieser uneinheitlichen Rechtsprechung besteht nach wie vor Rechtsunsicherheit hinsichtlich der Frage, unter welchen Voraussetzungen Niederlassungen eines außereuropäischen App-Anbieters etwa in Irland und Deutschland die Anwendbarkeit des jeweiligen nationalen Datenschutzrechts auslösen können.[200] Klarheit wird wohl erst die EU Datenschutz-Grundverordnung bringen.

Aber selbst wenn man in derartigen Konstellationen die Anwendung deutschen **201**
Rechts bejahen würde: Ob sich das nationale Datenschutzrecht eines EU-Mitgliedsstaates in der Praxis gegenüber App-Anbietern mit Sitz außerhalb Europas auch tatsächlich durchsetzen lässt, steht auf einem ganz anderen Blatt.

II. Bereichsspezifisches Datenschutzrecht

Neben den Vorschriften des Bundesdatenschutzgesetzes enthalten auch die §§ 11ff. **202**
TMG sowie die §§ 91ff. TKG spezifische Datenschutzregeln für **Telemedien- bzw. Telekommunikationsdienste.** Diese gehen dem Bundesdatenschutzgesetz grundsätzlich vor (§ 1 Abs. 3 S. 1 BDSG). Das Bundesdatenschutzgesetz bleibt jedoch subsidiär anwendbar, dh nur dann, wenn insbesondere deckungsgleiche Erlaubnistatbestände vorliegen, gehen die Vorschriften des Telemediengesetzes bzw. des Telekommunikationsgesetzes vor. Soweit diese keine Regelungen enthalten, gilt weiter das Bundesda-

[196] Näher dazu *Kremer* CR 2012, 438 (439f.).
[197] OVG Schleswig Beschl. v. 22.4.2013 – 4 MB 11/13, NJW 2013, 1977.
[198] KG Berlin Urt. v. 24.1.2014 – 5 U 42/12, ZD 2014, 412 (415f.).
[199] EuGH Urteil v. 13.5.2014 – C-131/12.
[200] Siehe zu den beiden vorgenannten Entscheidungen *Beyvers/Herbrich* ZD 2014, 558.

tenschutzgesetz. Damit hat das Bundesdatenschutzgesetz den Charakter einer Auffangregelung.[201]

1. Anwendbarkeit des Telemediengesetzes

203 Wir haben oben bereits dargestellt, unter welchen Voraussetzungen Apps als Telemediendienst einzuordnen sind.[202] Daher an dieser Stelle nur noch einmal in aller Kürze das Ergebnis: Vom Telemediengesetz erfasst sind alle Apps, die (i) über eine Online-Anbindung verfügen, (ii) die nicht nur Daten transportieren, sondern auch aufbereiten, und (iii) die nicht nur lineare Streams anbieten. Wenn eine App diese Voraussetzungen erfüllt, gehen also die §§ 11ff. TMG den Vorschriften des Bundesdatenschutzgesetzes vor.

2. Anwendbarkeit des Telekommunikationsgesetzes

204 Etwas weiter ausholen müssen wir beim Telekommunikationsgesetz:

Ziel und Zweck des Telekommunikationsgesetzes ist es, die flächendeckende Versorgung mit **Telekommunikationsdiensten** zu fördern und dabei die Interessen der Nutzer zu wahren. Einer der Eckpfeiler des Telekommunikationsgesetzes sind dabei die datenschutzrechtlichen Vorschriften (vgl. §§ 91–107 TKG) bei der Nutzung von Telekommunikationsdiensten.[203] Normadressaten §§ 91ff. TKG sind Diensteanbieter iSd § 3 Nr. 6 TKG, also jeder, der ganz oder teilweise geschäftsmäßig Telekommunikationsdienste erbringt oder hieran mitwirkt. Telekommunikationsdienste wiederum sind definiert in § 3 Nr. 24 TKG als „in der Regel gegen Entgelt erbrachte Dienste, die ganz oder überwiegend in der Übertragung von Signalen über Telekommunikationsnetze bestehen, einschließlich Übertragungsdienste in Rundfunknetze." „Geschäftsmäßig" ist das Erbringen von Telekommunikationsdiensten gemäß § 3 Nr. 10 TKG unter der Voraussetzung eines „nachhaltigen Angebots von Telekommunikation für Dritte mit oder ohne Gewinnerzielungsabsicht."

205 Die **Abgrenzung** zum Anwendungsbereich des Telemediengesetzes erfolgt meist auf der Grundlage des sog. Schichtenmodells: Das Telekommunikationsgesetz erfasst den technischen Vorgang des Übertragens von Inhalten (die sog. Transportebene), während das Telemediengesetz das Angebot solcher Inhalte (die sog. Interaktions- oder Anwendungsebene) regelt.[204]

Wann fällt nun eine App unter das Telekommunikationsgesetz? Das Angebot der App durch den App-Anbieter über den AppStore als solches kann man wohl nicht als

---

[201] *Fetzer* in Arndt/Fetzer/Scherer TKG Vorbemerkung vor § 91 Rn. 10.

[202] Siehe Rn. 148ff.

[203] Nach der Gesetzesdefinition umfasst der Begriff der Telekommunikation den technischen Vorgang des Aussendens, Übermittelns und Empfangens von Signalen mittels Telekommunikationsanlagen, vgl. § 3 Nr. 22 TKG. Telekommunikationsanlagen sind alle Einrichtungen und Systeme, die als Nachrichten identifizierbare elektromagnetische oder optische Signale be- oder verarbeiten können, vgl. § 3 Nr. 23 TGK.

[204] Dazu etwa *Eckhardt* in Spindler/Schuster 11. Teil § 91 TKG Rn. 7 oder *Schleipfer* RDV 2005, 56 (57ff). Schwierigkeiten in der Praxis bereiten Apps, die über verschiedene Funktionalitäten verfügen, die teils dem TMG und teils dem TKG unterfallen, dazu *Kremer* CR 2012, 438 (441).

technische Übertragung von Inhalten und damit als Telekommunikationsdienst im Sinne des § 3 Nr. 24 TKG ansehen.[205]

Bestimmte Funktionalitäten einer App können diese jedoch sehr wohl in den Anwendungsbereich des Telekommunikationsgesetzes bringen, wenn nämlich die App die **Übertragung oder den Transport von Daten** übernimmt. So fallen etwa Apps, die über VoIP-Funktionen verfügen und Anrufe vermitteln oder entgegennehmen unter das Telekommunikationsgesetz. Gleiches gilt, wenn eine App eigene Infrastruktur nutzt, dh die Übertragung außerhalb des öffentlichen Internets erfolgt.[206] 206

Außerdem erscheint eine Anwendbarkeit des Telekommunikationsgesetzes zumindest möglich, wenn eine App Nachrichten oder Inhalte **automatisiert** in sozialen Netzwerken **verteilt.** Insbesondere Spiele-Apps ermöglichen es den Nutzern häufig, etwa Statusmeldungen in verschiedenen sozialen Netzwerken zu posten. Hier ließe sich durchaus argumentieren, dass solche Apps dem Telekommunikationsgesetz unterfallen. 207

C. Zuständige Datenschutzbehörde

Die Zuständigkeit der Datenschutz-Aufsichtsbehörden (für den nicht-öffentlichen Bereich) ist auch im internationalen Kontext **unabhängig von dem jeweils anwendbaren Datenschutzrecht.** Die Zuständigkeit der deutschen Datenschutzbehörden ist immer dann eröffnet, wenn im Inland personenbezogene Daten erhoben, genutzt und verarbeitet werden (§§ 1 Abs. 5 S. 5, 38 Abs. 1 S. 1 BDSG). Dabei haben die deutschen Behörden unter Umständen auch das Recht anderer EU-Mitgliedstaaten anzuwenden.[207] 208

In der Praxis lässt sich beobachten, dass die nationalen Datenschutz-Aufsichtsbehörden innerhalb Europas verstärkt zusammenarbeiten, auch jenseits des hier geschilderten Falles. So kommt es immer öfter zu „konzertierten“ Aktionen verschiedener europäischer Aufsichtsbehörden, etwa gegen ein europaweit tätiges Unternehmen oder im Rahmen der bereits erwähnten „Sweep Days“. Erheblich zugenommen hat auch der länderübergreifende Informationsaustausch zwischen den Aufsichtsbehörden, auch wenn es im Ergebnis noch selten zu einem koordinierten Vorgehen kommt. Das wird sich aller Voraussicht nach in Kürze ändern. Insbesondere im Zusammenhang mit der derzeit heftig diskutierten „Reform“ des sog. „Safe Harbor Abkommens“ zwischen der EU Kommission und der US-Regierung zeichnet sich momentan eine verstärkte Koordination und Kooperation der europäischen und US-amerikanischen Aufsichtsbehörden ab.[208] 209

Schließlich sei noch erwähnt, dass die Datenschutzaufsicht in Deutschland **föderal strukturiert** ist. Jedes Bundesland hat seine eigene Aufsichtsbehörde für den so genannten nicht-öffentlichen Bereich, also für privatrechtliche Organisationen ein- 210

---

[205] So auch *Kremer* CR 2012, 438 (440), der jedoch den Download der App aus dem AppStore als einen telekommunikationsgestützten Dienst iSd § 3 Nr. 25 TKG ansieht.

[206] So zu Recht *Kremer* CR 2012, 438 (441).

[207] *Gola/Schomerus* BDSG § 38 Rn. 5.

[208] Dazu näher unten Rn. 300 ff.

schließlich Privatpersonen.[209] Die Zuständigkeit innerhalb Deutschlands richtet sich nach dem Sitz der verantwortlichen Stelle, hier also des App-Anbieters.

D. Grundlagen des Datenschutzes

211 Bevor wir uns den spezifischen Fragen rund um Apps und Datenschutz zuwenden, lohnt sich ein kurzer Blick auf die Grundlagen des deutschen und europäischen Datenschutzrechts.

I. Personenbezogene Daten

212 Worum geht es? Der zentrale Begriff des Datenschutzrechts sind die „personenbezogenen Daten".[210] Auch dafür enthält das Bundesdatenschutzgesetz eine Legaldefinition, die wie folgt lautet:

> „Personenbezogene Daten sind Einzelangaben über persönliche oder sachliche Verhältnisse einer bestimmten oder bestimmbaren natürlichen Person".

213 Diese Definition wird von den deutschen Gerichten und Datenschutz-Aufsichtsbehörden traditionell **sehr weit ausgelegt,** insbesondere die Frage, ob ein ausreichender Personenbezug vorliegt. Dies lässt sich oft nicht einheitlich beantworten; es kommt vielmehr auf die Kenntnisse, Mittel und Möglichkeiten der speichernden Stelle an. Oder anders ausgedrückt: Es kommt nicht darauf an, ob eine Zuordnung zu einer bestimmten Person tatsächlich erfolgt. Die faktisch bestehende Möglichkeit hierzu genügt.

214 Die **EU-Datenschutzrichtlinie** drückt das in ihren Erwägungsgründen folgendermaßen aus:[211]

> „Bei der Entscheidung, ob eine Person bestimmbar ist, sollten alle Mittel berücksichtigt werden, die vernünftigerweise entweder von dem Verantwortlichen für die Verarbeitung **oder von einem Dritten** eingesetzt werden **könnten,** um die betreffende Person zu bestimmen."

215 Ein **Beispiel:** Eine Kreditkartennummer kann nur derjenige einer bestimmten natürlichen Person zuordnen, der neben der Nummer auch über das Zusatzwissen verfügt, wer der Inhaber der jeweiligen Kreditkarte ist. Insoweit handelt es sich also um ein personenbezogenes Datum. Fehlt dieses Wissen und kann daher kein Personenbezug hergestellt werden, liegen grundsätzlich keine personenbezogenen Daten vor. Mit anderen Worten: Dasselbe Datum kann für den einen personenbezogen sein, während

---

[209] Das BDSG unterscheidet zwischen der Datenschutz-Aufsicht für den öffentlichen und den nicht-öffentlichen Bereich. Private Unternehmen und Privatpersonen unterliegen der Aufsicht im nicht-öffentlichen Bereich, vgl. § 2 BDSG.

[210] Im Englischen ist dabei wahlweise von „Personal Data" oder „Personally Identifiable Data" oder kurz „PII" die Rede.

[211] Richtlinie 95/46/EG, Erwägungsgrund 26 (Hervorhebungen durch die Verfasser).

es für jemand anderen anonym ist.[212] Der Personenbezug ist also relativ zu verstehen.[213]

216 Die Praxis insbesondere der Datenschutz-Aufsichtsbehörden zeigt, dass keine hohen Anforderungen an die **„Bestimmbarkeit"** einer natürlichen Person und damit an den Personenbezug gestellt werden. Ein gutes Beispiel war die Diskussion um Google Street View: Hier waren die deutschen Aufsichtsbehörden der Auffassung, dass es letztlich jedermann möglich sei, die Ansicht einer Hausfassade im Internet zunächst einer bestimmten Adresse und in einem zweiten Schritt den Bewohnern zuzuordnen, etwa durch Telefon- oder Adressbücher oder gar durch eine Inspektion der Klingelschilder.[214] Die datenschutzrechtliche Literatur und mit ihr einige deutsche Aufsichtsbehörden gehen sogar noch deutlich weiter und nehmen einen Personenbezug immer dann an, wenn es objektiv und technisch möglich ist, das Zusatzwissen zu erlangen, das für einen Personenbezug erforderlich ist, selbst wenn dazu Gesetzesverstöße erforderlich sein sollten.[215]

217 Diese weite Interpretation des Begriffs der personenbezogenen Daten hat auch **Auswirkungen für App-Anbieter:** So haben sich die Datenschutz-Aufsichtsbehörden darauf festgelegt, den *Unique Device Identifier* (*UDID*) der *iOS*-Geräte grundsätzlich als personenbezogenes Datum zu qualifizieren. Gleiches gilt für die Gerätenummer der Android Devices en BlackBerry PIN und zahlreiche weitere eindeutigen Kennungen mobiler Geräte. Auch die sogenannte IMEI-Nummer („International Mobile Station Equipment Identity"), anhand derer jedes GSM- oder UMTS-Endgerät weltweit eindeutig identifiziert werden kann, stellt ein personenbezogenes Datum an.[216] Andere Geräte- bzw. Kartenkennungen im Bereich des mobilen Internets sind beispielsweise IMSI („International Mobile Subscriber Identity"), MSISDN („Mobile Station International Subscriber Directory Number") und die Mac-Adresse („Media Access Control Address").

218 Die Argumentation der Behörden ähnelt dabei der durch ein beim EuGH anhängiges Vorabentscheidungsverfahren[217] gerade wieder angefachten Diskussion, ob dynamische IP-Adressen als personenbezogene Daten anzusehen sind.[218] Diese lassen sich über das Zusatzwissen der Internet Service Provider, welchem Computer zu einer bestimmten Zeit eine jeweilige IP-Adresse zugeordnet war, meist mit einer bestimmten Person in Verbindung bringen. Daneben ist auch anderen Anbietern wie etwa so-

---

[212] So zumindest die grundlegende Abgrenzung, die aber im Einzelnen sehr umstritten ist, vgl. *Gola/Schomerus* BDSG § 3 Rn. 10.

[213] Wobei die Relativität des Personenbezugs von den deutschen Aufsichtsbehörden mehrheitlich nach wie vor abgelehnt wird. Stattdessen gehen die Behörden von dem sog. absoluten Personenbezug aus, wonach – vereinfacht – ein Personenbezug grundsätzlich unabhängig davon vorliegen soll, ob die speichernde Stelle oder ein beliebiger Dritter über das nötige Zusatzwissen verfügt oder nicht.

[214] So zB die Datenschutz-Aufsichtsbehörde in Schleswig Holstein, vgl. https://www.datenschutzzentrum.de/geodaten/20080930-googlestreetview-bewertung.htm, abgerufen am 1.7.2015.

[215] So zB *Weichert* in Däubler/Klebe/Wedde/Weichert BDSG § 3 Rn. 13.

[216] So die Orientierungshilfe des Düsseldorfer Kreises, S. 22f.

[217] Der BGH hat mit Beschl. v. 28.10.2014 – VI ZR 135/13 dem EuGH die Frage vorgelegt, ob es sich bei dynamischen IP-Adressen um personenbezogene Daten handelt, siehe dazu etwa *Jensen/Knoke* ZD-Aktuell 2014, 04460 und *Ohst* GRUR-Prax 2015, 38.

[218] Zur Qualifizierung einer IP-Adresse als personenbezogenes Datum vgl. etwa *Hoeren* ZD 2011, 3 (4f.).

zialen Netzwerken, die eine Nutzer-Registrierung durchführen, eine Identifizierung mittels IP-Adressen möglich.[219]

219 Diese Zuordnung ist auch bei der **UDID** und den andere Device Identifiers möglich. Dies sogar noch einfacher als bei IP-Adressen, da die *UDID* oder andere eindeutige Gerätekennungen (wie etwa die IMEI-Nummer) untrennbar und unveränderlich mit dem Gerät verbunden sind, während dynamische IP-Adressen bekanntlich regelmäßig erneuert werden.[220] Dadurch hat zumindest der den mobilen Internetzugang bereitstellende Provider die Möglichkeit, eindeutige Gerätekennungen einer bestimmten Person zuzuordnen. Aber auch dem App-Anbieter wird oft die Identität der Nutzer seiner Apps bekannt sein, insbesondere wenn diese eine Nutzerregistrierung vorsehen oder kostenpflichtige Inhalte anbieten.

Da einige App-Entwickler die *UDID* unter Verstoß gegen die Bestimmungen von Apple mit Benutzerdaten verknüpft hatten, hat *Apple* seit Mai 2013 den Zugriff von Apps auf die *UDID* verboten. Apps, welche die *UDID* nutzten, wurden im AppStore nicht mehr zugelassen.[221] Mit dem Betriebssystem iOS 7 hat Apple sodann den *Identifier for Advertising (IDFA)* (Werbeidentifikator) eingeführt. Anders als die permanente *UDID* kann die IDFA manuell zurückgesetzt werden und zudem wird bei Zurückstellung des Gerätes jeweils eine neue *IDFA* erstellt. Auch bei der *IDFA* ist anerkannt, dass diese grundsätzlich als personenbezogenes Datum zu qualifizieren ist.[222] Android-Geräte besitzen mittlerweile ebenfalls eine eigene Android-Werbe-ID.

220 Auch **Standortdaten** sind personenbezogene Daten. Dies hat die Artikel-29-Datenschutz-Arbeitsgruppe schon im Jahre 2011 festgelegt[223]:

> „Standortdaten von intelligenten mobilen Endgeräten sind personenbezogene Daten.“[224]

221 Neben Gerätekennnummern und Standortdaten gilt selbstverständlich auch im Zusammenhang mit Apps: Personenbezogene Daten sind alle sonstigen Arten von Daten, die auch ohne Beziehung zu Apps oder zum mobilen Internet als solche gelten. Nur beispielhaft seien hier Adressbuchdaten, Fotos oder Kalendereinträge genannt. Ganz überwiegend werden von den App-Anbietern dieselben Kategorien personenbezogener Daten erhoben und verwendet, wie dies auch auf Webseites, in sozialen Netzwerken und sonstigen Telemedien der Fall ist – mit der Ausnahme, dass an die

---

219 Wobei durchaus manche Gerichte nach wie vor dynamische IP-Adressen nicht als personenbezogene Daten ansehen, etwa OLG Hamburg Beschl. v. 3. 11.2010 – 5 W 126/10, CR 2011, 126 (127) oder AG München Urt. v. 30.9.2008 – 133 C 5677/08, CR 2009, 59 (60). Es wird nun abzuwarten bleiben, wie der EuGH entscheiden wird.

220 Weswegen das Wall Street Journal die *UDID* auch als „Super Cookie“ bezeichnet hat, vgl. http://online.wsj.com/article/SB10001424052748704694004576020083703574602.html, abgerufen am 1.7.2015.

221 *Kremp,* Spiegel Online, http://www.spiegel.de/netzwelt/apps/apple-user-tracking-per-idfa-statt-udid-in-ios-6-a-860922.html, abgerufen am 1.7.2015.

222 *Lober/Falker* K&R 2013, 357 (358); *Hoffmann* MMR 2013, 631 (634).

223 Vgl. Working Paper 185, S. 21; siehe zudem Working Paper 202, S. 10. Auch nach Ansicht des Düsseldorfer Kreises sind Standardortdaten personenbezogene Daten, vgl. die Orientierungshilfe zu den Datenschutzanforderungen an App-Entwickler und App-Anbieter, S. 5, online abrufbar unter http://www.lda.bayern.de/lda/datenschutzaufsicht/lda_daten/Orientierungshilfe_Apps_2014.pdf, abgerufen am 30.6.2015.

224 Zu Standortdaten ausführlich unten unter Rn. 311 ff.

Stelle der IP-Adresse bzw. der Cookie-ID entweder eine eindeutige Gerätekennung, eine Ad-ID, ein Device Fingerprint oder ein sonstiger Identifier tritt, der eine Identifikation der Mobile Device und damit letztlich des Nutzers ermöglicht.

II. Weitere zentrale Begriffe

Weitere zentrale Begriffe des Datenschutzrechts sind die **„Erhebung"**, die **„Verarbeitung"** sowie die **„Nutzung"** personenbezogener Daten. Diese Formulierung beschreibt dabei gleichzeitig den Anwendungsbereich des Bundesdatenschutzgesetzes, wie in § 2 Abs. 2 BDSG festgelegt. Das Bundesdatenschutzgesetz definiert die Verarbeitung in § 3 Abs. 4 S. 1 BDSG als das Speichern, Verändern, Übermitteln, Sperren und Löschen personenbezogener Daten.[225] Daneben wird das „Erheben" von Daten als das Beschaffen von Daten über den Betroffenen und das „Nutzen" von Daten als jede Verwendung personenbezogener Daten definiert, die nicht gleichzeitig den Tatbestand einer „Verarbeitung" erfüllt. 222

Im Zusammenhang mit Apps ist als eine Form der Verarbeitung die **Übermittlung** von besonderer praktischer Bedeutung. Das Bundesdatenschutzgesetz definiert die Übermittlung als das Bekanntgeben gespeicherter oder durch Datenverarbeitung gewonnener Daten an einen Dritten, sei es durch Weitergabe der Daten oder dadurch, dass dem Dritten Zugang zu den Daten ermöglicht wird. 223

Kurz gesagt umfassen die drei Begriffe des Erhebens, Verarbeitens und Nutzens also fast jeden denkbaren Umgang mit personenbezogenen Daten.

Dadurch wird deutlich, dass der **Anwendungsbereich** des Bundesdatenschutzgesetzes sehr weit ist. So wird man beispielsweise das Auslesen von Nutzerdaten aus einem Smartphone durch eine App als Erhebung qualifizieren können. Werden die ausgelesenen Daten an Dritte übertragen, liegt eine ebenfalls rechtfertigungsbedürftige Übermittlung vor. Daneben sind zahlreiche andere Nutzungen und Verarbeitungen von Nutzerdaten durch Apps denkbar. App-Anbieter sollte daher das Bundesdatenschutzgesetz stets „im Hinterkopf behalten". 224

III. Der Ausgangspunkt: Verbot mit Erlaubnisvorbehalt

Das Grundprinzip des deutschen Datenschutzrechts findet sich in § 4 Abs. 1 BDSG: Danach ist jede Erhebung, Verarbeitung und Nutzung personenbezogener Daten verboten, es sei denn, es greift eine gesetzliche Erlaubnisvorschrift ein oder der Betroffene hat wirksam eingewilligt **(„Verbot mit Erlaubnisvorbehalt").** Oder kurz gesagt: Alles ist verboten, es sei denn, es ist explizit erlaubt. Soweit eine App dem Telemediengesetz unterfällt, enthält § 12 Abs. 1 und Abs. 2 TMG eine entsprechende Vorschrift. 225

Im Folgenden wollen wir uns kurz der Einwilligung und den möglichen Erlaubnistatbeständen des Bundesdatenschutzgesetzes, des Telemediengesetzes sowie des Telekommunikationsgesetzes zuwenden.

---

[225] § 3 Abs. 4 Satz 2 BDSG enthält weitere Definitionen der einzelnen Verarbeitungsschritte, deren Vertiefung jedoch hier den Rahmen sprengen würde.

IV. Einwilligung

226 Als Erlaubnis kommt zunächst die erwähnte Einwilligung des Endnutzers in Betracht. An diese stellen § 4a BDSG sowie für Telemediendienste § 13 Abs. 1 TMG hohe Anforderungen. Um wirksam zu sein, muss die Einwilligung informiert und freiwillig erfolgen. Das hört sich einfach an, ist es aber nicht, wie wir im Folgenden zeigen:

1. Die informierte Einwilligung

227 Ohne ausreichend bestimmte Information, worin er einwilligen soll, ist dem Betroffenen keine **freie Entscheidung** möglich. Um „informiert" einwilligen zu können, muss der Betroffene vorab insbesondere über den Zweck und die genauen Umstände der Erhebung, Verarbeitung und Nutzung seiner Daten unterrichtet werden. Die Datenschutz-Aufsichtsbehörden verlangen dabei einen hohen Detailgrad; so müssen etwa Dritte, an die Daten übermittelt werden, in der Regel namentlich und mit Adresse im Einwilligungstext bzw. in der Datenschutzerklärung genannt werden.

228 Soweit eine App als Telemediendienst iSd § 1 Abs. 1 TMG gilt, sind daneben die **Unterrichtungspflichten** des § 13 Abs. 1 TMG zu beachten. Danach ist der Betroffene über Art, Umfang und Zwecke der Erhebung und Verwendung seiner personenbezogenen Daten sowie über deren etwaige Verarbeitung außerhalb Europas zu unterrichten.

229 Die deutschen Datenschutzbehörden (in Form des sog. Düsseldorfer Kreises) haben dieses **Transparenzgebot** weiter konkretisiert und gefordert, dass App-Anbieter die Nutzer „umfassend über die Erhebung und Verwendung ihrer Nutzungsdaten" informieren.[226] Dabei müsse neben der Information, welche Daten erhoben werden, insbesondere auch darüber informiert werden, an welche Dritte und zu welchen Zwecken der App-Anbieter Nutzerdaten übermittelt. Werden Standortdaten erhoben und genutzt, gelten erhöhte Anforderungen an die Unterrichtung der Nutzer.[227]

Schließlich verpflichten auch manche AppStores die Entwickler und Anbieter von Apps, die Nutzer darüber zu informieren, was mit ihren Daten geschieht. Eine ausdrückliche Regelung dazu findet sich etwa in Google DDA.[228] Ähnliche Klauseln finden sich auch bei anderen Betreibern.

230 Die Bereitschaft der AppStore-Betreiber, auf Transparenz zu dringen, kommt jedoch nicht von ungefähr: Die Branchengrößen *Apple, Google, Research in Motion,*

---

[226] Datenschutzgerechte Nutzung von Smartphones ermöglichen! – Beschluss der obersten Aufsichtsbehörden für den Datenschutz im nicht-öffentlichen Bereich (Düsseldorfer Kreis am 4./5.5. 2011), der ua unter folgendem Link abgerufen werden kann: http://www.bfdi.bund.de/SharedDocs/Publikationen/Entschliessungssammlung/DuesseldorferKreis/05052011SmartphoneNutzung.pdf?__blob=publicationFile, sowie die Orientierungshilfe zu den Datenschutzanforderungen an App-Entwickler und App-Anbieter, online abrufbar unter http://www.lda.bayern.de/lda/datenschutzaufsicht/lda_daten/Orientierungshilfe_Apps_2014.pdf; jeweils abgerufen am 1.7.2015.

[227] So fordert etwa die Artikel-29-Datenschutzgruppe, dass Nutzer über die Granularität der Standortdaten informiert werden müssten, vgl. Stellungnahme 13/2011 zu den Geolokalisierungsdiensten von intelligenten mobilen Endgeräten vom 16.5.2011, S. 22.

[228] Google Play – Vereinbarung für den Entwicklervertrieb, Ziffer 4.3 (www.android.com/de/developer-distribution-agreement.htmlshowlanguages, abgerufen am 1.7.2015).

Microsoft, Amazon und *Hewlett-Packard* haben sich vielmehr gegenüber dem kalifornischen Justizministerium auf eine höhere Transparenz verständigt. In einem sog. **„Joint Statement of Principles“** verpflichteten sich die Betreiber im Februar 2012 insbesondere dazu, es den App-Anbietern zu ermöglichen, umfassend und eindeutig über die Erhebung, Nutzung und Übermittlung persönlicher Daten durch die von ihnen angebotenen Apps zu informieren – oder dies den App-Anbietern zu ermöglichen („„... clear and complete information regarding how personal data is collected, used and shared.“).[229] In dieselbe Kerbe schlugen 2014 noch einmal 23 Datenschutzbehörden aus aller Welt (darunter auch das das Bayerische Landesamt für Datenschutzaufsicht) mit einem offenen Brief an die AppStore Betreiber (dazu sogleich unten Rn. 234).

Im Zusammenhang mit mobilen Apps stellen sich für App-Anbieter mit der Forde- **231**
rung nach Transparenz ganz **praktische Probleme:** Wie kann man die geforderten Informationen in einer App oder auf der Produktseite im AppStore so unterbringen, dass der Nutzer alle erforderlichen Informationen auch tatsächlich und rechtzeitig erhält (und auf dem Smartphone-Bildschirm auch lesen kann)? Die Lösung wird oft in einer Datenschutzerklärung liegen, deren Kernaussagen dann in einem kurzen Einwilligungstext noch einmal kurz wiederholt werden sollten.

Aber der Reihe nach: Zunächst ist zu klären, welche Angaben eine **Datenschutz-** **232**
erklärung enthalten muss. § 13 Abs. 1 TMG hält sich dazu bedeckt. In der Orientierungshilfe des Düsseldorfer Kreises finden sich jedoch über fast drei Seiten recht detaillierte Ausführungen dazu, welche Informationen die Aufsichtsbehörden in einer Datenschutzerklärung erwarten.[230] Die Kernforderung der Aufsichtsbehörden lässt sich kurz so zusammenfassen: Die Datenschutzerklärung muss „App-spezifisch“ sein.

Was ist darunter zu verstehen? Aus der Orientierungshilfe wird deutlich, dass es nicht ausreicht, die Datenschutzerklärung von einem ähnlichen Web-Dienst oder einer Webseite zu verwenden. Erforderlich ist vielmehr eine spezielle Datenschutzerklärung, die spezifisch die Datenerhebung und -nutzung durch die App erläutert. So muss beispielsweise die Datenerhebung mittels der verschiedenen Sensoren des mobilen Endgeräts, wie zB der Kamera, des Mikrophons, etc. offengelegt werden. Gleiches gilt für Zugriffe auf Daten, die entweder auf der Device gespeichert oder in anderen Apps verarbeitet werden. Auch die jeweilige Nutzung von Tracking- und Analytics-Technologien sowie von Standortdaten sollte im Einzelnen erläutert werden.

In der Praxis gehören daher in der Regel folgende Informationen zum „Pflichtinhalt“ einer App-Datenschutzerklärung:

- Namentliche Bezeichnung der verantwortlichen Stelle mit Adresse und Kontaktinformationen
- Beschreibung der Daten, die von der App erhoben werden, einschließlich der Standortdaten (und deren Granularität)
- Beschreibung der Gerätefunktionen oder Sensoren, auf welche die App zugreift
- Erläuterung der Zwecke, zu denen diese Daten erhoben werden
- Bezeichnung der Dritten, an die Nutzerdaten übermittelt werden
- Zweck der Übermittlung an Dritte

---

[229] http://oag.ca.gov/news/press-releases/attorney-general-kamala-d-harris-secures-global-agreement-strengthen-privacy, abgerufen am 16.7.2012; vgl. dazu *Schütze* ZD-Aktuell 2012, 02833.

[230] Orientierungshilfe Düsseldorfer Kreis, S. 18ff.

- Beschreibung der Steuerungsmöglichkeiten des Endnutzers in Bezug auf die Erhebung, Nutzung und Verarbeitung seiner Daten[231]
- Ggfs. kurze Erläuterung, welche Auswirkungen die Verweigerung der Einwilligung für die Nutzung der App bzw. bestimmter Funktionen hat
- Informationen über eine Verarbeitung der Daten außerhalb des EWR und ggfs. über die ergriffenen Schutzmaßnahmen (zB Safe Harbor, Standardvertragsklauseln, etc.).

233 Diese Informationen muss der Nutzer laut § 13 Abs. 1 TMG **„zu Beginn des Nutzungsvorgangs“** erhalten. Dies bedeutet nach Ansicht der Datenschutzbehörden, dass die Datenschutzerklärung dem Endnutzer entweder auf der Produktseite im AppStore oder spätestens nach dem Herunterladen, aber vor dem erstmaligen Start der App zugänglich gemacht werden muss.[232] Oft werden nämlich schon bei Installation Nutzerdaten erhoben und verarbeitet. In jedem Fall muss die Unterrichtung vor der erstmaligen Erhebung der Daten erfolgen.[233]

234 Hier stießen App-Anbieter lange Zeit auf das Problem, dass die AppStores den Anbietern nur sehr **begrenzte Möglichkeiten** boten, die Produktseite im AppStore zu gestalten und dort zumindest einen Link auf eine Datenschutzerklärung unterzubringen. Hier hat sich jedoch mittlerweile ein Wandel vollzogen. Es besteht nun regelmäßig die Möglichkeit, einen entsprechenden Link zu den Datenschutzhinweisen im AppStore zu setzen, so dass die Nutzer vor einem Download zumindest die Möglichkeit haben, diese zur Kenntnis zu nehmen.

Da diese Möglichkeit jedoch bislang häufig noch ungenutzt bleibt, haben 2014 insgesamt 23 Datenschutzbehörden aus aller Welt – darunter in Deutschland der Landesbeauftragte für den Datenschutz Baden-Württemberg und das Bayerische Landesamt für Datenschutzaufsicht – AppStore-Betreiber in einem offenen Brief dazu aufgefordert, von App-Anbietern eine Verlinkung zu ihren jeweiligen Datenschutzhinweisen innerhalb des AppStores zwingend zu verlangen.[234] Apple hat darauf bereits reagiert und fordert App-Entwickler im iDPLA neuerdings dazu auf, die Datenschutzerklärungen im AppStore zu verlinken.[235] App-Anbieter sollten in jedem Fall

---

[231] Die deutschen Datenschutzbehörden fordern dabei, dass der Nutzer selbst steuern kann, ob und welche Daten einer App zugänglich gemacht werden und an wen sie übermittelt werden. Die soll – so die etwas unglückliche Formulierung der Behörden – „aus der Nutzungssituation heraus“ möglich sein, vgl. den Beschluss der obersten Aufsichtsbehörden für den Datenschutz im nicht-öffentlichen Bereich (Düsseldorfer Kreis am 4./5.5.2011), der ua unter folgendem Link abgerufen werden kann: http://www.bfdi.bund.de/SharedDocs/Publikationen/Entschliessungssammlung/DuesseldorferKreis/00500520111SmartphoneNutzung.pdf?__blob=publicationFile, abgerufen am 1.7.2015.

[232] So ausdrücklich die Orientierungshilfe des Düsseldorfer Kreises, S. 18f.; vgl. dazu *Moos* in Taeger/Gabel BDSG § 13 TMG Rn. 9.

[233] Düsseldorfer Kreis, Orientierungshilfe, S. 18f.; Artikel-29-Datenschutzgruppe, Working Paper 202, S. 18.

[234] Siehe dazu die Presseerklärung des Bayerischen Landesamtes für Datenschutzaufsicht vom 12.12.2014, online abrufbar unter https://www.lda.bayern.de/lda/datenschutzaufsicht/p_archiv/2014/pm015.html; der Brief der Datenschutzaufsichtsbehörden ist abrufbar unter https://www.priv.gc.ca/media/nr-c/2014/let_141210_e.asp; jeweils abgerufen am 1.7.2015.

[235] Vgl. Ziffer 3.3.10 des iDPLA („You must provide clear and complete information to users regarding Your collection, use and disclosure of user or device data, e.g., a link to Your privacy policy on the AppStore.“). Bei Google Play finden sich im DDA dagegen keine vergleichbaren Anforderungen, sondern nur allgemeine Formulierungen („Sie sind zudem verpflichtet, den betreffenden Nutzern rechtlich einwandfreie Datenschutzhinweise sowie einen entsprechenden Schutz zu bieten“).

diese Möglichkeiten nutzen und die Datenschutzerklärung auf der Produktseite im AppStore gut sichtbar verlinken.

2. Die Freiwilligkeit der Einwilligung

Darüber hinaus muss die Einwilligung freiwillig erfolgen. Dies bedeutet zunächst, dass auf den Betroffenen **kein Druck** ausgeübt werden darf, die Einwilligung zu erteilen. Auch hier legen die Aufsichtsbehörden einen strengen Maßstab an. So gehen die meisten deutschen Datenschutzbehörden im Grundsatz nach wie vor davon aus, dass eine Einwilligung im Arbeitsverhältnis nicht wirksam möglich sei, weil der Arbeitnehmer stets in einem Abhängigkeitsverhältnis zu seinem Arbeitgeber stehe, was eine Freiwilligkeit von Vorneherein ausschließe.[236] **235**

3. Die ausdrückliche Einwilligung

Schließlich muss die Einwilligung grundsätzlich **ausdrücklich und aktiv** erfolgen („Opt-In"); eine bloße Opt-Out Möglichkeit genügt meist ebenso wenig wie eine stillschweigende oder konkludente Erklärung. Daneben verlangt § 4a Abs. 1 S. 3 BDSG, dass die Einwilligung schriftlich erfolgt, wobei aber auch die elektronische Form genügt (zB durch eine Check-Box innerhalb einer App oder auf einer Webseite). **236**

Im Anwendungsbereich des Telemediengesetzes sieht § 13 Abs. 2 TMG eine Erleichterung für elektronisch erklärte Einwilligungen vor:[237] Danach kann im Online-Bereich die Einwilligung elektronisch erklärt werden, wenn der der Diensteanbieter folgendes sicherstellt:

- Der Nutzer muss seine Einwilligung bewusst und eindeutig erteilen;
- Die Einwilligung muss protokolliert werden;
- Der Nutzer muss den Inhalt der Einwilligung jederzeit abrufen können, und
- Die Einwilligung muss jederzeit mit Wirkung für die Zukunft widerruflich sein.

Diese Privilegierung des § 13 Abs. 2 TMG ist jedoch auf den Anwendungsbereich des **Telemediengesetzes** beschränkt, was mitunter zu schwierigen Abgrenzungsfragen zu § 4a Abs. 1 S. 3 BDSG führt, die hier jedoch nicht vertieft werden sollen.[238] Und nur der Vollständigkeit halber sei erwähnt, dass für die Werbeeinwilligung daneben nach § 7 Abs. 2 Nr. 2 UWG sowie § 28 Abs. 3, 3a, 3b und 4 BDSG noch weitere Anforderungen gelten.

4. Best Practice für App-Anbieter

Für App-Anbieter bedeutet das Folgendes: Ist für bestimmte Datenerhebungen, Nutzungen oder insbesondere Übermittlungen die Einwilligung des Endnutzers erfor- **237**

---

[236] Vgl. dazu *Simitis* in Simitis BDSG § 4a Rn. 62f. Dies führt in der Praxis zu erheblichen Schwierigkeiten. Oft ist nur mit großem Aufwand an Zeit und Kosten möglich, eine wirksame Einwilligung zu konstruieren, zB mit Hilfe eines „Treuhandmodells", dh der Arbeitnehmer erklärt die Einwilligung nicht dem Arbeitgeber gegenüber, sondern gegenüber einem unabhängigen Dritten, der wiederum dem Arbeitgeber nicht mitteilt, wer eingewilligt hat und wer nicht.

[237] Ebenso § 94 TKG.

[238] Näher dazu *Moos* in Taeger/Gabel BDSG § 13 TMG Rn. 15.

derlich,[239] so sollte diese idealerweise ebenfalls auf der Produktseite im AppStore eingeholt werden. Auch hier gilt wieder: Die Einwilligung muss eingeholt werden, bevor die durch die Einwilligung gedeckte Datenerhebung oder Verarbeitung erfolgt. Der „Idealfall" aus rechtlicher Sicht wäre es daher, die Einwilligung bereits auf der Produktseite im AppStore einzuholen, etwa in Verbindung mit der dort verlinkten Datenschutzerklärung, also **vor dem Download** der App. In der begleitenden Information (Check-Box Language) sollte der Nutzer idealerweise noch einmal kurz auf die wesentlichen Aussagen der Datenschutzerklärung hingewiesen werden. In jedem Fall sollte die Datenschutzerklärung im Rahmen des Einwilligungstextes verlinkt werden. Ansonsten gelten insoweit dieselben Grundsätze wie auch sonst im stationären Web, insbesondere des § 13 Abs. 2 TMG.

238 Alternativ, jedoch weniger empfehlenswert ist die Variante, die Einwilligung **innerhalb der App** vor der ersten Nutzung der App, dh unmittelbar nach deren Download und Installation, einzuholen. Auch hier sollte die Datenschutzerklärung verlinkt und ggf. kurz zusammengefasst werden. Die Artikel-29-Datenschutzgruppe verlangt in diesem Zusammenhang zudem, dass eine differenzierte Einwilligung für jede Datenart eingeholt wird, auf die die App zugreift.[240]

239 Neben etwaigen praktischen Schwierigkeiten, die für eine wirksame Einwilligung erforderliche Unterrichtung der Endnutzer sicherzustellen, stellen sich noch weitere praktische Probleme, die hier aber nur kurz gestreift werden sollen:

Bereits kurz erwähnt wurde das Erfordernis der Freiwilligkeit der Einwilligung. Dies bedeutet, dass die Einwilligung frei von äußerem Druck erfolgen muss.[241] Das bedeutet konkret, dass etwa die **Gewährung von Leistungen** nicht davon abhängig gemacht werden darf, ob der Nutzer gleichzeitig in eine bestimmte Verarbeitung seiner Daten (etwa für Werbezwecke) einwilligt.[242]

240 Daneben stellt sich die Frage, wie eine wirksame Einwilligung sichergestellt werden kann, wenn ein Smartphone durch **mehrere Personen** genutzt wird, von denen nur einer (nämlich der Hauptnutzer, der die Apps installiert hat) wirksam eingewilligt hat. Die Erhebung und Nutzung der Daten anderer Nutzer desselben Gerätes erfolgt in diesem Fall ohne deren erforderliche Einwilligung.[243]

241 Außerdem gilt es zu bedenken, dass die Einwilligung meist frei **widerruflich** ist.[244] Insofern fordert die Artikel-29-Datenschutzgruppe in ihrer Stellungnahme zu Apps, dass für den Nutzer jederzeit die Möglichkeit bestehen muss, die App zu deinstallieren und sämtliche personenbezogenen Daten zu löschen.[245] Das bedeutet in der Praxis, dass eine Verarbeitung personenbezogener Daten, die allein aufgrund einer Ein-

---

[239] Sollen die Nutzerdaten für eigene personalisierte Werbung des App-Anbieters verwendet werden oder zu Werbezwecken an Dritte übermittelt werden, so ist stets eine Einwilligung des Nutzers erforderlich; gesetzliche Erlaubnistatbestände greifen hier im Ergebnis nicht ein, vgl. *Kremer* CR 2012, 438 (445).

[240] Working Paper 202, S. 35.

[241] *Spindler/Nink* in Spindler/Schuster 12. Teil § 13 TMG Rn. 13.

[242] § 28 Abs. 3b S. 1 BDSG statuiert ein entsprechendes Koppelungsverbot.

[243] Dieses Problem lässt sich letztlich nur technisch durch eine Benutzerverwaltung durch das Betriebssystem des mobilen Endgerätes lösen. Da sich dies in der Praxis (noch) nicht durchgesetzt hat, bleibt dem App-Anbieter wohl nur, den Endnutzer in den Nutzungsbedingungen zu verpflichten, sein Gerät ausschließlich selbst zu nutzen.

[244] Dies folgt ua aus § 13 Abs. 2 Nr. 4 TMG, der eine entsprechende Hinweispflicht vorsieht.

[245] Working Paper 202, S. 32.

willigung des Betroffenen erfolgt, ab dem Moment („ex nunc") ohne erforderliche Rechtfertigung erfolgt und damit verboten ist, in dem der Nutzer seine Einwilligung widerruft.

Dies darf jedoch wiederum nach Ansicht des Düsseldorfer Kreises nicht dazu führen, dass nach einem Widerruf keinerlei Nutzung der jeweiligen App mehr möglich ist. Demnach handelt es sich nicht um eine wirksame Einwilligung, „wenn der Nutzer entweder den Dienst „so nehmen muss, wie er ist" oder den Dienst nicht in Anspruch nehmen kann und ein Widerruf der „Einwilligung" nur durch Beendigung des Nutzungsvertrages möglich ist."[246] Dies dürfte in der Praxis oft nur schwer oder gar nicht umsetzbar sein.

Schließlich sei noch erwähnt, dass der App-Anbieter für das Vorliegen einer wirk- **242** samen Einwilligung die **Beweislast** trägt.[247] Der App-Anbieter muss also im Streitfall nachweisen können, dass er eine wirksame Einwilligung des Endnutzers eingeholt hat. Auch aus diesem Grund sollte die oben bereits erwähnte Protokollierungspflicht ernst genommen werden.

Vor diesem Hintergrund wird klar, dass es ein **riskantes Spiel** sein kann, sich als App-Anbieter allein auf eine Einwilligung des Endnutzers zu stützen. In jedem Fall ist die rechtlich einwandfreie Formulierung von Datenschutzerklärungen und Einwilligungstexten mittlerweile zu einer hohen Kunst geworden.

V. Die Erlaubnistatbestände des Bundesdatenschutzgesetzes

In der Praxis greift man aufgrund dieser Risiken der Einwilligung und der geschil- **243** derten Schwierigkeiten bei der Einholung derselben wann immer möglich auf die **gesetzlichen Erlaubnistatbestände** zurück. Dabei handelt es sich um einzelne datenschutzrechtliche Vorschriften, die unter bestimmten Voraussetzungen die Erhebung, Verarbeitung und Nutzung personenbezogener Daten zu bestimmten Zwecken gestatten. Die Einzelheiten dazu würden den Rahmen dieses Buches sprengen. Daher gehen wir im Folgenden nur kurz auf die wesentlichen gesetzlichen Erlaubnistatbestände ein.

Die zentrale Vorschrift ist § 28 Abs. 1 BDSG.[248] Diese Norm enthält insgesamt drei **244** Erlaubnistatbestände, von denen zwei hohe Praxisrelevanz haben.[249]

Nach der ersten Alternative dürfen personenbezogene Daten auch ohne ausdrückli- **245** che Einwilligung des Betroffenen erhoben, in bestimmter Weise verarbeitet oder genutzt werden, wenn dies für die **Begründung, Durchführung oder Beendigung eines Vertrages** zwischen der verantwortlichen Stelle und dem Betroffenen erforderlich ist. Paradebeispiel ist die Hotelbuchung im Reisebüro: Dabei schließt der Kunde mit dem Reisebüro einen Vermittlungsvertrag, den das Reisebüro nur erfüllen kann, wenn es bestimmte persönliche Daten des Kunden an das Hotel übermittelt. Die Übermittlung der für die Buchung erforderlichen Daten ist in diesem Fall durch § 28 Abs. 1 S. 1 Nr. 1 BDSG gedeckt.

---

[246] Orientierungshilfe des Düsseldorfer Kreises, S. 15 (Fn. 26).

[247] BGH Urt. v. 10.2.2011 – I ZR 164/09, CR 2011, 581 (583).

[248] Im Anwendungsbereich des Telemediengesetzes sind die §§ 14 ff. TMG zu beachten. Dazu sogleich Rn. 249.

[249] Soweit sog. besondere Arten personenbezogener Daten iSd § 3 Abs. 9 BDSG betroffen sind (wie etwa Gesundheitsdaten), sind statt des § 28 Abs. 1 BDSG die Absätze 6 bis 9 des § 28 BDSG zu beachten.

246 Übertragen auf den **App-Kontext** im AppStore bedeutet dies beispielsweise Folgendes: Geht man mit der hier vertretenen Ansicht davon aus, dass (zumindest nach der derzeitigen Struktur der AppStores) beim Kauf einer kostenpflichtigen App ein Vertrag zwischen dem Endnutzer und dem Betreiber des jeweiligen AppStores zustande kommt, so wird dieser für die beim Kauf der App vom Käufer übermittelten Daten (zB Kontakt- und Zahlungsdaten) in der Regel verantwortliche Stelle iSd § 3 Abs. 7 BDSG. Oftmals wird der AppStore-Betreiber bestimmte Informationen über den Endnutzer an den Anbieter der App übermitteln (so sind etwa durchaus Fälle denkbar, in denen der Anbieter der App die Identität des Endnutzer kennen muss, um diesem die Nutzung der App zu ermöglichen). Soweit in diesem Fall an den App-Anbieter nur solche Daten übermittelt werden, die zur Begründung und Durchführung des Softwareüberlassungsvertrages zwischen dem Endnutzer und dem AppStore-Betreiber erforderlich sind, ist diese Übermittlung durch § 28 Abs. 1 S. 1 Nr. 1 BDSG gerechtfertigt; einer gesonderten Einwilligung bedarf es in diesem Fall dann nicht mehr.

247 Alternativ gestattet § 28 Abs. 1 S. 1 Nr. 2 BDSG die Erhebung, Verarbeitung und Nutzung personenbezogener Daten auch ohne Einwilligung des Betroffenen, wenn dessen **schutzwürdige Interessen** an dem Ausschluss der Verarbeitung oder der Nutzung hinter den berechtigten Interessen der verantwortlichen Stelle offensichtlich zurückzustehen haben. Mit anderen Worten: Es findet eine Interessenabwägung zwischen den Interessen des Betroffenen auf der einen Seite und der verantwortlichen Stelle auf der anderen Seite statt. Wenn die Interessen der verantwortlichen Stelle „offensichtlich" überwiegen, ist die Erhebung, Verarbeitung und Nutzung der Daten zulässig. Ergibt die Interessenabwägung ein anderes Ergebnis, hat die Datenverarbeitung zu unterbleiben.

248 Zwar haben die Gerichte und Datenschutzbehörden wiederholt zu der Frage Stellung genommen, wie die Interessen in bestimmten Konstellationen zu gewichten sind (und die Einzelheiten dazu würden den Rahmen dieses Buches sprengen).[250] Die Praxis zeigt jedoch, dass sich nur ganz ausnahmsweise ein wirklich passender Präzedenzfall findet. Die Folge ist eine erhebliche Rechtsunsicherheit.

VI. Die Erlaubnistatbestände des Telemediengesetzes

249 Die §§ 11ff. TMG unterscheiden zwischen **Bestandsdaten** (§ 14 TMG) und **Nutzungsdaten** (§ 15 TMG).[251] Bestandsdaten darf der Diensteanbieter erheben und verarbeiten, soweit dies für die Begründung, inhaltliche Ausgestaltung oder Änderung eines Vertragsverhältnisses über die Nutzung von Telemedien erforderlich ist (§ 14 TMG).[252] Entsprechendes gilt nach § 15 TMG für die Erhebung und Verwendung von Nutzungsdaten, die nur soweit zulässig, ist, soweit sie für die Inanspruchnahme oder die Abrechnung von Telemedien erforderlich ist.

---

[250] Einen guten Überblick über Praxisfälle, zu denen entweder Entscheidungen der Gerichte bzw. Behörden existieren, gibt *Taeger* in Taeger/Gabel BDSG § 28 Rn. 66ff.

[251] Da eine Regelung zu Inhaltsdaten fehlt, gilt insoweit wieder das BDSG. Dies gilt nach § 11 Abs. 1 Nr. 1 TMG auch im Dienst- und Arbeitsverhältnis.

[252] Dies erfasst nicht die Vertragsanbahnung oder Vertragsabwicklung; insoweit kommt wieder § 28 BDSG zur Anwendung, vgl. *Spindler/Nink* in Spindler/Schuster 12. Teil § 14 TMG Rn. 5.

VII. Die Erlaubnistatbestände des Telekommunikationsgesetzes

Auch die datenschutzrechtlichen Vorschriften des Telekommunikationsgesetzes unterscheiden im Wesentlichen zwischen Bestandsdaten (definiert in § 3 Nr. 3 TKG) und Verkehrsdaten (definiert in § 3 Nr. 30 TKG).[253] Da das Telekommunikationsgesetz nur für wenige Apps relevant sein dürfte, möchten wir an dieser Stelle nur in aller Kürze auf die wesentlichen datenschutzrechtlichen Erlaubnisvorschriften des Telekommunikationsgesetzes eingehen.[254] 250

Nach § 95 Abs. 1 S. 1 TKG darf der Anbieter Bestandsdaten erheben und verwenden, soweit dies zur **Begründung, inhaltlichen Ausgestaltung, Änderung oder Beendigung eines Vertragsverhältnisses** über Telekommunikationsdienste erforderlich ist. Diese Vorschrift ähnelt damit § 28 Abs. 1 S. 1 Nr. 1 BDSG. Möchte der Anbieter die Bestandsdaten insbesondere zu Werbezwecken nutzen, ist stets eine Einwilligung der betroffenen Teilnehmer erforderlich, § 95 Abs. 2 S. 1 TKG. 251

Ganz anders die entsprechende Regelung für **Verkehrsdaten:** Nach § 96 Abs. 1 TKG darf der Anbieter Verkehrsdaten ausschließlich und nur soweit erforderlich für die in den §§ 91 bis 107 TKG genannten Zwecke erheben, insbesondere also zur geschäftsmäßigen Erbringung von Telekommunikationsdienstleistungen. Eine darüber hinausgehende Erhebung und Verwendung von Verkehrsdaten verbietet § 96 Abs. 2 TKG ausdrücklich. 252

Wichtig ist auch, dass die in der Praxis oft genutzte Möglichkeit einer Auftragsdatenverarbeitung nach § 11 BDSG im Anwendungsbereich des Telekommunikationsgesetzes bestehen bleibt.

VIII. Wie bekommt man die Rechtsunsicherheit in den Griff?

Nun haben wir bereits mehrfach darauf hingewiesen, dass bei verschiedenen datenschutzrechtlichen Fragen eine eindeutige rechtliche Einschätzung oft schwer fällt. Wir möchten daher an dieser Stelle das Phänomen der Rechtsunsicherheit, das bei der Anwendung der Datenschutzrechts-Vorschriften immer wieder auftritt, kurz erläutern: 253

Wie erwähnt, operiert das Bundesdatenschutzgesetz, aber auch die datenschutzrechtlichen Vorschriften anderer Gesetze wie etwa des Telemediengesetzes oder des Telekommunikationsgesetzes, sehr häufig mit **unbestimmten Rechtsbegriffen** oder stellt auf Interessenabwägungen ab. Das ist aus Sicht des Gesetzgebers zu einem gewissen Grad verständlich. Mit der technischen Entwicklung wird der Gesetzgeber niemals Schritt halten können. Umgekehrt gilt jedoch für das Bundesdatenschutzgesetz, dass es heillos veraltet und von der technischen Entwicklung längst entkoppelt ist. Über die Gründe kann man spekulieren. 254

Hinzu kommt, dass es – anders als in anderen Rechtsgebieten – nur sehr wenige (höchst- bzw. ober-) **gerichtliche Entscheidungen** zur Auslegung der praxisrelevanten datenschutzrechtlichen Vorschriften gibt.[255] Der Grund hierfür liegt wohl darin, 255

---

[253] Inhaltsdaten werden dabei durch das Fernmeldegeheimnis (§ 88 TKG) geschützt.

[254] Ausführlich dazu etwa *Eckhard/Schmidt* CR 2011, 436ff. (allerdings noch vor der TKG-Novelle 2012).

[255] Wenn überhaupt, so wird man in der arbeitsgerichtlichen Judikatur fündig.

dass die Mehrzahl der Praxisfälle zunächst zwischen der zuständigen Datenschutz-Aufsichtsbehörde und der jeweiligen verantwortlichen Stelle behandelt werden. Oft werden auch Ordnungswidrigkeits-Verfahren zwischen den Parteien mehr oder weniger einvernehmlich beendet – meist durch ein Einlenken der verantwortlichen Stelle und die folgende Einstellung des Verfahrens. Doch auch wenn die Behörden Bußgelder verhängen – ein Fall, der in der Praxis mittlerweile immer häufiger vorkommt – wird diese Entscheidung der Behörden nur höchst selten von den Verwaltungsgerichten überprüft. Es scheint, als scheuten die meisten Unternehmen die mit einem Gerichtsverfahren verbundene Öffentlichkeit.

256 Dies führt dazu, dass man bei der praktischen Anwendung des Bundesdatenschutzgesetzes nur ausnahmsweise auf eine passende Gerichtsentscheidung zurückgreifen kann. Etwas ergiebiger sind die von den Datenschutzbehörden regelmäßig veröffentlichten Tätigkeitsberichte, die jedoch auch eher allgemein gehalten sind. Die Folge ist die bereits erwähnte Rechtsunsicherheit. Die Anwendung des Datenschutzrechts in der täglichen Praxis erfordert daher neben einer genauen Kenntnis der Materie und der verfügbaren Entscheidungspraxis auch eine große Portion Erfahrung.

E. Besonderheiten bei Apps

257 Nach dieser bewusst sehr knappen Darstellung der Grundlagen des Datenschutzrechts wollen wir uns im Folgenden einigen **typischen datenschutzrechtlichen Fragen** zuwenden, die im Zusammenhang mit Apps oft eine Rolle spielen.

I. Die datenschutzrechtlichen Anforderungen der AppStores

258 Zunächst lohnt ein kurzer Blick auf die Anforderungen der AppStore-Betreiber an die datenschutzrechtliche Compliance der von Ihnen angebotenen Apps. Wie bereits oben erwähnt, definieren die AppStore-Betreiber in ihren so genannten Developer Agreements die Anforderungen, die App-Anbieter mit ihren Apps erfüllen müssen, um in dem jeweiligen AppStore veröffentlicht zu werden.

1. Die Anforderungen von Apple

259 Im Zusammenhang mit der Darstellung der Vertragsbeziehung zwischen AppStore und App-Anbieter haben wir oben[256] bereits kurz die Grundzüge des *iOS* Developer Program License Agreements (kurz **iDPLA**) (Lizenzvertrag für das *iOS*-Entwicklerprogramm) dargestellt.

260 Zum Thema Datenschutz findet sich in Ziffer 3.3.8 des iDPLA folgender Passus:

> „(...) In addition, any form of data, content or information collection, processing, maintenance, uploading, syncing, storage, transmission, sharing, disclosure or use performed by, through or in connection with Your Application must comply with all applicable privacy laws and regulations as well as any related Program Requirements, including but not limited to any notice or consent requirements."

---

[256] Siehe oben Rn. 94ff.

In Ziffer 3.3.11 des iDPLA heißt es:

> „(…) You and the Application must comply with all applicable privacy and data collection laws and regulations with respect to any collection, use or disclosure of user or device data.“

261 Diese sehr **allgemeinen Klauseln** verlangen also nicht mehr und nicht weniger, als dass über den Apple AppStore vertriebene Apps die Anforderungen des Datenschutzrechts der Länder zu erfüllen haben, in denen die Apps angeboten werden. Diese sehr generelle Aussage ist aus Sicht von Apple verständlich: Es handelt sich bei dem iDPLA um einen weltweit gültigen Vertrag, der dem Recht des U.S.-Bundesstaates Kalifornien unterliegt. Vertragspartner auf Seiten von Apple ist folgerichtig die Konzernmutter Apple, Inc. in Cupertino, USA. Es ist daher auch nicht verwunderlich – und aus Sicht von Apple auch nicht möglich – dass das iDPLA nicht spezifisch auf die lokalen datenschutzrechtlichen Anforderungen in den verschiedenen nationalen Rechtsordnungen eingeht. Umgekehrt darf man vermuten, dass es Apple schwer fallen dürfte, tatsächlich zu überprüfen, ob die anwendbaren Datenschutzregeln erfüllt werden.

262 Deutlich konkreter und auf den ersten Blick problematisch erscheinen die darauf folgenden Ziffern des iDPLA. Ziffer 3.3.9 lautet wie folgt:

> „You and Your Application (and any third party with whom You have contracted to serve advertising) may not collect user or device data without prior user consent, and then only to provide a service or function that is directly relevant to the use of the Application, or to serve advertising (…). You may not use analytics software in Your Application to collect and send device data to a third party. Further, neither You nor Your Application will use any permanent, device-based identifier, or any data derived therefrom, for purposes of uniquely identifying a device. “

Anschließend heißt es in Ziffer 3.3.10:

> „(…) If a user ceases to consent or affirmatively revokes consent for Your collection, use or disclosure of his or her user or device data, You (and any third party with whom You have contracted to serve advertising) must promptly cease all such use.“

263 Nimmt man diese Klauseln wörtlich, wäre **stets eine Einwilligung** des Endnutzers erforderlich, wenn eine App personenbezogene Daten (dh Nutzer- oder Gerätedaten wie etwa Device Identifier) erhebt. Diese Schlussfolgerung würde App-Anbieter insbesondere in Deutschland vor große Herausforderungen stellen. Wie oben dargestellt, lässt sich die Erhebung personenbezogener Daten in der Praxis oft auf gesetzliche Erlaubnistatbestände stützen. Eine zusätzliche Einwilligung ist dann nicht mehr erforderlich. Außerdem sind die Anforderungen an eine datenschutzrechtlich wirksame Einwilligung sehr hoch.

264 Verlangen die Ziffern 3.3.9 und 3.3.10 des iDPLA nun dessen ungeachtet, dass stets die Einwilligung des Endnutzers eingeholt wird, bevor dessen Daten erhoben und genutzt werden? Dies kann man wohl guten Gewissens verneinen. Wie erwähnt, handelt es sich bei dem iDPLA um ein global anwendbares Vertragswerk. Die er-

wähnten Ziffern 3.3.9 und 3.3.10 verlangen dementsprechend die Beachtung der anwendbaren lokalen Datenschutzgesetze und räumen diesen klaren Vorrang vor den Bestimmungen des iDPLA ein. Vor diesem Hintergrund kann man davon ausgehen, dass folglich auch keine Einwilligung des Endnutzers erforderlich ist, wenn die Erhebung und Nutzung seiner Daten nach lokalem Recht auch ohne Einwilligung zulässig ist.

265 Was sich jedoch sowohl aus den genannten Klauseln als auch aus den sonstigen Vorschriften des iDPLA ableiten lässt, ist das Erfordernis **größtmöglicher Transparenz.** So verlangt Ziffer 3.3.10 des iDPLA ausdrücklich, dass der Endnutzer „deutlich und vollständig" über die Erhebung, Nutzung und Offenlegung seiner Daten zu informieren ist („You must provide clear and complete information to users regarding Your collection, use and disclosure of user or device data, e.g., a link to Your privacy policy on the AppStore."). Diese Anforderung zieht sich wie ein roter Faden durch das iDPLA.

266 Neben den erwähnten Klauseln sind aus datenschutzrechtlicher Sicht noch einige weitere Regelungen des Vertrages von Bedeutung. Zunächst fällt auf, dass in dem iDPLA die **gerätespezifischen Daten** („Device Data") stets in einem Atemzug mit den Nutzerdaten genannt werden. Apple legt hier also den gleichen Maßstab an.

267 Von praktischer Relevanz dürfte auch sein, dass Apple die Nutzung von **Analysesoftware** („Analytics Software") innerhalb einer App und deren Zugriff auf Gerätedaten genauso untersagt wie die Nutzung eindeutiger Gerätekennungen (Ziffer 3.3.9 am Ende).

268 Schließlich wird in dem iDPLA auch das Angebot von **standort-basierten Dienstleistungen** („Location Based Services") geregelt. Ziffern 3.3.14ff. schreiben unter anderem vor, dass Apps, die Standortdaten verwenden, den Endnutzer entsprechend informieren und dessen Einwilligung einholen müssen, bevor Daten zu dessen Standort erhoben, übermittelt oder genutzt werden. Hier ist das Einwilligungserfordernis übrigens auch aus deutscher bzw. europäischer Sicht ernst zu nehmen. Wie wir unten noch näher erläutern, stellen sich die Datenschutzbehörden mittlerweile auf den Standpunkt, dass Standortdaten grundsätzlich nur mit vorheriger Einwilligung des Endnutzers erhoben und verarbeitet werden dürfen.

2. Die Anforderungen von Google

269 Google hat die Anforderungen an Apps, die über Google Play angeboten werden sollen, in dem ebenfalls schon erwähnten **Developer Distribution Agreement** (DDA) zusammengefasst. Dieses Vertragswerk stellt Google auch in deutscher Sprache zur Verfügung unter dem Namen „Google Play – Vereinbarung für den Entwicklervertrieb".[257] Anwendbar ist das Recht des U.S.-Bundesstaates Kalifornien.

270 Im Gegensatz zu Apple finden sich die datenschutzrechtlichen Anforderungen von Google übersichtlich in einer – wenn auch sehr langen – Klausel. Ziffer 4.3 des DDA lautet dabei auszugsweise und häppchenweise wie folgt:

> „Sie verpflichten sich, beim Vertrieb von Produkten über den Store die Datenschutzrechte und andere gesetzlich verankerte Rechte von Nutzern zu achten."

[257] Die deutsche Fassung ist abrufbar unter http://www.android.com/de/developer-distribution-agreement.html, abgerufen am 1.7.2015.

Wie auch bei Apple geht das Google DDA also nicht spezifisch auf das deutsche Datenschutzrecht ein. Auch die übrigen Klauseln sind offensichtlich nicht auf die Anforderungen des deutschen Rechts an Allgemeine Geschäftsbedingungen angepasst. 271

Weiter heißt es in Ziffer 4.3 des DDA: 272

> „Wenn Nutzer Ihnen Nutzernamen, Passwörter oder andere Anmeldeinformationen oder personenbezogene Daten bereitstellen oder wenn Ihr Produkt auf diese Informationen zugreift oder sie verwendet, müssen Sie die Nutzer darauf hinweisen, dass Ihr Produkt auf diese Informationen zugreift. Sie sind zudem verpflichtet, den betreffenden Nutzern rechtlich einwandfreie Datenschutzhinweise sowie einen entsprechenden Schutz zu bieten."

Wie bei Apple ist die **Transparenz** für den Endkunden also auch bei Google eine zentrale Verpflichtung für den App-Anbieter. Unabhängig davon, ob eine Einwilligung nach deutschem Datenschutzrecht erforderlich ist, verlangt diese Klausel die Unterrichtung des Endnutzers. Dabei schreibt sie auch gleich vor, wie diese Unterrichtung zu erfolgen hat, nämlich durch eine „rechtlich einwandfreie" Datenschutzerklärung. 273

Daran schließt sich noch folgender Wortlaut an: 274

> „Weiterhin darf Ihr Produkt diese Informationen nur zu den begrenzten Zwecken verwenden, denen der Nutzer zugestimmt hat. Wenn Ihr Produkt von Nutzern bereitgestellte personenbezogene oder sensible Daten speichert, muss dies auf eine sichere Art und Weise geschehen. Die Daten dürfen nur so lange wie nötig gespeichert werden. Wenn der Nutzer jedoch eine separate Vereinbarung mit Ihnen getroffen hat, nach der personenbezogene oder sensible Informationen, die direkt mit Ihrem Produkt verknüpft sind – andere Produkte oder Apps sind hiervon ausgeschlossen –, von Ihnen oder Ihrem Produkt gespeichert oder verwendet werden dürfen, unterliegt Ihre Verwendung dieser Informationen der betreffenden Vereinbarung."

Hier klingen verschiedene **Grundprinzipien des deutschen Datenschutzrechts** an. So wird der Grundsatz der Zweckbindung explizit erwähnt, der in § 28 Abs. 5 S. 1 BDSG gesetzlich verankert ist. Gleichzeitig greift die Vorschrift das Gebot des § 35 Abs. 2 S. 2 Nr. 3 BDSG auf, wonach personenbezogene Daten nur solange gespeichert werden dürfen, wie dies zur Erfüllung der Zwecke erforderlich ist, für die sie ursprünglich erhoben wurden. 275

Im Vergleich zu den Bestimmungen des Apple iDPLA fällt allerdings auch auf, dass das DDA deutlich **weniger restriktiv** ist. So fehlt etwa ein kategorisches Verbot von Analytics Software, wie sich dies im Apple iDPLA findet. Auch spezifische Regelungen zu Standortdaten sucht man in dem Google DDA vergeblich. 276

Von diesen Besonderheiten abgesehen, lässt sich somit festhalten, dass beide AppStore-Betreiber im Wesentlichen die **Einhaltung der jeweils anwendbaren Datenschutzgesetze** durch eine App zur Voraussetzung für den Zugang zu dem AppStore machen. Dabei dürfte es sich bei der rechtlichen Compliance jedoch um eine eher theoretische Hürde auf dem Weg in die AppStores handeln. Angesichts der Masse an Apps, die täglich neu in die AppStores kommen, dürfte es Apple und Google sehr schwer fallen, hier tatsächlich umfassend zu kontrollieren, ob die Apps mit den ver- 277 schiedenen Datenschutzgesetzen weltweit in Einklang stehen.[258] Die Praxis zeigt, dass vielmehr in Einzelfällen auf Beschwerden reagiert wird. Diese Reaktionen erfolgen allerdings in jüngster Zeit blitzschnell und zunehmend kompromisslos – möglicherweise ein Zeichen eines gestiegenen Datenschutzbewusstseins bei den Nutzern.[259]

II. Your App is Watching You!

278 In der Tat: Viele Apps erheben Daten der Endnutzer und übermitteln diese an Dritte. Dies geschieht oft ohne Kenntnis und somit auch ohne Einwilligung der Endnutzer.

1. Die Realität

279 Es gibt mittlerweile eine nicht mehr überschaubare Zahl von einmal mehr oder weniger seriösen Untersuchungen unzähliger Apps – meist mit bedenklichen Ergebnissen: So kam etwa die oben bereits erwähnte Untersuchung der **Stiftung Warentest** zu dem Ergebnis, dass weit mehr als die Hälfte der getesteten Apps Nutzerdaten aus dem Smartphone auslesen und an Dritte übertragen.[260]

280 Die Stiftung Warentest hat auch herausgefunden, an wen diese Daten dann direkt übermittelt werden. Meist sind die Empfänger der **Informationen Datensammler** wie flurry[261] oder Localytics[262]. Sie analysieren und verknüpfen die Daten und generieren daraus Kundenprofile, die dann wiederum für individualisierte Werbung (Behavioural Targeting) genutzt werden.

2014 hat eine Überprüfung von 50 Apps durch den Bundesverband Verbraucherzentrale im Rahmen des Projekts „Verbraucherrechte in der digitalen Welt" ergeben, dass Zugriffsberechtigungen von Apps oftmals über das für die Nutzung der App erforderliche Maß hinausgehen. Bei Google besteht in diesem Zusammenhang anders als im aktuellen iOS-Betriebssystem keine Möglichkeit, die Zugriffsrechte zu steuern.[263]

Forscher des Fraunhofer-Instituts für Angewandte und Integrierte Sicherheit haben 10.000 Android-Apps mit dem Ergebnis überprüft, dass ein Großteil der Apps persön-

---

[258] Dies dürfte im Hinblick auf die rein technischen Anforderungen der AppStore-Betreiber sowie hinsichtlich des Designs der Apps anders sein. Insoweit sagt beispielsweise Apple ganz klar, dass alle Apps im Rahmen eines sog. App Approval Process auf Übereinstimmung mit den sog. Apple AppStore Review Guidelines überprüft werden. Diese Guidelines können unter folgendem Link abgerufen werden: https://developer.apple.com/appstore/guidelines.html, abgerufen am 1.7.2015.

[259] Es fällt schwer, konkrete Beispiele von Apps zu nennen, die wegen datenschutzrechtlicher Bedenken aus den AppStores entfernt wurden. Meist werden in solchen Fällen die genauen Umstände nicht publik. Ein offensichtliches Beispiel war jedoch die Standortdaten-basierte App „Girls Around Me", vgl. dazu http://www.pcwelt.de/news/Stalker-App-Girls-Around-Me-nicht-mehr-im-AppStore-verfuegbar-5665223.html, abgerufen am 1.7.2015.

[260] Test 06/2012; online abrufbar unter http://www.test.de/Datenschutz-bei-Apps-Welche-Apps-Ihre-Daten-ausspaehen-4378643–4383181/, abgerufen am 1.7.2015.

[261] http://www.flurry.com/.

[262] http://www.localytics.com/.

[263] Verbraucherzentrale Bundesverband, Untersuchung von Apps, abrufbar unter http://www.rbb-online.de/was/themen/untersuchung-von-apps.file.html/Untersuchungsbericht_12_03_14_final.pdf, abgerufen am 1.7.2015.

liche Daten an 4.358 Server weltweit übermittelten. Außerdem stellten die Fraunhofer-Forscher fest, dass ca. 69% der getesteten Apps unverschlüsselt mit der Außenwelt kommunizieren. 448 Apps sendeten eindeutige persönliche Daten wie die IMEI an Server im Netz. Der Nutzer hat dabei in den wenigsten Fällen Einflussmöglichkeiten; so starten 1.732 der getesteten Apps direkt beim Start des Geräts und agieren permanent im Hintergrund. Daneben ergab die Untersuchung, dass fast 50% der untersuchten Apps den Aufenthaltsort des Gerätes bestimmen können und 3.930 Apps den Gerätestatus auslesen.[264]

Während vor Einführung des *IDFA* insbesondere die individuelle Gerätekennung wie die *UDID* der *iOS*-Geräte ausgelesen und an Dritte übermittelt wurde, agiert Apple nun sehr streng im Hinblick auf die missbräuchliche Verwendung des *IDFA*. Nach Ziffer 3.3.12 des iDPLA darf diese Werbe-ID und die Informationen, die durch dessen Nutzung gewonnen wurden, nur zum Zwecke der Bereitstellung von Werbung genutzt werden. Im Rahmen des Zulassungsprozesses zum AppStore müssen App-Entwickler angeben, wenn sie den *IDFA* verwenden möchten. In diesem Fall muss in dem Programm dann tatsächlich Werbung erscheinen. Wird auf den *IDFA* zugegriffen, obwohl der App-Anbieter dies nicht angegeben hat, oder wird er nicht zu Werbezwecken genutzt, kann Apple die App ablehnen.[265] **281**

In Ziffer 5 der Google Play-Programmrichtlinien für Entwickler[266] heißt es im Hinblick auf die Android-Werbe-ID insofern wie folgt:

> „(…) Die Android-Werbe-ID darf nur zu Werbezwecken sowie zur Nutzeranalyse verwendet werden. (…) Die Werbe-ID darf nur mit ausdrücklicher Zustimmung des Nutzers mit personenbezogenen Daten oder gleichbleibenden Geräte-IDs wie SSAID, MAC-Adresse oder IMEI verknüpft werden. (…) Die Erfassung und Nutzung der Werbe-ID sowie die Verpflichtung zur Einhaltung dieser Bestimmungen muss den Nutzern in einer rechtlich angemessenen Benachrichtigung zum Datenschutz mitgeteilt werden."

Sowohl für das Erheben dieser Daten (also das Auslesen der Daten aus der Device) als auch für die Übermittlung dieser Daten an Dritte muss eine datenschutzrechtliche Erlaubnis vorliegen. **282**

Auch hier hilft – zumindest theoretisch – eine Einwilligung weiter. Wie weiter oben dargestellt, sind die **rechtlichen Hürden** hier allerdings sehr hoch und werden in der Praxis selten rechtlich einwandfrei übersprungen. Um eine informierte Einwilligung zu bekommen, müsste der App-Anbieter als verantwortliche Stelle im Sinne des § 3 Abs. 7 BDSG nämlich detailliert informieren über die Identität der Dritten, an die Nutzerdaten übermittelt werden und den Zweck der Übermittlung. In der Praxis geschieht dies selten und ist bisweilen nicht gewollt bzw. auch gar nicht möglich, etwa wenn die Empfänger der Daten oft wechseln. **283**

Weiter oben haben wir bereits auf die Rechteverwaltung innerhalb von Apps hingewiesen.[267] Idealerweise sollten Zugriffe durch eine App auf Daten, die auf dem mo- **284**

---

[264] Pressemitteilung v. 5.3.2014, online abrufbar unter http://www.aisec.fraunhofer.de/de/medien-und-presse/pressemitteilungen/2014/20140403_10000_apps.html, abgerufen am 29.6.2015.

[265] https://developer.apple.com/news/?id=08282014a und http://www.heise.de/mac-and-i/meldung/Apple-warnt-vor-Missbrauch-von-Advertising-ID-2305692.html, abgerufen am 1.7.2015.

[266] Die deutsche Fassung ist abrufbar unter https://play.google.com/intl/ALL_de/about/developer-content-policy.html, abgerufen am 1.7.2015.

bilen Endgerät gespeichert sind, durch eine Einwilligung gedeckt sein. In technischer Hinsicht sind dabei komplexe Schutzmechanismen erforderlich, um nicht-autorisierte Zugriffe zu verhindern. In der Praxis sind diese noch immer vergleichsweise selten, so dass ein Zugriff auf die Nutzerdaten nur ausnahmsweise durch eine wirksame Einwilligung des Nutzers gedeckt sein wird.

285 Wie aber kann ein Zugriff auf und die Übermittlung von Nutzerdaten an Dritte ohne Einwilligung des Endnutzers datenschutzrechtlich gerechtfertigt werden?

Abhängig vom Einzelfall und insbesondere dem Zweck der Übermittlung kann ausnahmsweise eine **Rechtfertigung** über § 28 Abs. 1 BDSG gelingen. Etwa dann, wenn der Dritte in die Erbringung der von der App (bzw. von dem App-Anbieter) geschuldeten Leistungen – und damit in die Erfüllung des Vertrages zwischen Endnutzer und Anbieter – eingeschaltet ist und der Endnutzer dies weiß. Es sind durchaus Fälle vorstellbar, in denen dann folglich eine Rechtfertigung über § 28 Abs. 1 S. 1 Nr. 1 BDSG in Betracht kommt – etwa wenn der App-Anbieter transparent mit einem Dritten zusammenarbeitet und ohne dessen Einschaltung eine vertragsgemäße Nutzung der App unmöglich wäre. Dies wird jedoch nur selten der Fall sein. Schon eher dürfte die Interessenabwägung nach § 28 Abs. 1 S. 1 Nr. 2 BDSG eine Übermittlung von Nutzerdaten an Dritte rechtfertigen. Aber auch hier sind die Grenzen des rechtlich Zulässigen schnell erreicht.

Im Bereich der Werbung und im Anwendungsbereich des TMG ist jedoch oftmals eine Rechtfertigung über § 15 Abs. 3 TMG möglich. Diese Vorschrift erlaubt die Verwendung pseudonymer Nutzerprofile „für Zwecke der Werbung, der Marktforschung oder zur bedarfsgerechten Gestaltung der Telemedien“ auf Opt-Out Basis. Mit anderen Worten: Wenn Nutzerprofile derart genutzt werden, dass der direkte Personenbezug durch ein Pseudonym ersetzt wird (und auch später keine Zusammenführung der Profile mit den „Klardaten“ erfolgt), ist keine Einwilligung der Nutzer erforderlich; es genügt vielmehr, etwa im Rahmen der Datenschutzerklärung einen Opt-Out Link anzubieten. Diese Möglichkeit ist in der Praxis von höchster Bedeutung. Letztlich basiert das gesamte Online Advertising in Deutschland auf dieser Vorschrift. Zu beachten ist jedoch, dass eindeutige Gerätekennungen nach Ansicht des Düsseldorfer Kreises keine pseudonymen Daten darstellen; eine Nutzung dieser Daten auf Grundlage des § 15 Abs. 3 TMG scheidet daher aus.[268]

In der Praxis wird daneben außerdem häufig auf die so genannte Auftragsdatenverarbeitung zurückgegriffen.

2. Die Auftragsdatenverarbeitung

286 Bei der Auftragsdatenverarbeitung setzt ein Unternehmen (der Auftraggeber) für die Verarbeitung personenbezogener Daten **ein anderes Unternehmen** ein (den Auftragnehmer). § 11 Abs. 1 S. 1 BDSG beschreibt dies wie folgt:

> „Werden personenbezogene Daten im Auftrag durch andere Stellen erhoben, verarbeitet oder genutzt, ist der Auftraggeber für die Einhaltung der Vorschriften dieses Gesetzes und anderer Vorschriften über den Datenschutz verantwortlich.“

---

[267] Oben, Kapitel 1 C.

[268] So ausdrücklich die Orientierungshilfe des Düsseldorfer Kreises, S. 11.

Mit anderen Worten: Der Auftraggeber bedient sich für die eigene Datenverarbeitung eines **Auftragnehmers,** der in vollständiger Abhängigkeit von den Weisungen des Auftraggebers die Erhebung, Verarbeitung oder Nutzung personenbezogener Daten betreibt. Der Auftragnehmer fungiert gleichsam als „verlängerter Arm" oder als „ausgelagerte Abteilung" des Auftraggebers. Der Auftraggeber bleibt dabei „Herr der Daten" und verantwortliche Stelle iSd § 3 Abs. 7 BDSG.

Rechtsdogmatischer Hintergrund der Auftragsdatenverarbeitung ist folgender: **287** Wie bereits mehrfach erwähnt, erfordert jede Übermittlung personenbezogener Daten an Dritte eine datenschutzrechtliche Rechtfertigung (also entweder eine wirksame Einwilligung oder einen gesetzlichen Erlaubnistatbestand). Der Begriff „Dritter" wird dabei definiert als „jede Person oder Stelle außerhalb der verantwortlichen Stelle".[269]

Liegt eine wirksame Auftragsdatenverarbeitung vor, so gilt der Auftragnehmer **288** nicht mehr als „Dritter".[270] Er wird vielmehr dem Auftraggeber zugerechnet und bildet – durch die datenschutzrechtliche Brille betrachtet – eine organisatorische Einheit mit dem Auftraggeber. Dies hat zur Folge, dass eine Datenübermittlung an den Auftragsdatenverarbeiter keine Übermittlung im Sinne des § 3 Abs. 4 S. 2 Nr. 3 BDSG mehr darstellt. Folglich ist auch keine gesetzliche Erlaubnisnorm oder Einwilligung des Betroffenen mehr erforderlich. Im Gegenzug ist der Auftragnehmer für die Verarbeitung im Auftrag grundsätzlich nicht selbst datenschutzrechtlich verantwortlich, solange er sich an die Weisungen des Auftraggebers hält.[271]

Zweck der Regelungen über die Auftragsdatenverarbeitung in § 11 BDSG ist es also letztlich, eine **arbeitsteilige Organisation** und die Auslagerung von Prozessen zu ermöglichen.

Um in den Genuss der Vorteile einer Auftragsdatenverarbeitung zu kommen, muss **289** der Vertrag zwischen dem Auftraggeber und dem Auftragnehmer (also der so genannte „Auftrag" oder auch „Auftragsdatenverarbeitungsvereinbarung" genannt) den sehr detaillierten Anforderungen des § 11 Abs. 2 S. 2 BDSG entsprechen. Demnach muss der Vertrag schriftlich geschlossen werden und mindestens folgende **Punkten regeln:**

- Gegenstand und Dauer des Auftrags
- Umfang, Art und der Zweck der Verarbeitung durch den Auftragnehmer
- Technische und organisatorische Sicherheitsmaßnahmen des Auftragnehmers
- Prozess zur Berichtigung, Löschung und Sperrung der Daten
- Vom Auftragnehmer vorzunehmende Kontrollen
- Berechtigung des Auftragnehmers, Subunternehmer einzuschalten
- Kontrollrechte des Auftraggebers
- Damit korrespondierend: Duldungs- und Mitwirkungspflichten des Auftragnehmers
- Mitteilungspflicht des Auftragnehmers bei Verstößen
- Umfang der Weisungsbefugnisse des Auftraggebers
- Regelungen zur Rückgabe und Löschung von Daten nach Auftrags-Beendigung

---

[269] § 3 Abs. 8 S. 2 BDSG.

[270] § 3 Abs. 8 S. 3 BDSG drückt das folgendermaßen aus: „Dritte sind nicht der Betroffene sowie Personen und Stellen, die im Inland, in einem anderen Mitgliedstaat der Europäischen Union oder in einem anderen Vertragsstaat des Abkommens über den europäischen Wirtschaftsraum personenbezogene Daten im Auftrag erheben, verarbeiten oder nutzen."

[271] Der Auftragnehmer hat aber die Verpflichtungen aus § 11 Abs. 4 BDSG zu beachten.

290 Außerdem hat der Auftraggeber den Auftragnehmer sorgfältig auszuwählen (§ 11 Abs. 2 S. 1 BDSG) und die Einhaltung der vereinbarten **technisch-organisatorischen Maßnahmen** durch diesen regelmäßig (dh sowohl vor Beginn der Verarbeitung als auch während derselben) zu kontrollieren (§ 11 Abs. 2 S. 4 BDSG).

291 Letztlich kommt es entscheidend darauf an, dass der Auftragnehmer auch tatsächlich nur im Auftrag des Auftraggebers tätig wird und **keine eigene Entscheidungsbefugnis** darüber hat, was er mit den Daten macht. Der Auftraggeber soll ihn mit anderen Worten nur als „Werkzeug“ für die Erfüllung eigener Geschäftszwecke nutzen, aber selbst stets die Kontrolle behalten. Die Grenzen zur so genannten „Funktionsübertragung“ sind fließend: Wenn der Auftraggeber nicht selbst die Kontrolle über die Datenverarbeitung behält, sondern stattdessen eine ganze „Funktion“ zur eigenverantwortlichen Wahrnehmung an einen Dritten überträgt, wird dieser selbst zur verantwortlichen Stelle.[272] Er wird dann auch datenschutzrechtlich wie ein Dritter behandelt, mit der Folge, dass für eine Datenübermittlung an ihn ein gesetzlicher Erlaubnistatbestand oder die Einwilligung der Betroffenen erforderlich ist.[273]

292 Aber zurück zu unserem Fall, dass der App-Anbieter personenbezogene Daten des Endnutzers an Dritte übermittelt:

Soll dies im Wege einer Auftragsdatenverarbeitung nach § 11 BDSG geschehen, kommt es zunächst auf den **Zweck der Übermittlung** an. Werden die Daten an ein Werbenetzwerk oder ein soziales Netzwerk übermittelt – wie dies in der Praxis häufig der Fall ist – so kommt eine Auftragsdatenverarbeitung nicht in Betracht. Diese Unternehmen werden die Daten in der Regel für eigene Geschäftszwecke nutzen. Dies allein schließt eine Auftragsdatenverarbeitung bereits aus.[274] Hier dürfte außerdem regelmäßig eine echte Weisungsgebundenheit der Empfänger und Kontrollrechte des App-Anbieters fehlen, sobald die Daten an das Ad Network oder den Social Media Anbieter übermittelt worden sind. Allenfalls wenn die Daten ausschließlich für eigene Werbemaßnahmen des App-Anbieters verwendet werden sollen, der die Daten selbst erhoben und übermittelt hat, könnte man sich eine Auftragsdatenverarbeitung vorstellen. Dieser Fall wird aber in der Praxis kaum vorkommen.[275]

293 In anderen Konstellationen kann eine Auftragsdatenverarbeitung aber sehr wohl als Rechtsgrundlage einer Übermittlung von Nutzerdaten an Dritte dienen. Bietet die App beispielsweise lediglich ein für mobile Endgeräte optimiertes **Frontend** zu einer aufwändigeren Webanwendung, so wird der externe Hosting-Provider des App-Anbieters oft auch Zugriff auf Daten der App-Nutzer haben. Diese Übermittlung ließe sich dann technisch als Auftragsdatenverarbeitung abbilden.

---

[272] *Gola/Schomerus* BDSG § 11 Rn. 9; *Schaffland/Wiltfang* BDSG § 11 Rn. 7; *Bergmann/Möhrle/Herb* BDSG § 11 Rn. 10.

[273] Die Einzelheiten zur Abgrenzung zwischen Auftragsdatenverarbeitung und Funktionsübertragung sind umstritten; vgl. dazu den Arbeitsbericht des Düsseldorfer Kreises bzw. von dessen ad-hoc-Arbeitsgruppe „Konzerninterner Datentransfer“ S. 2ff., abrufbar unter https://www.ldi.nrw.de/mainmenu_Datenschutz/submenu_Datenschutzrecht/Inhalt/Personalwesen/Inhalt/5_Beschaeftigten datenschutz_Konzern/arbeitspapier_ad_hoc_idv.pdf, zuletzt abgerufen am 1.7.2015.

[274] So etwa *Gabel* in Taeger/Gabel BDSG § 11 Rn. 12.

[275] In diesem Fall greift auch kein anderer Erlaubnistatbestand ein, so dass eine wirksame Einwilligung des Endnutzers zwingend erforderlich ist, vgl. *Kremer* CR 2012, 438 (445).

III. Datenübermittlung ins EWR-Ausland

Handelt es sich bei dem Empfänger der Daten des Endnutzers um ein Unternehmen oder eine Person mit Sitz außerhalb des Europäischen Wirtschaftsraumes (dazu zählen neben den EU-Mitgliedstaaten noch Island, Liechtenstein und Norwegen), so sind neben der allgemeinen Erlaubnis, die Daten an diesen Dritten übermitteln zu dürfen, weitere Voraussetzungen zu erfüllen. 294

Oder anders ausgedrückt: Sitzt der Empfänger der Daten innerhalb des EWR, dann hat man bei einer Datenübermittlung nur eine Hürde zu überspringen, nämlich die **Rechtfertigung der Übermittlung** als solche. Dafür stehen neben der Einwilligung und der Auftragsdatenverarbeitung die verschiedenen gesetzlichen Erlaubnistatbestände zur Verfügung. Hier spricht man von der Rechtfertigung auf der so genannten „ersten Stufe". 295

Werden die Daten jedoch ins Ausland außerhalb des EWR übermittelt (oder sind sie von dort zugänglich), gilt es – auf der zweiten Stufe – eine weitere, zusätzliche Hürde zu überwinden: Es muss bei dem Empfänger der Daten ein so genanntes **„angemessenes Datenschutzniveau"** gewährleistet werden (§ 4b Abs. 2 S. 2 BDSG). Nur wenn sowohl auf der ersten Stufe ein Erlaubnistatbestand vorliegt als auch auf der zweiten Stufe ein angemessenes Datenschutzniveau gewährleistet ist, ist ein Transfer der Daten in Drittländer zulässig. 296

Hintergrund ist dabei Folgender: Die EU-Datenschutzrichtlinie[276] macht die Übermittlung personenbezogener Daten in Drittländer – also in alle Staaten, die nicht der EU oder dem EWR angehören – von dem Vorliegen eines „angemessenen Datenschutzniveaus" in dem betreffenden Drittland abhängig. Darunter versteht die EU-Kommission ein Datenschutzniveau, das mit dem **Schutzniveau innerhalb des EWR** vergleichbar ist.[277] 297

Um dieses Datenschutzniveau zumindest bei dem Empfänger der Daten sicherzustellen, stehen verschiedene Optionen zur Verfügung.[278] Zunächst hilft auch hier wieder die Einwilligung des Endnutzers (§ 4c Abs. 1 Nr. 1 BDSG) – mit all den Risiken, wie auch auf der ersten Stufe.

In der Praxis spielen die so genannten **Standardvertragsklauseln**[279] eine wichtige Rolle. Dabei handelt es sich um von der EU-Kommission veröffentlichte Musterverträge, die zwischen dem innerhalb des EWR ansässigen Datenexporteur und dem außerhalb des EWR ansässigen Datenimporteur abzuschließen sind. 298

Man unterscheidet Klauseln, die bei Datenübermittlungen zwischen zwei verantwortlichen Stellen zum Einsatz kommen (sog. **Controller-to-Controller-Clauses**)[280]

---

[276] Richtlinie 95/46/EG, Art. 25. Siehe zu den Änderungen, die der Entwurf für die DSG-VO im Hinblick auf die internationale Datenverarbeitung vorsieht *Roßnagel/Kroschwald* ZD 2014, 495 (498).

[277] Die EU-Kommission führt zu diesem Zwecke eine öffentliche Liste der Länder, die über ein angemessenes Datenschutzniveau verfügen, abrufbar unter: http://ec.europa.eu/justice/data-protection/document/international-transfers/adequacy/index_en.htm (abgerufen am 1.7.2015).

[278] Auf die so genannten Binding Corporate Rules soll an dieser Stelle nicht eingegangen werden.

[279] Oft auch als „Model Clauses" oder „Model Clause Contracts" bezeichnet.

[280] Hier gibt es zwei unterschiedliche Fassungen, die hier abgerufen werden können: http://eur-lex.europa.eu/LexUriServ/LexUriServ.do?uri=OJ:L:2001:181:0019:0031:DE:PDF und http://eur-lex.europa.eu/LexUriServ/LexUriServ.do?uri=OJ:L:2004:385:0074:0084:DE:PDF, abgerufen am 05.10.2015.

und solche, die verwendet werden, wenn eine verantwortliche Stelle personenbezogene Daten an einen Auftragsdatenverarbeiter im EWR-Ausland übermitteln möchte (sog. **Controller-to-Processor-Clauses**)[281]. Letztere wurden von der EU-Kommission jüngst neu gefasst und nunmehr ist auch die Vergabe von Unteraufträgen ausdrücklich geregelt.

299 Die Klauseln sind – wie der Name verrät – von der EU-Kommission standardisiert und werden in allen EU-Mitgliedstaaten anerkannt. Voraussetzung dafür ist jedoch, dass sie von den Parteien inhaltlich nicht verändert werden. Lediglich in dem Anhang der jeweiligen Klauselwerke ist die geplante Übermittlung konkret zu beschreiben (insbesondere der Zweck der Übermittlung, die betroffenen Datenkategorien, die Empfänger der Daten, etc.). Die unterzeichneten Verträge müssen nach deutschem Datenschutzrecht weder den Datenschutz-Aufsichtsbehörden vorgelegt noch von diesen genehmigt werden (Achtung: In einigen EU-Mitgliedsstaaten ist das sehr wohl erforderlich!).[282] Sie sind jedoch auf Verlangen vorzulegen.[283] Sie treten nach Unterzeichnung automatisch in Kraft und **rechtfertigen** von diesem Moment an die in ihren Anhängen beschriebenen Datentransfers.

300 Für Übermittlungen, bei denen der Empfänger in den USA sitzt, steht ein weiteres Instrument zur Schaffung eines angemessenen Datenschutzniveaus zur Verfügung: Die **Safe-Harbor** Zertifizierung des Datenimporteurs in den USA.

Hintergrund ist folgender: Die US-Regierung und die EU-Kommission einigten sich im Jahr 2000 auf die so genannten *Safe Harbor Principles* (Grundsätze des sicheren Hafens). Bei verantwortlichen Stellen in den USA, die sich den Safe Harbor Principles unterworfen haben, wird von einem angemessenen Datenschutzniveau ausgegangen.

301 Eine Unterwerfung durch das US-amerikanische Unternehmen erfolgt durch eine **Beitrittserklärung** gegenüber dem US-Handelsministerium. Die Hürden sind hier nach derzeitigem Stand (noch) vergleichsweise niedrig. Das US-Handelsministerium führt eine Liste der Unternehmen, die sich den Safe-Harbor Principles unterworfen haben.[284] Der Beitritt ist jährlich zu erneuern, ansonsten erlischt die Safe-Harbor-Zertifizierung – und damit auch deren legalisierende Wirkung.

302 Die Zukunft des Safe-Harbor Regimes schien lange Zeit ungewiss: Die deutschen Datenschutz-Aufsichtsbehörden bemängelten bereits im Jahr 2010 in einem gemeinsamen Beschluss, dass die Einhaltung der Safe Harbor Principles durch die US-amerikanischen Behörden **kaum kontrolliert** werde und die Konstruktion daher lediglich ein „Papiertiger“ sei. Deutsche Unternehmen müssen seitdem vor dem Datentransfer selbst gewisse Kontrollen durchführen und zumindest prüfen, ob die Safe-Harbor-Zertifizierung des Datenempfängers noch gültig ist und den geplanten Datentransfer deckt. Dafür genügt in der Regel jedoch ein Blick auf die im Internet öffentlich zugängliche Liste aller Safe-Harbor zertifizierten Unternehmen.

Eine neue Dynamik hat die Entwicklung jedoch unlängst durch die Enthüllungen von Edward Snowden zu den Aktivitäten verschiedener Geheimdienste erfahren. Die

---

[281] http://eur-lex.europa.eu/LexUriServ/LexUriServ.do?uri=OJ:L:2010:039:0005:0018:DE:PDF, abgerufen am 5.10.2015.

[282] Richtlinie 95/46/EG, Art. 26 Abs. 4 iVm Art. 31 Abs. 2.

[283] *Gola/Schomerus* BDSG § 4c Rn. 12.

[284] Diese ist öffentlich einsehbar unter http://safeharbor.export.gov/list.aspx, abgerufen am 1.7.2015.

EU-Kommission vertrat in der Folge die Ansicht, dass die Geschäftsgrundlage von Safe-Harbor weggefallen sei. Auch das EU-Parlament hatte im März 2014 die „unverzügliche Aussetzung" des Safe-Harbor-Abkommens verlangt. Mittlerweile mehren sich allerdings die Anzeichen dafür, dass eine Einigung kurz bevorsteht. Die Befürchtung, Safe Harbor werde abgeschafft, scheint gebannt.[285]

Spannend bleibt jedoch ein derzeit laufendes Vorabentscheidungsverfahren vor dem Europäischen Gerichtshof: Ein irisches Gericht hat dem EuGH die Frage nach der Verbindlichkeit des Safe-Harbor-Beschlusses vorgelegt. Es bleibt abzuwarten, wie der EuGH über die Gültigkeit bzw. den Fortbestand des Safe-Harbor-Abkommens entscheiden wird.[286]

App-Anbieter, die Daten deutscher Endnutzer erheben und an Dritte außerhalb des **303** EWR übermitteln, müssen daher darauf achten, dass sie mit dem Empfänger der Daten entweder einen **Vertrag auf Grundlage der Standardvertragsklauseln** der EU-Kommission abschließen oder dass der Empfänger der Daten – wenn er in den USA sitzt – über eine gültige **Safe-Harbor Zertifizierung** verfügt.

Anders liegt der Fall, wenn ein App-Anbieter, der selbst im EWR-Ausland ansässig **304** ist, in einem deutschen AppStore seine Apps anbietet und diese Apps dann personenbezogene Daten des Endnutzers direkt an den ausländischen App-Anbieter übertragen. In diesem Fall lässt sich unter Umständen argumentieren, dass es schon einer rechtfertigungsbedürftigen Übermittlung im Sinne des § 3 Abs. 4 S. 2 Nr. 3 BDSG fehlt, da die Daten an keinen Dritten weitergegeben werden.[287] Sie werden vielmehr von der App direkt an den App-Anbieter übertragen. Gleichwohl sollte der Endnutzer auch und gerade in diesem Fall über den Transfer seiner Daten, den Zweck der Übermittlung und den Empfänger (nämlich den App-Anbieter) sowie dessen Standort unterrichtet werden.

F. Einzelfragen

I. Your Phone is Watching You!

Weiter oben hatten wir schon erläutert, dass Apps teilweise Nutzerdaten bis hin zu **305** kompletten Adressbüchern oder Fotoalben aus den mobilen Endgeräten auslesen und an Dritte übermitteln. Dafür sind in der Regel die App-Anbieter datenschutzrechtlich verantwortlich.

Daneben sind aber auch die **Smartphone-Hersteller** sowie die **Entwickler der Betriebssysteme** dieser Geräte in der Pflicht, einen solchen Missbrauch zu verhindern. Erforderlich ist ein dezidiertes Rechte-System, das es App-Entwicklern und Anbietern ermöglicht, für die Funktion einer App notwendige Zugriffe zuzulassen und nicht-autorisierte Zugriffe auszuschließen. Die technischen Voraussetzungen dafür müssen sozusagen „ab Werk" eingebaut werden. Datenschützer sprechen hier

[285] Vgl. eine Zusammenfassung des Verhandlungsstandes unter http://www.datenschutzbeauftragter-online.de/datenschutz-tagung-aktualisierung-safe-harbor/8747/, zuletzt abgerufen am 1.7.2015.

[286] ULD, ZD-Aktuell 2014, 04222; *Jensen* ZD-Aktuell 2014, 04284.

[287] Hier kommt es stark auf die Umstände des Einzelfalls an; ggfs. kann auch in diesem Fall eine rechtfertigungsbedürftige Übermittlung vorliegen.

von „Privacy by Design“. Insbesondere Apple ist seit der Version 7 des Betriebssystems iOS hier einen wichtigen Schritt gegangen und erlaubt es den Nutzern nun, die Zugriffsrechte von Apps auf bestimmte Daten und Sensoren individuell zu steuern.

306 In diesem Zusammenhang haben die deutschen Datenschutz-Aufsichtsbehörden bereits im Mai 2011 einen Beschluss gefasst und schlagwortartig einige Anforderungen an Smartphones und deren Betriebssysteme definiert. Diese Anforderungen dürften jedoch auch gleichermaßen für Apps gelten.

In ihrem Beschluss von 2011 qualifizierten die deutschen Datenschützer Smartphones als **„Spion in der Hosentasche“.**[288] Die New York Times schlägt angesichts der mannigfaltigen Überwachungsmöglichkeiten durch Smartphones sogar vor, diese nicht mehr länger beschönigend als Telefone, sondern gleich als „Tracker“ zu bezeichnen.[289]

307 Deutlich aktueller und praxisrelevanter ist dazu einmal mehr die Orientierungshilfe des Düsseldorfer Kreises. Darin weisen die Aufsichtsbehörden ausdrücklich darauf hin, dass App-Entwickler bereits in der Entstehungs- und Entwicklungsphase ihrer App durch eine datenschutzgerechte Gestaltung und datenschutzfreundliche Voreinstellungen sicherstellen müssen, dass die App später ohne datenschutzrechtliche Mängel angeboten werden kann. In ihrer Stellungnahme von Februar 2013 geht auch die Artikel-29-Datenschutzgruppe kurz auf die technischen Anforderungen ein und definiert spezifische Anforderungen an die Entwickler von Endgeräten und Betriebssystemen.

Die Forderungen der deutschen Datenschutz-Aufsichtsbehörden lassen sich wie folgt zusammenfassen:

Die zentrale Forderung betrifft größtmögliche **Transparenz** bezüglich der Preisgabe personenbezogener Daten. Die Datenschützer fordern, dass die Nutzer in die Lage versetzt werden müssen, jede Übermittlung ihrer Daten nachzuvollziehen. Dazu müssen sie auch über den Zweck informiert werden, zu dem die Daten genutzt werden. Diese Anforderung gilt nach dem Beschluss ausdrücklich auch für die Anbieter von Apps.

308 Daneben müssen den Nutzer **Steuerungsmöglichkeiten** für die Preisgabe ihrer personenbezogenen Daten zustehen. Dazu soll die lediglich pauschale Möglichkeit, bei Installation der App einen Datenzugriff zu steuern, nicht ausreichen. Gefordert wird vielmehr ein abgestuftes System, mit dem Nutzer „aus der Nutzungssituation heraus“ entscheiden können, auf welche Daten eine App zugreifen darf und an wen diese übermittelt werden dürfen. In die richtige Richtung geht insoweit sicherlich die abgestufte Rechteverwaltung der aktuelleren Versionen des iOS-Betriebssystems. Dadurch lassen sich die Zugriffe von Apps auf verschiedene Daten auf der Device von vornherein in gewissem Umfang steuern. Fraglich ist, ob der bis zur Veröffentlichung der Orientierungshilfe des Düsseldorfer Kreises zu Apps noch als ausreichend angesehene „Mindeststandard“ den rechtlichen Anforderungen genügt: Danach sollte es

---

[288] So die Quintessenz eines Beschlusses der obersten Aufsichtsbehörden für den Datenschutz im nicht-öffentlichen Bereich (Düsseldorfer Kreis) vom 4./5.5.2011 („Datenschutzgerechte Smartphone-Nutzung ermöglichen!“), zu finden ua unter folgendem Link: http://www.datenschutz.hessen.de/tb40k10.htmentry3689, abgerufen am 16.7.2012.

[289] *Maass/Rajagopalan,* That’s No Phone. That’s My Tracker, in der New York Times vom 13.7.2012, abrufbar unter http://www.nytimes.com/2012/07/15/sunday-review/thats-not-my-phone-its-my-tracker.html?_r=0, abgerufen am 1.7.2015.

genügen, wenn das Betriebssystem eines mobilen Endgerätes immer dann eine Warnmeldung erzeugt, wenn eine App auf Daten zugreifen möchte, die auf dem Gerät gespeichert sind. Offen war, ob gleichzeitig auch über die geplanten Empfänger der Daten informiert werden sollte. Diese Lösung ist – wenn überhaupt – aktuell wohl allenfalls noch eine „Notlösung".

Smartphones sollten es den Nutzern nach Ansicht der Aufsichtsbehörden außerdem **309**
ermöglichen, **Datenspuren zu vermeiden** oder zumindest zu löschen, die bei der Internet-Nutzung auf dem mobilen Endgerät entstehen. Mit anderen Worten soll wie im stationären Internet auch die Möglichkeit eines anonymen Surfens geschaffen werden, ergänzt durch eine technische Möglichkeit, Datenspuren auf dem Endgerät zu löschen.[290] Dazu ist Folgendes zu sagen: Das Löschen von Cache, Internet-History, Cookies, Formulardaten, etc. auf einem mobilen Endgerät ist technisch ohne weiteres möglich und wird zB von *iOS* auch unterstützt. Indem aber fest mit dem Endgerät verbundene Identifier ausgelesen werden können, stößt man bei mobilen Endgeräten bei der kompletten Löschung von Spuren der Internetnutzung eher an Grenzen als beim stationären Internet.

In ihrer Orientierungshilfe von 2014 weisen die deutschen Datenschutz-Aufsichts- **310**
behörden weiter darauf hin, dass App-Entwickler sicherstellen müssen, dass keine eindeutigen Identifier im Hintergrund übertragen werden, ohne dass die Nutzer in der Datenschutzerklärung hierauf hingewiesen werden. Die Datenschutzbehörden empfehlen daher in diesem Zusammenhang, eine zufallsgenerierte Nummer (**Token**) zu erzeugen, die im Rahmen der App-Nutzung zwar eindeutig ist, bei Neuinstallation oder außerhalb der App allerdings keinen Bezug mehr zum Nutzer bzw. Gerät ermöglicht.[291]Eine Speicherung und Nutzung der *UDID* und anderer Identifier in ungekürzter Form und im „Klartext" werden die Behörden wohl nur ganz ausnahmsweise akzeptieren. In der Regel dürfte eine Einwilligung erforderlich sein, wobei an die entsprechende Information der Nutzer (etwa in der Datenschutzerklärung) hohe Anforderungen gelten. Daneben untersagen die AppStore Betreiber – wie gezeigt – die Nutzung eindeutiger Gerätekennungen und drohen mit gravierenden Sanktionen bis hin zur Nichtzulassung zum oder dem Ausschluss vom AppStore. In der Praxis sollte daher jede Nutzung von UDID, IMEI & Co. unterbleiben.

II. Standortdaten

Eine Besonderheit des mobilen Internets sind die so genannten **Standortdaten.** **311**
Die damit in Zusammenhang stehenden Fragen sind vergleichsweise neu.

Bei den früher üblichen „nicht-smarten" Mobiltelefonen konnte lediglich der Mobilfunknetzbetreiber einzelne Nutzer (zumindest grob) lokalisieren, nämlich über die jeweilige Funkzelle, mit der das Telefon verbunden war. Diese Art von Standortdaten wird also in einem **Telekommunikationsnetz** erhoben; die Nutzung dieser Daten richtet sich daher insbesondere nach § 98 TKG. Danach steht die Verwendung stets unter einem Erforderlichkeits-Vorbehalt.[292]

---

[290] So zuletzt die Orientierungshilfe des Düsseldorfer Kreises, S. 16.

[291] Düsseldorfer Kreis, Orientierungshilfe, S. 22f.

[292] Vgl. dazu *Eckhardt* in Spindler/Schuster 11. Teil § 98 TKG Rn. 9ff.

312 Mit der raschen Verbreitung des **mobilen Internets** und insbesondere der Smartphones ist es aber mittlerweile für App-Entwickler und Hersteller von Betriebssystemen sehr weitgehend möglich, einzelne Nutzer mit hoher Genauigkeit zu lokalisieren. Dies führt dazu, dass gewaltige Mengen von Standortdaten anfallen. Diese werden von einer Vielzahl von Apps verwendet, etwa für regionale Wettervorhersagen, Informationen über nahegelegene Geschäfte oder „Deals" oder um Freunde in der näheren Umgebung zu finden. Der richtige Umgang mit Standortdaten ist daher längst eines der datenschutzrechtlichen Zukunftsthemen.

313 Dem Umgang mit Standortdaten kommt neben einer Fülle von standortbasierten Services insbesondere im Zusammenhang mit Marketingmaßnahmen eine zunehmende Bedeutung zu (etwa bei der sog. Beacon-Technologie, bei der Bluetooth Low Energy Sender mit mobilen Apps kommunizieren und auf dem Smartphone verschiedene Aktionen ausführen wie etwa das Einblenden einer Werbebotschaft). Nicht umsonst widmet die Orientierungshilfe des Düsseldorfer Kreises Standortdaten ein eigenes Kapitel mit teils detaillierten Anforderungen an App-Anbieter, deren Apps Standortdaten erheben und nutzen.[293] Das Wichtigste vorab: Die Aufsichtsbehörden verlangen für den Umgang mit Standortdaten regelmäßig eine Einwilligung der Nutzer.

1. Der technische Hintergrund

314 Werfen wir zunächst einen Blick darauf, was sich genau hinter dem Begriff der Standortdaten aus datenschutzrechtlicher Sicht verbirgt. Die Artikel-29-Datenschutzgruppe definiert in ihrer bereits weiter oben erwähnten Stellungnahme vom Mai 2011 den Begriff der „Standortdaten" wie folgt:

> „Standortdaten von intelligenten mobilen Endgeräten sind personenbezogene Daten. Die Kombination aus der eindeutigen MAC-Adresse und dem berechneten Standort eines Wi-Fi-Zugangspunktes sollte als personenbezogene Daten behandelt werden." [294]

315 An dieser Stelle lohnt es sich, kurz zum **technischen Hintergrund** auszuholen: In der erwähnten Stellungnahme untersuchen die Datenschützer im Wesentlichen drei Infrastrukturen, die eine Geolokalisierung ermöglichen: GPS, GSM-Basisstationen und Wi-Fi-Zugangspunkte.[295] Da in der Praxis die zuletzt genannte Methode der Standortbestimmung die größte Rolle spielt, beschäftigt sich das Papier der Datenschutzbehörden schwerpunktmäßig mit der Geolokalisierung mittels Wi-Fi-Zugangspunkten.

316 Im Zusammenhang mit Apps dürfte ebenfalls die Standortbestimmung über **Wi-Fi-Zugangspunkte** die in der Praxis gebräuchlichste sein. Daneben verwenden zahlreiche Apps aber auch die Daten des GPS-Sensors, der in den gängigen Smartphones verbaut ist, um den Standort des Gerätes zu bestimmen.

317 Technisch erfolgt die Geolokalisierung mittels Wi-Fi Zugangspunkte wie folgt: Jeder Access Point hat eine eindeutige ID, die der Netzwerkschnittstelle zugewiesen

---

[293] Orientierungshilfe des Düsseldorfer Kreises, S. 25 f.

[294] Working Paper 185, S. 9.

[295] Daneben gibt es noch eine Reihe weiterer technischer Möglichkeiten der Standortbestimmung, die hier aber nicht weiter vertieft werden sollen.

ist: Die so genannte **MAC-Adresse** (Medium Access Control). Diese MAC-Adresse sendet ein Wi-Fi Zugangspunkt permanent aus, so dass sie von Dritten gescannt werden kann. Technisch ist es nun ohne weiteres möglich, auf Basis der MAC-Adresse den Standort eines bestimmten Wi-Fi Zugangspunktes recht präzise zu berechnen.[296]

Die MAC-Adresse eines bestimmten Wi-Fi Zugangspunktes in Verbindung mit seinem berechneten Standort ist dann untrennbar verbunden mit dem Standort des Inhabers dieses Access Points. Der daraus folgende Personenbezug führt dazu, dass die Datenschutzbehörden die Kombination aus der eindeutigen MAC-Adresse und dem berechneten Standort eines Wi-Fi-Zugangspunktes als personenbezogene Daten ansehen.[297] **318**

2. Die datenschutzrechtlichen Spielregeln

Aus datenschutzrechtlicher Sicht sind Standortdaten deshalb kritisch, weil sie es ermöglichen, genaue **Bewegungsprofile** zu erstellen. Da mobile Endgeräte wie Smartphones untrennbar mit ihrem Inhaber verbunden sind (und durch eindeutige Identifier auch leicht identifiziert werden können), erlauben diese Bewegungsprofile Rückschlüsse auf das Privatleben der Nutzer. Aus dem Muster bestimmter Standorte zu bestimmten Zeiten kann man etwa sehr schnell ablesen, wo eine Person die Nacht verbringt, arbeitet oder einer Freizeitbetätigung nachgeht. Diese Informationen werden dann wiederum oft zu Werbezwecken (Behavioural Targeting) verwendet. Meist ahnen die Smartphone-Nutzer nicht, dass Ihr Endgerät Standortdaten übermittelt und an wen diese transferiert werden. So ergab etwa die oben erwähnte Untersuchung des Fraunhofer Instituts, dass fast 50 % der 10.000 untersuchten Android-Apps auf Standortdaten des Gerätes zugreifen.[298] **319**

Neben den Herstellern der Smartphones und Betriebssysteme und den Betreibern der Infrastruktur für eine Geolokalisierung sieht die Artikel-29-Datenschutzgruppe explizit auch die Anbieter solcher Apps, die Standortdaten verarbeiten, in der datenschutzrechtlichen Verantwortung, dh sie sind auch insoweit die **„verantwortliche Stelle“.**[299] **320**

Aus den geschilderten Gefahren ziehen die Datenschützer Konsequenzen und fordern, beim Umgang mit Standortdaten bestimmte **Mindeststandards** einzuhalten. Diese betreffen insbesondere auch App-Anbieter, deren Apps Standortdaten erheben oder verarbeiten. Sie lassen sich kurz wie folgt zusammenfassen:[300] **321**

- Standortdaten sollten nur in der für die jeweilige App zwingend erforderlichen Granularität erhoben und nach Möglichkeit „verwaschen“ werden, so dass der genaue Standort der Nutzer nicht bestimmt werden kann.

---

[296] Dies kann einmal mit Hilfe umfangreicher Verzeichnisse des Standorts verschiedener Wi-Fi-Zugangspunkte erfolgen. Eine andere Methode ist die Auswertung sonstiger Informationen, die ein mobiles Endgerät neben der MAC-Adresse an einen Anbieter von Geolokalisierungsdiensten sendet und die dann in Kombination eine Lokalisierung ermöglichen.

[297] Working Paper 185, S. 9.

[298] Pressemitteilung vom 5.3.2014, online abrufbar unter http://www.aisec.fraunhofer.de/de/medien-und-presse/pressemitteilungen/2014/20140403_10000_apps.html, abgerufen am 1.7.2015.

[299] So ausdrücklich das Working Paper 185, S. 14.

[300] Working Paper 185, S. 15ff.

- Gleichzeitig sollten die Daten nur mit dem geringst möglichen Abtastintervall erhoben werden, um Bewegungsprofile zu vermeiden.
- Standortdaten sollten, soweit für die Anwendung möglich, nur lokal auf dem Gerät gespeichert und verarbeitet werden, dh nicht an das Server-Backend und damit an den App-Anbieter übermittelt werden.
- Lokalisierungsdienste innerhalb einer App müssen **standardmäßig (by default) abgeschaltet sein;** die Endnutzer sollten dann die Möglichkeit haben, diese einzuschalten, wobei dies idealerweise stufenweise erfolgen sollte.
- Apps, die Standortdaten übertragen, sollten dies durch einen **permanenten Warnhinweis** mitteilen (zB durch einen dauerhaft zu sehenden Icon, ähnlich dem Bluetooth-Symbol, das immer dann erscheint, wenn eine Übertragung stattfindet).
- Die Erhebung und Verarbeitung von Standortdaten setzt grundsätzlich die **aktive Einwilligung** des einzelnen Endnutzers voraus; andere Berechtigungen liegen nur ausnahmsweise vor, etwa wenn die Erhebung von Standortdaten für den Betrieb der App zwingend erforderlich ist.
- Eine Opt-Out-Möglichkeit genügt nicht, erforderlich ist ein freiwilliges und informiertes **Opt-In.**
- Die Einwilligung muss **gesondert eingeholt** werden; sie darf nicht mit anderen Allgemeinen Geschäftsbedingungen kombiniert werden.
- Die Einwilligung muss spezifisch sein und für jeden **konkreten Zweck** erteilt werden, zu dem die Standortdaten verarbeitet werden.

322 Dies erfordert eine sehr **detaillierte Information** über die einzelnen Verarbeitungs- und Nutzungszwecke. Dabei ist über solche Zwecke besonders ausführlich zu unterrichten, die der Endnutzer aufgrund der Funktionen einer App nicht erwartet, zB über eine Profilbildung oder die Nutzung der Standortdaten für verhaltensbasierte Werbung.

323 Etwas über das Ziel hinaus schießt die Artikel-29-Datenschutzgruppe mit ihrer Empfehlung, dass eine Einwilligung zur Nutzung von Standortdaten (auch ohne dass sich die Zwecke der Verarbeitung geändert hätten), regelmäßig erneuert werden müsse, idealerweise nach einem Jahr – verbunden mit einem Hinweis, wie die Nutzung und Übertragung von Standortdaten ausgeschaltet werden kann.[301]

324 Schließlich muss es für den Endnutzer möglich sein, eine einmal erteilte Einwilligung „sehr einfach" zu **widerrufen,** ohne dass dies die Funktion des Smartphones (dh nicht der App!) negativ beeinflusst.

Wenn eine Gerätekennnummer in Bezug auf Standortdaten verarbeitet wird, darf diese **höchstens 24 Stunden gespeichert** bleiben und ist anschließend zu löschen.

325 Weitere Besonderheiten gelten nach der Artikel-29-Datenschutzgruppe und des Düsseldorfer Kreises bei Einwilligungen von **Minderjährigen,** wenn deren Standortdaten erhoben oder verarbeitet werden: Dafür soll grundsätzlich sowohl die Einwilligung von Kindern als auch die ihrer **Eltern** (oder anderer gesetzlicher Vertreter) eingeholt werden müssen. Das bedeutet beispielsweise, dass der Anbieter einer App, die Standortdaten erhebt oder nutzt, die Eltern über die Erhebung und die Nutzung der Standortdaten ihrer Kinder informieren und ihre Einwilligung einholen muss, bevor Standortdaten der Kinder erhoben oder genutzt werden. Offen bleibt, wie ein App-

---

[301] Stellungnahme 13/2011 zu den Geolokalisierungsdiensten von intelligenten mobilen Endgeräten vom 16.5.2011, S. 17.

Anbieter in der Praxis die Eltern erreichen und unterrichten soll, wenn es deren minderjährige Kinder sind, die eine App aus dem AppStore herunterladen und installieren.[302]

Schließlich enthält das Papier der Artikel-29-Datenschutzgruppe auch eine **Best Practice-Empfehlung** für die Erhebung und Nutzung von Standortdaten (deren Praktikabilität einmal dahin gestellt sein sollte): 326

„Beispiel einer bewährten Praxis für Anbieter von Geolokalisierungsanwendungen: Eine Anwendung, die Standortdaten verwenden möchte, informiert den Nutzer deutlich über die Zwecke, für die die Daten genutzt werden sollen und erfragt die ausdrückliche Einwilligung für jeden möglichen Zweck. Der Nutzer wählt aktiv das Maß der Granularität der Geolokalisierung (beispielsweise auf Länderebene, Städteebene, Postleitzahlenebene oder so genau wie möglich). Sobald der Dienst zur Standortbestimmung aktiviert ist, ist ständig ein Icon auf jedem Bildschirm sichtbar, der anzeigt, dass die Dienste zur Standortbestimmung aktiviert sind. Der Nutzer kann seine Einwilligung jederzeit zurückziehen, ohne hierfür die Anwendung verlassen zu müssen. Der Nutzer hat auch die Möglichkeit, alle auf dem Endgerät gespeicherten Standortdaten einfach und dauerhaft zu löschen."

3. Was bedeutet das für die Praxis?

Diese Anforderungen dürften in der Praxis teilweise nur schwer vollständig umzusetzen sein. Insbesondere die Unterrichtungspflichten in dem geforderten Detailgrad werden App-Anbieter vor Probleme stellen. 327

In diesem Zusammenhang ist wichtig zu betonen, dass es sich weder bei dem Düsseldorfer Kreis noch bei der Artikel-29-Datenschutzgruppe um **Behörden** handelt, die auf dem Gebiet des Datenschutzrechts über Exekutiv-Befugnisse verfügen. Der Düsseldorfer Kreis ist vielmehr ein informelles Gremium der deutschen Datenschutz-Aufsichtsbehörden für den nicht-öffentlichen Bereich. Die Artikel-29-Datenschutzgruppe ist dagegen ein Beratungsgremium der EU-Kommission, das sich aus Vertretern der verschiedenen nationalen Datenschutzbehörden zusammensetzt. Weder die Orientierungshilfen des Düsseldorfer Kreises noch die Stellungnahmen der Artikel-29-Datenschutzgruppe haben demnach Gesetzesrang. Die Praxis zeigt jedoch, dass sich deutsche Datenschutz-Aufsichtsbehörden sehr eng an den Verlautbarungen des Düsseldorfer Kreises und/oder an den Empfehlungen der Artikel-29-Datenschutzgruppe orientieren und diese der eigenen Rechtsanwendung zugrunde legen.

Was bedeutet das nun für App-Anbieter, deren Apps Standortdaten nutzen? Durch die Orientierungshilfe des Düsseldorfer Kreises sehen die deutschen Datenschutzbehörden die datenschutzrechtlichen „Spielregeln" nun als klar definiert an. Dementsprechend haben die deutschen Behörden wiederholt das Ende eines (offiziell nie erklärten) „Waffenstillstandes" ausgerufen und strenge Sanktionen angekündigt, sollten deutsche App-Anbieter den in der Orientierungshilfe skizzierten Regeln zuwiderhandeln. Zur Erinnerung: Datenschutzverstöße können derzeit mit Bußgeldern bis zu 328

[302] Auch Apps zur Geolokalisierung, die speziell für die elterliche Überwachung entworfen wurden, sind nicht per se datenschutzrechtlich zulässig. Wollen Eltern eine solche App einsetzen, sollen die Kinder nach Ansicht der Artikel-29-Datenschutzgruppe zumindest informiert werden. Sobald dies „vernünftigerweise möglich ist", müssen die Kinder an der Entscheidung über die Nutzung einer solchen App beteiligt werden, vgl. Working Paper 185, S. 16f.

300.000,00 Euro geahndet werden, oftmals in Verbindung mit einem erheblichen Imageschaden.

329 Wie bereits mehrfach erwähnt, legen die deutschen Datenschutzbehörden insbesondere bei der Erhebung und Verarbeitung von Standortdaten Wert auf **größtmögliche Transparenz** für die Nutzer. App-Anbieter sollten daher (etwa in der Datenschutzerklärung einer App) sehr genau darüber informieren, ob und zu welchen Zwecken ihre Apps Standortdaten erheben, nutzen und ggfs. übermitteln. Auch an dem Erfordernis einer expliziten und aktiven Einwilligung (Opt-In) dürfte in den meisten Fällen kein Weg vorbei führen. Diese sollte idealerweise im Rahmen des AppStores vor dem Download oder spätestens bei der erstmaligen Nutzung der App eingeholt werden. Um zu verhindern, dass Apps Standortdaten übertragen, bevor der Endnutzer nach Abschluss der Installation seine Einwilligung erteilt, sollten die entsprechenden Funktionen per Default erst durch den Nutzer aktiviert werden.

4. Exkurs: Beacons

330 Neben der Geolokalisierung mit Hilfe von GPS, GSM-Basisstationen und Wi-Fi-Zugangspunkten wird die Nahbereichsortung und Kundenlokalisierung mittels Beacon-Technologie immer beliebter. Dabei kommuniziert das Smartphone mit Low Energy Bluetooth-Sendern in einem Raum bzw. in oder vor einem Gebäude (den sog. Beacons). Es findet kein bidirektionaler Datenaustausch zwischen dem mobilen Endgerät und dem Beacon-Sender statt; letzterer empfängt keinerlei (personenbezogene) Daten. Stattdessen teilt der Sender der Umgebung lediglich unterschiedliche Identifikationsnummern mit. Die Funktion des Beacon-Senders als solches ist damit aus datenschutzrechtlicher Sicht unproblematisch.

331 Die von dem Beacon ausgesendeten Kennungen werden jedoch bei Bluetooth-Aktivierung von einer Beacon-tauglichen App (oder in Zukunft wohl auch von dem Betriebssystem des Smartphones) empfangen und ausgewertet. In der Folge führt die App dann eine im Vorhinein definierte Aktion aus. Die App baut beispielsweise eine Internetverbindung auf und zeigt dem Nutzer bei Bedarf passende, ortsspezifische Informationen oder sie versendet personalisierte Nachrichten in Echtzeit (zB Gutscheine, Verkaufsstellen für ähnliche Produkte, Indoor-Navigation, etc.). Hintergrund ist dabei stets die Möglichkeit einer sehr genauen Lokalisierung eines bestimmten Smartphones (und damit von dessen Nutzer).

332 Auch insoweit dürfte gelten, dass eine Einwilligung der Nutzer in der Regel erforderlich sein wird. Einholen lässt sich diese etwa auf der Produktseite der jeweiligen App im AppStore oder im Rahmen des Installationsprozesses der App. In Einzelfällen kommen aber auch andere Wege in Frage, etwa im Rahmen der Anmeldung zu Kundenbindungs- oder Loyalty-Programmen.

III. Gesundheitsdaten und mHealth-Apps

333 Laut einer Pressemitteilung der Europäischen Kommission existierten schon im Jahr 2014 fast 100.000 mHealth-Apps – also Sport-, Fitness- und Gesundheits-Apps für mobile Endgeräte. Gleichzeitig sagt die Kommission voraus, dass bis zum Jahr 2017 3,4 Milliarden Menschen weltweit im Besitz eines Smartphones sein werden

und davon jeder zweite Health-Apps verwenden wird.[303] Mit mHealth-Applikationen entsteht ein ganz neuer Bereich des App-Ecosystems – mit gewaltigen Wachstumsraten und vielschichtigen Auswirkungen bis hin (nach Einschätzung der EU-Kommission[304]) zu einer Transformation des gesamten Gesundheitswesens.

Befeuert wird diese Entwicklung derzeit insbesondere von Apple mit der im März 2015 eingeführten Apple Watch und der dazugehörigen „Health" App. Gleichzeitig hat Apple zusammen mit iOS 8 das Entwickler-Tool „HealthKit" vorgestellt, womit Daten zu Körperfunktionen (die zB mit Hilfe von Blutzuckermessgeräten, WLAN-fähigen Waagen, Fitness-Armbändern und Tracking-Apps gesammelt wurden) in Apples Health-App zentralisiert dargestellt werden können. Doch damit nicht genug: Als weiteren Baustein seiner Initiative bietet Apple außerdem das sog. „ResearchKit" an. Dabei handelt es sich um eine Open-Source Software-Umgebung, die es Ärzten und Wissenschaftlern erleichtern soll, mobile Apps für die medizinische Forschung zu entwickeln. Mit ResearchKit entwickelte Apps können auf die in der Apple Health-App gespeicherten Daten zugreifen. Grundlage dafür ist wiederum die erwähnte Software-Umgebung HealthKit, die es mHealth-Apps erlaubt, innerhalb der Apple-Plattform miteinander zu kommunizieren. ResearchKit kann darüber hinaus auch Daten vom Beschleunigungssensor, Mikrofon, Gyroskop und GPS im iPhone abfragen. Nicht ganz unbescheiden spricht Apple vor diesem Hintergrund bereits von einer „Gesundheitsrevolution".[305] **334**

Die Behörden auf beiden Seiten des Atlantiks haben die Entwicklung erkannt und begonnen, sich mit den rechtlichen Themen zu beschäftigen. So veröffentlichte die EU Kommission schon im Jahr 2014 ein Grünbuch zu Mobile Health Diensten[306] sowie ein sog. „Commission Staff Working Paper".[307] Auf U. S.-amerikanischer Seite erlies die Food and Drug Administration („FDA") eine Richtlinie („Mobile Medical Applications Guidance for Industry and Food and Drug Administration Staff").[308] **335**

Neben komplexen gesundheitsrechtlichen Fragen (die wir hier ausklammern möchten) stellt sich in diesem Zusammenhang auch eine ganze Reihe datenschutzrechtlicher Fragen. Werden durch mHealth-Apps Gesundheitsdaten erhoben und verarbeitet, so gelten gesteigerte Anforderungen an die Verarbeitung dieser „besonderen Arten personenbezogener Daten" iSv § 3 Abs. 9 BDSG: Sofern kein gesetzlicher Erlaubnistatbestand, wie etwa die § 28 Abs. 6–8 BDSG[309] eingreift (was in der Praxis so gut wie nie der Fall ist), bedarf es der Einwilligung des Nutzers. Nach § 4a Abs. 3 BDSG muss sich die Einwilligung ausdrücklich auch auf die Gesundheitsdaten beziehen. **336**

---

303 Pressemitteilung der Europäischen Kommission vom 10.4.2014, „Mobile Gesundheitsversorgung: Potenzial der Mobile-Health-Dienste soll erschlossen werden", abrufbar unter http://europa.eu/rapid/press-release_IP-14–394_de.htm, aberufen am 1.7.2015.

304 Vgl. https://ec.europa.eu/digital-agenda/en/mhealth, abgerufen am 28.6.2015.

305 Vgl. https://www.apple.com/de/ios/whats-new/health/, aberufen am 28.6.2015.

306 http://ec.europa.eu/information_society/newsroom/cf/dae/document.cfm?doc_id=5186, abgerufen am 28.6.2015.

307 Commission Staff Working Document on the existing EU legal framework applicable to lifestyle and wellbeing apps, abrufbar unter http://ec.europa.eu/information_society/newsroom/cf/dae/document.cfm?doc_id=5146, abgerufen am 28.6.2015.

308 Vgl. http://www.fda.gov/downloads/MedicalDevices/DeviceRegulationandGuidance/GuidanceDocuments/UCM263366.pdf, abgerufen am 28.6.2015.

309 Siehe dazu *Rehmann/Heimhalt* A&R 2014, 252 (253).

Schließlich bedürfen sensible Daten auch besonderer technisch-organisatorischer Maßnahmen der IT-Sicherheit.[310]

337 Der Definition des Begriffes „Gesundheitsdaten" kommt daher erhebliche praktische Bedeutung zu. Die in der Literatur bislang gängigen Definitionen dieser Datenkategorie stehen jedoch meist in Bezug zu einer „Krankheit" und helfen daher im Zusammenhang mit mHealth-Apps nur bedingt weiter.[311] In der Praxis deutlich hilfreicher ist eine aktuelle Stellungnahme der Artikel-29-Datenschutzgruppe zur Definition von „Health Data in Apps and Devices".[312] Die Stellungnahme fasst zunächst den bisherigen Stand von Rechtsprechung und Behördenpraxis zusammen, wonach es sich bei Gesundheitsdaten um alle Daten zum physischen oder psychischen Zustand einer Person handelt, unabhängig von einem medizinischen Kontext. Beispielhaft genannt werden unter anderem der Umstand, dass eine Person Brille oder Kontaktlinsen trägt, die Tatsache, dass jemand einen Unfall hatte, die intellektuellen Fähigkeiten (IQ) einer Person, Daten zu Trink- oder Rauchverhalten, Informationen zu Allergien oder der Umstand, dass eine Person Teilnehmer einer Selbsthilfegruppe (zB Anonyme Alkoholiker) ist.[313]

338 Die Artikel-29-Datenschutzgruppe zieht dann jedoch den Kreis weiter und stellt fest, dass der Begriff der Gesundheitsdaten unabhängig von einer etwaigen Krankheit zu verstehen sei. Gesundheitsdaten lägen vielmehr immer bereits dann vor, wenn aufgrund der Daten irgendein Schluss auf den Gesundheitszustand einer Person möglich sei. Dabei sei nicht nur isoliert auf das jeweilige Datum zu schauen. Vielmehr seien auch die weiteren Umstände in die Beurteilung miteinzubeziehen, wie etwa die geplanten Verwendungszwecke, die Dauer der Datenerhebung und die Möglichkeit, die Daten mit anderen Daten zusammenzuführen.

339 Nach dieser Betrachtungsweise dürften in der Praxis die durch mHealth-Apps gesammelten und verarbeiteten Daten in der Regel als Gesundheitsdaten anzusehen sein – mit den oben beschriebenen Konsequenzen.

IV. Sicherheitsanforderungen an mobile Apps

1. Rechtlicher Hintergrund

340 Für den „technischen Datenschutz" spielt § 9 BDSG eine zentrale Rolle. Nach dieser Vorschrift hat die verantwortliche Stelle alle „technischen und organisatorischen

[310] Wenig überraschend zeigen jedoch aktuelle Studien, dass gerade die Anbieter der beliebesten Activity Tracker die Daten nur sehr unzureichend absichern, vgl. http://www.wiwo.de/technologie/gadgets/datenschutz-fitnesstracker-offenbaren-schwachstellen-im-test/11955008.html, abgerufen am 28.6.2015.

[311] Vgl. etwa *Simitis* in Simitis BDSG § 3 Rn. 260.

[312] Dabei handelt es sich um den Annex eines Schreibens der Art. 29-Datenschutzgruppe an die EU Kommission vom 5.2.2015 (abrufbar unter http://ec.europa.eu/justice/data-protection/article-29/documentation/other-document/files/2015/20150205_letter_art29wp_ec_health_data_after_plenary_annex_en.pdf., abgerufen am 28.6.2015). Die Kommission hatte die Artikel-29-Datenschutzgruppe gebeten, die Reichweite des Begriffes „Gesundheitsdaten" im Zusammenhang mit Gesundheits- und Lifestyle-Apps zu präzisieren.

[313] Annex des Schreibens der Art. 29-Datenschutzgruppe an die EU Kommission vom 5.2.2015 (abrufbar unter http://ec.europa.eu/justice/data-protection/article-29/documentation/other-document/files/2015/20150205_letter_art29wp_ec_health_data_after_plenary_annex_en.pdf., abgerufen am 28.6.2015), S. 2.

Maßnahmen“ zu treffen, die erforderlich und verhältnismäßig sind, um die Sicherheit der verarbeiteten personenbezogenen Daten zu gewährleisten.

In der Anlage zu § 9 S. 1 BDSG sind einzelne Maßnahmen definiert, die eine verantwortliche Stelle ergreifen muss, um den Schutz personenbezogener Daten sicherzustellen. Dies sind unter anderem: 341

- Die **Zugangskontrolle:** Der Zugang Unbefugter zu den Datenverarbeitungssystemen muss wirksam verhindert werden.
- Die **Zugriffskontrolle:** Es muss gewährleistet sein, dass nur Berechtigte (entsprechend ihrer Zugriffsberechtigung) auf Daten zugreifen und dass Daten nicht unbefugt gelesen, kopiert, verändert oder entfernt werden können.
- Die **Weitergabekontrolle:** Es ist sicherzustellen, dass Daten bei der elektronischen Übertragung oder während ihres Transports oder ihrer Speicherung nicht unbefugt gelesen, kopiert, verändert oder entfernt werden können und dass nachvollzogen werden kann, an welche Dritte eine Übermittlung vorgesehen ist.
- Die **Verfügbarkeitskontrolle:** Daten müssen gegen zufällige Zerstörung oder Verlust geschützt werden.

Für die ersten drei Anforderungen nennt das Gesetz insbesondere Verschlüsselungsmaßnahmen nach dem „Stand der Technik“ als eine mögliche Maßnahme (Anlage zu § 9 S. 1 BDSG, S. 2). Zusätzlich enthält § 13 Abs. 4 TMG weitere und zum Teil deckungsgleiche Anforderungen. 342

Konkrete Vorschläge dazu, wie diese Maßnahmen in der Praxis durch die App-Anbieter umgesetzt werden können, haben mehrere Datenschutzbehörden und Verbände erarbeitet, unter anderem die Artikel-29–Datenschutzgruppe[314], der Düsseldorfer Kreis [315], ENISA [316] und der Bitkom[317]. 343

2. Die technischen Anforderungen

Die geschilderten Vorgaben zu den technisch-organisatorischen Maßnahmen müssen für mobile Apps in verschiedener Hinsicht umgesetzt werden. Ohne Anspruch auf Vollständigkeit sind die folgenden Anforderungen dabei von besonderer Bedeutung: 344

a) Verschlüsselung

Eine Schlüsselrolle beim Schutz von sensiblen Daten, die zwischen Mobilgerät und Systemen im Backend (Servern) übermittelt werden, spielen die Transportwege. Der Datentransfer muss durch eine Transportverschlüsselung abgesichert sein. Die App und auch das Backend müssen daher so konfiguriert sein, dass eine sichere Verbindung auf Grundlage entsprechender Protokollvarianten nach den Vorgaben des BSI aufgebaut wird. Das kann TLS 1.1 (Transport Layer Security) oder höher sein.[318] 345

---

[314] Working Paper 202, S. 23ff.

[315] Orientierungshilfe Apps, S. 21ff.

[316] Smartphones Secure Development Guideline, vgl. http://www.enisa.europa.eu/activities/Resilience-and-CIIP/critical-applications/smartphone-security-1/smartphone-secure-development-guidelines, abgerufen am 28.6.2015.

[317] Best Practices für die Entwicklung und den Test mobiler Anwendungen, vgl. http://www.bitkom.org/files/documents/140131_Best_Practices_Mobile_App_Quality.pdf, abgerufen am 28.6.2015.

[318] Vgl. Orientierungshilfe des Düsseldorfer Kreises, S. 23f.

346 Lediglich dann, wenn sich diese Protokolle nicht einsetzen lassen, etwa aus Kompatibilitätsgründen, können weniger sichere Varianten wie SSL 3.0 oder TLS 1.0 zum Zuge kommen, allerdings nur für einen möglichst kurzen Übergangszeitraum. Das Server-Backend sollte bei der Aushandlung der Verschlüsselung ausschließlich starke Chiffren (3DES oder AES mit mindestens 128 Bit) und ausreichend große Schlüssellängen (mindestens 2048 Bit) einsetzen. Ein weiteres Sicherheits-Feature ist der Einsatz von vertrauenswürdigen Zertifikaten.

347 Für personenbezogene Daten gilt, dass diese auch bei der Nutzung einer Transportverschlüsselung nicht in der URL beziehungsweise dem GET-Parameter der https-Anfrage übermittelt werden sollten. Der Grund: Durch Protokollierung der Aufrufe auf Seiten der App oder des Backend-Servers, etwa durch den Serverbetreiber, kann es zur Offenlegung dieser Daten kommen. Dies lässt sich auch durch eine Verschlüsselung nicht verhindern.

b) Lokale Speicherung auf ein Minimum beschränken

348 Im Rahmen der App-Nutzung werden regelmäßig Daten lokal auf dem Mobilgerät gespeichert. Dabei kann es sich um Benutzernamen, Zugangs-Token und Cookies handeln, aber auch um Standortdaten, Adressen und App-spezifische Daten in lokalen Datenbanken.

349 Dabei gilt: Es sollten nur diejenigen personenbezogenen Daten lokal (oder auf der SD-Karte oder einem anderen austauschbaren Datenträger des Gerätes) gespeichert werden, die unbedingt für den Betrieb der App erforderlich sind. Die Zugriffsrechte auf Daten und Hardware sollten daher auf das erforderliche Mindestmaß beschränkt werden, ebenso wie die Speicherdauer. Lässt sich eine (möglichst auf die Dauer der Anwendung beschränkte) Speicherung nicht vermeiden, sollten insbesondere Daten mit erhöhtem Schutzbedarf mit Hilfe starker kryptografischer Verfahren gesichert werden.[319]

c) Löschung der Daten nach Deinstallation einer App

350 Wenn eine App Daten lokal auf dem Endgerät speichert, sollten beim Deinstallieren der App auch die lokal gespeicherten personenbezogenen Daten des Nutzers automatisiert gelöscht werden. Die App-Entwickler müssen dabei allerdings berücksichtigen, ob es sich um Daten handelt, die auch von anderen Apps auf dem Gerät genutzt werden. In diesem Fall kann es sich empfehlen, den Nutzer bei der Deinstallation zu fragen, ob er die betreffenden Daten löschen oder auf dem Gerät belassen möchte.

d) Passwörter

351 Bei der Implementierung einer Passwort-Vergessen-Funktion (Passwort-Wiederherstellung) ist darauf zu achten, dass das neue Passwort nicht im Klartext an den App-Nutzer übertragen wird. Stattdessen sollte, wie bei Web-Applikationen üblich, lediglich ein zeitlich befristeter Zugangs-Link (der zB 10 Minuten aktiv ist) an den Nutzer übermittelt werden.

352 Die Rechtevergabe im Rahmen einer Autorisierung der App sollte über den Server erfolgen. Der Grund: Sicherheitsmechanismen, die in eine App integriert sind, lassen

[319] So die Orientierungshilfe des Düsseldorfer Kreises, S. 24.

sich in der Regel leichter umgehen als Server-seitige Maßnahmen. App-Anbieter und Entwickler sollten außerdem sicherstellen, dass der Nutzer sichere Passwörter verwendet – etwa indem ausreichend komplexe Passwörter erzwungen oder durch explizite Hinweise zur Passwortstärke empfohlen werden.

Dabei sollte geprüft werden, ob ein Verfahren mit Benutzername und Passwort als **353** Anmeldekennung ausreicht oder ob das konkrete App-Angebot ein höheres Schutzniveau erfordert. So kann eine Zwei-Faktor-Authentifizierung sachgerecht sein, beispielsweise über einen QR-Code oder Zertifikate. Außerdem sollte bei der Passworteingabe die Möglichkeit bestehen, das durch den Nutzer eingetippte Passwort zu maskieren, um die Gefahr von sog. „Shoulder-Surfing-Angriffen" zu minimieren.

Außerdem wichtig in diesem Zusammenhang: Es ist riskant, die Speicherung eines **354** Passworts in Klartext lokal auf dem Endgerät zu erlauben. Sollten Unbefugte auf das System zugreifen, etwa nach einem Diebstahl oder mit Hilfe von Schadsoftware, haben sie in diesem Fall Zugang zu den Passwörtern. Stattdessen sollte bei der ersten Anmeldung einer App am App-Server ein Zugangs-Token zur Authentifizierung erzeugt werden, der für eine App und das eingesetzte Gerät eindeutig ist.

Hilfreich ist zudem, wenn sich dieser Zugangs-Token über die Webseite des **355** Diensteanbieters sperren lässt, etwa nach dem Verlust des Gerätes. Sofern Passwörter dennoch auf dem Gerät gespeichert werden, ist auf den Einsatz von starken kryptographischen Verfahren nach dem Stand der Technik zu achten.

Bei erhöhtem Schutzbedarf ist eine lokale Speicherung der Zugangsdaten im All- **356** gemeinen nicht zulässig, da mit dieser Funktion, die meist als Komfortmerkmal zur App-Bedienung eingesetzt wird, das notwendige Schutzniveau bei Verlust des Gerätes nicht erreicht wird. So stellt das Ablegen von Passwörtern im Cache-Speicher sowie in Log-Dateien und Binaries ein Sicherheitsrisiko dar.

Es ist insbesondere bei Apps, die sensible Daten (wie etwa Gesundheitsdaten) ver- **357** arbeiten, darauf zu achten, dass eine Auto-Log-out-Funktion eingesetzt wird. Wenn der Nutzer eine App oder einen App-Service eine bestimmte Zeit lang nicht nutzt, wird er automatisch abgemeldet.[320]

e) Logging nur in Ausnahmefällen

So wichtig die Protokollierung von Fehlermeldungen und Systemereignissen (Log- **358** ging) während des Entwicklungsprozesses einer App auch ist: Sobald eine App im AppStore angeboten wird, sollte auf ein Logging möglichst ganz verzichtet werden. Der Grund: Je nach der eingesetzten Logging-Variante besteht (insbesondere bei Android-Apps) die Gefahr, dass personenbezogene Daten in das System-Log geschrieben werden. Diese können dann unter Umständen durch andere Apps mit entsprechender Berechtigung ausgelesen werden.[321] In jedem Fall gilt daher: Fehler-Reports sollten keine personenbezogenen Daten enthalten, insbesondere also keine eindeutigen Gerätekennungen oder sonstige personenbeziehbare Daten.

f) Einbindung von Webseiten

Das sog. In-App-Browsing kann dazu führen, dass fremde Web-Inhalte integriert **359** werden beziehungsweise Sicherheitslücken auftreten. Daher sind hier besondere Si-

[320] Orientierungshilfe des Düsseldorfer Kreises, S. 21 f.

[321] Auch darauf weist die Orientierungshilfe des Düsseldorfer Kreises hin, vgl. S. 24 f.

cherheitsmechanismen erforderlich. Worum geht es? Werden Inhalte von Webseiten in eine App eingebunden, besteht die Gefahr von Datenschutzverstößen. Der Nutzer einer App merkt oftmals nicht, dass er eine externe Webseite aufruft. Ein Beispiel: Nutzt die eingebundene Webseite eine Reichweitenmessung, so ist dies in der Regel nur mit einer wirksamen Widerspruchsmöglichkeit zulässig. Wird eine solche innerhalb der App (bzw. der Datenschutzerklärung der App) nicht angeboten, bewusst oder unbewusst, kann das als Datenschutzverstoß geahndet werden.

360 Daher muss bei der Einbindung von Web-Content in der App darauf geachtet werden, welcher Web-Seiten-Code geladen wird. Durch Einstellungen seitens des App-Entwicklers (wie etwa Deaktivierung von JavaScript und Plug-ins) kann beispielsweise bereits die Ausführung eines Teils des geladenen Website-Codes (und damit zB der Einsatz eines Tools zur Reichweitenmessung) technisch unterbunden werden. In jedem Fall müssen App-Entwickler und Anbieter die Inhalte und Funktionen von eingebundenen Webseiten bei der Programmierung der App und deren rechtlicher Compliance beachten. Das gilt beispielsweise für die Formulierung der Datenschutzerklärung.[322]

g) Server-Backend absichern

361 Nicht nur die App selbst und die Übertragungswege müssen abgesichert werden. Gleiches gilt für die Systeme im Backend, etwa Server. Angreifer können in der Regel alle in der App hinterlegten Daten in Erfahrung bringen, wie zB URLs, Passwörter, Token und Datenstrukturen. Ein Mittel ist beispielsweise das Reverse Engineering der App.

362 Daher ist es erforderlich, auch das Backend abzusichern. Dies geschieht in der Regel ähnlich wie die Absicherung von Web-Applikationen zur Abwehr von Datenzugriffen Unbefugter. Denkbar sind beispielsweise Injection-Angriffe, Authentifizierungs- und Autorisierungsmanipulationen sowie der Zugriff auf Daten über Objektreferenzen. Zudem müssen Backend-Systeme auf Netzwerkebene durch eine geeignete Netzwerk- und Firewall-Architektur sowie ein konsequent umgesetztes Patch-Management geschützt werden.[323] Hinzu kommt eine ausreichende Sicherung von Passwörtern. So sind Verfahren wie MD5 oder SHA für Passwort-Hashes nicht geeignet und müssen durch Alternativen wie etwa PBKDF2 ersetzt werden.

G. Ein Blick in die Glaskugel: Die EU Datenschutz-Grundverordnung

363 Wie bereits kurz angesprochen, wird die EU-Datenschutzrichtlinie 95/46/EG in Zukunft durch die DSGVO ersetzt, die künftig den Rahmen für den europäischen Datenschutz bilden soll. Derzeit ist noch nicht endgültig absehbar, (ob und) wann das – bislang sehr zähe – Gesetzgebungsverfahren auf europäischer Ebene abgeschlossen und die DSGVO in Kraft treten wird. Zum Zeitpunkt des Abschlusses der Arbeiten an dieser 2. Auflage haben sich die Innen- und Justizminister der EU-Mitgliedsstaaten nach rund 40-monatigen Verhandlungen auf eine gemeinsame Linie zur vorgesehenen

[322] Dazu auch die Orientierungshilfe des Düsseldorfer Kreises, S. 25.
[323] Orientierungshilfe des Düsseldorfer Kreises, S. 26.

DSGVO verständigt. Als nächster Schritt erfolgt nun der sogenannte Trilog-Prozess, in dem die endgültige Fassung zwischen EU Ministerrat, EU Kommission und EU-Parlament abgestimmt wird.

Es ist nicht vorhersehbar, wie lange das weitere Gesetzgebungsverfahren dauern **364** und zu welchen Veränderungen des aktuellen Entwurfes es führen wird. Daher möchten wir dieses Thema nicht weiter vertiefen. Stattdessen begnügen wir uns mit einem kurzen Ausblick, welche Änderungen das neue EU-Datenschutzregime für App-Anbieter und App-Entwickler mit sich bringen könnte (allerdings ohne Gewähr).

Wichtig ist zunächst Folgendes: Sollte an dem Rechtsinstrument der Verordnung **365** festgehalten werden, würde die DSGVO – anders als die EU-Datenschutzrichtlinie – gem. Art. 288 Abs. 2 AEUV unmittelbar in sämtlichen EU-Mitgliedstaaten gelten, ohne dass zunächst eine Umsetzung in nationales Recht erforderlich wäre. Das dürfte zumindest zu einer sehr weitgehenden Harmonisierung des Datenschutzrechts innerhalb der Europäischen Union führen. Unklar ist derzeit allerdings noch, in welchem Umfang nationale Gesetzgeber von der Verordnung abweichen dürfen. Dies hätte zur Folge, dass der heute herrschende „Flickenteppich" im europäischen Datenschutzrecht zumindest teilweise erhalten bliebe.

Interessant im App-Kontext, aber leider noch heftig umstritten ist die Frage, unter **366** welcher Voraussetzung Nutzerprofile, unter anderem für Werbezwecke, gebildet werden dürfen. Nach derzeitigem Stand soll das in weitem Umfang möglich sein. Der Entwurf sieht insofern vor, dass personenbezogene Daten zu einem anderen Zweck als dem ursprünglichen Erhebungszweck verarbeitet werden dürfen, sofern der neue Zweck mit dem ursprünglichen noch vereinbar ist. Zweckänderungen sollen ihrerseits bereits dann erlaubt sein, wenn der Datenverarbeiter hieran ein überwiegendes berechtigtes Interesse besitzt.[324] Ein solches berechtigtes Interesse kann nach der DSGVO bei der Verarbeitung personenbezogener Daten zum Zwecke der Direktwerbung vorliegen.[325] Der momentan in Deutschland geltende vergleichsweise strenge Zweckbindungsgrundsatz würde damit in erheblichem Umfang aufgeweicht. Bleibt es bei dieser (wie erwähnt jedoch sehr umstrittenen Regelung), würde die Profilbildung für Zwecke personalisierter Werbung in erheblichem Umfang erleichtert. Auch für Big Data Anwendungen hätte eine solche Lockerung positive Auswirkungen.

Ebenfalls eine pragmatische Lösung sieht der aktuelle DSGVO-Entwurf bei der **367** Frage vor, wie eine Einwilligung erteilt werden kann.[326] Zwar soll es bei dem Grundsatz bleiben, dass eine Einwilligung schriftlich oder elektronisch erteilt werden muss. Neu wäre jedoch, dass die Einwilligung nicht mehr notwendigerweise ausdrücklich erfolgen müsste. Es soll vielmehr ausreichend sein, wenn die Einwilligung „eindeutig auf beliebige geeignete Weise", etwa in Form „einer anderen eindeutigen Handlung" erfolgt. Ausdrücklich erwähnt der Entwurf dabei, dass eine Einwilligung „durch die Benutzung der entsprechenden Einstellungen eines Browsers oder einer anderen Anwendung" erfolgen könne. Demnach wäre eine Einwilligung zum Setzen von Cookies beispielsweise durch entsprechende Browsereinstellungen möglich – was einen jahrelangen Streit endlich beilegen würde. Im App-Kontext ist dabei insbesondere interessant, dass auch die Einstellungen „einer anderen Anwendung" eine Einwilligung dar-

---

[324] Siehe Art. 6 DSGVO (Fassung vom 11.6.2015).

[325] Siehe Erwägungsgrund 39 der DSGVO (Fassung vom 11.6.2015).

[326] Siehe Erwägungsgrund 25 der DSGVO (Fassung vom 11.6.2015).

stellen könnten. Zu denken wäre hier insbesondere an die Systemeinstellungen von Smartphones zum Tracking oder zum Zugriff von Apps auf bestimmte Daten.

368 Dies stellt jedoch, wie erwähnt, nur einen Zwischenstand dar. Das weitere Gesetzgebungsverfahren bleibt abzuwarten.

Kapitel 6. Bring Your Own Device als App?

Immer häufiger integrieren Unternehmen **private IT-Geräte** ihrer Mitarbeiter in die unternehmenseigene IT-Infrastruktur. Typischerweise handelt es sich dabei um Smartphones und Tablet-Computer, aber auch um Laptops und andere mobile Endgeräte. Die privaten Devices ersetzen dann von den Unternehmen gestellte Diensttelefone, Smartphones (insbesondere den in Unternehmen zum Teil noch weit verbreiteten BlackBerry) und Laptops. Stattdessen greifen die Mitarbeiter dann über ihr privates mobiles Endgerät auf die gängigen E-Mail-, Kalender- und Adressbuchfunktionen des unternehmensinternen Netzwerks zu. 369

Diese als „Bring Your Own Device" oder kurz „BYOD" bezeichnete Entwicklung wirft eine Reihe bislang unbekannter rechtlicher Fragen auf. Diese sollen hier nur kurz gestreift werden, soweit sie in Zusammenhang mit Apps stehen.

Die zentrale Anforderung – nicht nur aus rechtlicher Sicht – an eine BYOD-Strategie ist die nach einer **strikten Trennung** privater und geschäftlicher Daten auf den privaten Devices der Mitarbeiter. BYOD bedeutet letztlich, dass von einem privaten Endgerät auf (teilweise sensible) Unternehmensdaten zugegriffen wird und diese damit Teil der IT-Infrastruktur des Unternehmens werden. Dies bringt zahlreiche Risiken mit sich: Zum einen lassen sich die privaten Geräte der Mitarbeiter in der Regel nicht so effektiv kontrollieren und absichern, wie das bei firmeneinheitlicher und firmeneigener IT-Hardware der Fall ist. Zum anderen drohen auch von Seiten der Mitarbeiter selbst Sicherheitsrisiken; ihre Nutzung der Geräte lässt sich insbesondere außerhalb der Arbeitszeiten kaum (rechtskonform) kontrollieren. 370

Aus diesem Grund stellen sich im Zusammenhang mit BYOD zahlreiche sehr interessante rechtliche Fragestellungen, die teilweise noch ungeklärt sind, etwa nach den Zugriffsrechten des Arbeitgebers auf die privaten Endgeräte der Mitarbeiter, zum Einsatz von Monitoring-Tools, zur Haftung des Unternehmens bzw. des Mitarbeiters bei Datenverlust, zu Mitteilungspflichten der Mitarbeiter bei Verlust des Gerätes, zur Nutzung des Gerätes durch Dritte wie etwa Familienmitglieder bis hin zu Eigentumsfragen und viele mehr. 371

Eine zentrale **Herausforderung** im Rahmen eines Mobile Device Managements (MDM) ist dabei stets das Datenschutzrecht:[327] Die Unternehmen, die BYOD einführen, bleiben für die geschäftlichen Daten in den meisten Fällen verantwortliche Stelle im Sinne des § 3 Abs. 7 BDSG. Sie sind also für die Sicherheit dieser Daten weiter verantwortlich.[328] Dies wiederum bedeutet, dass sie bestimmte Zugriffs- und Administrationsrechte in Bezug auf das private Endgerät haben müssen, um ihre Verpflichtungen als verantwortliche Stelle erfüllen zu können. So muss der Arbeitgeber etwa die Möglichkeit haben, bestimmte Firmendaten von den privaten Endgeräten der Mitarbeiter zu löschen. 372

Die **Zugriffsrechte des Arbeitgebers** dürfen sich aber nicht auf die privaten Daten der Mitarbeiter erstrecken, die ebenfalls auf dem mobilen Endgerät abgelegt sind oder 373

---

[327] Dazu eingehend etwa *Helfrich* in Forgó/Helfrich/Schneider Betrieblicher Datenschutz Teil IV. Kapitel 2. „Bring Your Own Device" und Datenschutz Rn. 1 ff.

[328] *Conrad/Schneider* ZD 2011, 153 (154 ff.).

in anderen Apps verarbeitet werden (man denke an private Kontakte, E-Mails, Fotos oder Videos). Die Rechtsprechung ist sehr restriktiv und erlaubt einen Zugriff des Arbeitgebers auf private Daten seiner Mitarbeiter auf unternehmenseigenen IT-Geräten (und damit eine Überwachung derselben durch den Arbeitgeber) nur in sehr engen Grenzen.[329] Ein Zugriff auf private Daten auf privaten Endgeräten dürfte regelmäßig unzulässig sein. Daneben setzen sich Unternehmen Schadensersatzansprüchen der Mitarbeiter aus, sollten sie per Fernzugriff private Daten der Mitarbeiter vernichten.

374 All diese rechtlichen Herausforderungen werden erst dann beherrschbar, wenn es technisch gelingt, die geschäftlichen Unternehmensdaten von den sonstigen auf dem Endgerät gespeicherten privaten Daten **logisch zu trennen.** Umgekehrt gilt: Eine „Gemengelage" führt fast unweigerlich zu nur noch schwer beherrschbaren rechtlichen Problemen.

Hier schließt sich nun der Kreis und wir sind wieder beim Thema Apps: Eine immer häufiger anzutreffende technische Möglichkeit, die Trennung etwa privater und beruflicher E-Mail-Korrespondenz über ein privates Endgerät zu gewährleisten, sind nämlich die so genannten **Container-Apps.**[330]

375 Technisch betrachtet handelt es sich um eine App, die die Mitarbeiter von einem AppStore herunterladen und neben ihren sonstigen Apps auf dem privaten mobilen Endgerät installieren. Die App fungiert dann als eine Art Container, der mit dem unternehmensinternen Mail-Server verbunden ist und über den etwa auf die berufliche E-Mail-Kommunikation sowie Kalender- und Kontaktdaten zugegriffen werden kann. Der Zugriff erfolgt dabei im Idealfall verschlüsselt und getrennt von den sonstigen Daten und Verbindungen auf demselben Endgerät. Der Arbeitgeber erhält Administrations- und Zugriffsrechte ausschließlich auf diese Anwendung – und nicht auf die sonstigen (privaten) Daten auf dem jeweiligen Endgerät.[331]

376 Auch diese Technologie beseitigt nicht alle geschilderten Risiken; sie macht sie jedoch zumindest **technisch beherrschbar.** Im Einzelfall kommt es dann darauf an, wie effektiv insbesondere die Verschlüsselung der Datenübertragung auf das und von dem privaten Endgerät der Mitarbeiter ist. Von entscheidender Bedeutung insbesondere vor dem Hintergrund der technisch-organisatorischen Anforderungen des § 9 BDSG wird außerdem sein, inwieweit die Container-App gegen den unautorisierten Zugriff Dritter geschützt ist, die in Besitz des privaten Endgerätes kommen. Das können Familienmitglieder sein, aber auch Dritte etwa bei Verlust des Geräts.

377 In der Anlage zu § 9 BDSG verpflichtet der Gesetzgeber Unternehmen, die automatisiert personenbezogene Daten erheben, verarbeiten oder nutzen, bestimmte **technisch-organisatorische Maßnahmen** (kurz „TOMs") zu treffen. Für BYOD sind insbesondere die Zugangskontrolle (Nr. 2 der Anlage zu § 9 BDSG) und die Zugriffskontrolle (Nr. 3 der Anlage zu § 9 BDSG) von Bedeutung. Das bedeutet, dass die Un-

---

[329] Vgl. etwa die knappe Zusammenfassung bei *Zöll* in Taeger/Gabel BDSG § 32 Rn. 34ff.

[330] Auch genannt „Sandbox-Apps"; weit verbreitet ist neben zahlreichen anderen Apps etwa die App „Good for Enterprise" der Firma Good Technology, vgl. https://www1.good.com/applications/collaboration-suite/good-for-enterprise/, abgerufen am 29.6.2015. Andere Anbieter sind zB AirWatch (VM Ware), MobileIron, Citrix, SAP und Microsoft.

[331] Neben dieser Lösung über eine Container-App gibt es noch weitere technische Möglichkeiten, eine Trennung geschäftlicher und privater Daten zu gewährleisten, etwa durch ein separates zweites Betriebssystem mit eigener virtueller Umgebung auf dem Privatgerät, das der Mitarbeiter dann ausschließlich zu beruflichen Zwecken nutzt.

ternehmen zum einen sicherstellen müssen, dass die IT-Systeme (und dazu gehören dann eben auch die privaten Endgeräte der Mitarbeiter bzw. nur der „Container" darauf) nur von dazu Befugten genutzt werden können. Zum anderen müssen sie gewährleisten, dass die Nutzungsbefugten ausschließlich auf die ihrer Nutzungsbefugnis unterliegenden Daten zugreifen können und dass personenbezogene Daten nicht unbefugt gelesen, kopiert, verändert oder gelöscht werden können (Integrität der Daten).

Erforderlich ist also in jedem Fall ein **effektiver Passwort-Schutz** des Containers, der es wirksam verhindert, dass Dritte – und sei es nur ungewollt (man denke an die Kinder der Mitarbeiter, die mit dem Smartphone oder Tablet spielen) – Zugriff auf den Inhalt des Containers bekommen. Daneben sollten auch innerhalb des Containers, wie auch sonst innerhalb der IT-Systeme eines Unternehmens, ein abgestuftes Berechtigungssystem gewährleistet werden. Wie bei der unternehmenseigenen IT gilt auch hier: Die Mitarbeiter dürfen nur auf die Daten zugreifen können, für die sie eine entsprechende Berechtigung haben. **378**

Gleichzeitig sollten geschäftliche Daten auf dem privaten Endgerät **nicht lokal gespeichert** werden. Dies ist bei Container-Apps normalerweise auch nicht der Fall. Sollte eine lokale Speicherung erfolgen, wird es schwer, die Zugangskontrolle im Sinne der Nr. 2 der Anlage zu § 9 BDSG zu gewährleisten. In diesem Falle wären bei Verlust des privaten Endgeräts gleichzeitig auch die darauf lokal gespeicherten Daten „verloren". Lässt sich eine lokale Speicherung technisch nicht vermeiden, so sind die Unternehmen verpflichtet, weitreichende Sicherheitsmaßnahmen zu ergreifen, wie sie etwa die Datenschutz-Aufsichtsbehörden für den Einsatz tragbarer PCs formuliert haben.[332] **379**

Vor diesem Hintergrund wird deutlich, dass die rechtlichen Anforderungen insbesondere des § 9 BDSG letztlich unerfüllbar sind, wenn die Unternehmensdaten mehr oder weniger offen auf einem privaten Endgerät gespeichert sind und keine saubere logische Trennung erfolgt. **380**

Neben den geschilderten Anforderungen an die Sicherheit und Vertraulichkeit der Unternehmensdaten darf man nämlich eines nicht vergessen: Auf dem privaten Endgerät befinden sich zahlreiche **andere Apps und sonstige Programme.** Diese dürften genauso wenig wie unbefugte Dritte Zugriff auf die Unternehmensdaten bekommen. In diesem Zusammenhang sei noch einmal kurz auf die oben erwähnten Untersuchungen verwiesen, wonach Apps regelmäßig auf sonstige auf einem Endgerät abgelegte Daten zugreifen. Dabei handelte es sich bislang meist um private Daten wie Adressbücher oder Fotos. Liegen auf den Geräten neben solchen privaten Daten auch – teils sensible – Unternehmensdaten, bekommt diese Gefahr eine ganz andere Tragweite. **381**

Das bedeutet für die Anwender von BYOD: Die „Unternehmens-App" (also zB die Sandbox bzw. der Container) muss strikt von den sonstigen privaten Apps getrennt sein, die sich daneben auf dem privaten Endgerät befinden. Es darf keinerlei Austausch von Daten zwischen diesen Apps stattfinden. Andernfalls riskieren die Unternehmen einen unkontrollierten Abfluss von Unternehmensdaten und Geschäftsgeheimnissen, mit unüberschaubaren Folgen. **382**

[332] Vgl. etwa die Hinweise des Landesdatenschutzbeauftragten Bremen für den Einsatz tragbarer PCs, 15. Tätigkeitsbericht, S. 120.

Aber nicht nur „Übergriffe“ privater App auf den dienstlichen App-Container müssen verhindert werden. Es ist auch sicherzustellen, dass die Container-App kompatibel ist mit den sonstigen privaten Apps und in jeder Systemumgebung zuverlässig funktioniert.

383 Es würde den Rahmen dieses Buches sprengen, die aufgeworfenen Fragen zu vertiefen. In jedem Fall wird BYOD und allgemein das Vordringen rein beruflich genutzter Apps in Zukunft zahlreiche spannende und neue Rechtsfragen mit sich bringen.

Kapitel 7. Apps und Urheberrecht

384 Eine App kann in vielerlei Hinsicht urheberrechtliche Fragen aufwerfen. Sowohl die der App zugrunde liegende Software als auch einzelne Gestaltungselemente der App können urheberrechtlich geschützte Werke sein. Gleiches gilt für die mit der App genutzten Inhalte Dritter. Zu unterscheiden ist stets zwischen der App-Software, anderen Elementen der App und etwaigen Dritt-Inhalten, die mit der App genutzt werden sollen. Für Computerprogramme sieht das Urhebergesetz (UrhG) in den §§ 69aff. UrhG besondere Vorschriften vor, die nicht für andere Werkkategorien gelten.

385 Für Apps bestehen zahlreiche Einsatzmöglichkeiten. Entsprechend unterschiedlich sind die Typen der Inhalte, die von Apps verwendet werden. Eine App für den professionellen Einsatz im Medizinbereich wird tendenziell weniger Inhalte aufweisen, die in ihrer grafischen oder akustischen Gestaltung urheberrechtlich geschützt sind, als etwa eine Games-App oder die App eines Zeitschriftenverlags. Eine medizinische App wird dagegen möglicherweise Inhalte nutzen, die zB als Datenbankwerke nach § 4 Abs. 2 UrhG oder als Datenbanken nach § 87a UrhG geschützt sind. Da eine App verschiedene urheberrechtliche Verwertungsrechte berühren kann, muss der App-Anbieter ggf. sämtliche Nutzungsrechte einholen, die er für die Herstellung und Auswertung der App benötigt. In diesem Zusammenhang stellen sich einige bisher nicht geklärte, urhebervertragsrechtliche Fragen. Diese wollen wir im Folgenden kurz beleuchten.

A. Urheberrechtlich geschützte Elemente einer App

I. Die Software

386 Sehen wir uns zunächst die Software an, auf der die App basiert. Software kann als **„Computerprogramm“** gem. § 2 Abs. 1 Nr. 1 UrhG urheberrechtlich geschützt sein. Der Schutzgegenstand wird in § 69a UrhG näher bestimmt:

> „Computerprogramme im Sinne dieses Gesetzes sind Programme in jeder Gestalt, einschließlich des Entwurfsmaterials".

387 App-Software kann als Computerprogramm daher grundsätzlich in den Schutzbereich des § 2 Abs. 1 Nr. 1 UrhG fallen. Jedoch werden Computerprogramme gem. § 69a Abs. 3 UrhG nur dann geschützt, wenn sie **individuelle Werke** in dem Sinne darstellen, dass sie das Ergebnis der „eigenen geistigen Schöpfung“ ihres Urhebers – also des App-Entwicklers – sind. Diese Individualität ergibt sich meist aus Form und Art der Sammlung, Einteilung und Anordnung der Informationen und Anweisungen, kann aber auch durch die Be-, Um- und Einarbeitung vorbekannter Elemente und Formen erzielt werden.[333] Auch für Computerprogramme wird Schutz nach den

[333] BGH Urt. v. 9.5.1985 – I ZR 52/83, GRUR 1985, 1041 (1047f.) – Inkasso-Porgramm; *Czychowski* in Fromm/Nordemann Urheberrecht § 69a Rn. 15.

Grundsätzen der „kleinen Münze" gewährt.[334] Die Schutzuntergrenze ist daher verhältnismäßig niedrig, weshalb bereits eine Individualität des Computerprogramms „unterhalb des Durchschnittskönnens" eines Softwareentwicklers ausreichen kann, um in den Genuss eines urheberrechtlichen Schutzes zu kommen.

388 Was ist nun dabei genau geschützt? Dem Schutz unterliegende Elemente können etwa der Objektcode, der Quellcode, die Vorstufen und das Entwurfsmaterial sein.[335] Ob jeweils die Anforderungen an eine Schutzfähigkeit erfüllt sind, bleibt eine Frage des Einzelfalls und kann nicht pauschal beantwortet werden. Gem. §§ 69a Abs. 2 S. 2 UrhG sind jedoch **Ideen und Grundsätze,** die einem Element eines Computerprogramms zugrunde liegen, einschließlich der den Schnittstellen zugrundeliegenden Ideen und Grundsätze, **nicht geschützt.** Was bereits ein allgemeiner Grundsatz des Urheberrechts ist, wird in § 69a Abs. 2 S. 2 UrhG also noch einmal ausdrücklich normiert. Nicht geschützt ist daher die bloße Idee, eine App-Software für eine bestimmte Anwendung zu programmieren.[336]

II. Gestaltungselemente

389 Eine App kann verschiedene Gestaltungselemente enthalten, die urheberrechtlichen Schutz genießen können. Dies können etwa Hintergrundbilder oder sonstige grafische Darstellungen, Soundelemente oder Texte der App sein. Ob die einzelnen Elemente als selbstständige urheberrechtlich geschützte Werke einzuordnen sind, muss für den Einzelfall nach den allgemeinen urheberrechtlichen Grundsätzen bestimmt werden. Es muss sich stets um eine **„persönliche, geistige Schöpfung"** des Urhebers handeln (§ 2 Abs. 2 UrhG).

390 Darüber hinaus muss das Werk eine **Formgestaltung** gefunden haben und in der Schöpfung muss die **Individualität des Schöpfers** zum Ausdruck kommen. In diesem Zusammenhang wird häufig der Begriff der Schöpfungshöhe bzw. Gestaltungshöhe verwendet.[337] Damit wird das Maß bezeichnet, in welchem die Individualität des Urhebers im Werk zum Ausdruck gebracht wird.[338] Grundsätzlich gilt, dass auch solche Werke urheberrechtlich geschützt sein können, in denen eine solche Individualität nur in sehr geringem Maß besteht.[339] Dies hat zur Folge, dass ein urheberrechtlicher Schutz bereits an Bestandteilen bestehen kann, die nur eine „niedrige" Schöpfungshöhe aufweisen. So könnte theoretisch schon ein App-Icon, wie er im AppStore oder auf der Oberfläche des mobilen Endgeräts erscheint, eine urheberrechtlich geschützte Gestaltung aufweisen. Aus Sicht des App-Anbieters kann es jedoch sinnvoll sein, derartige Gestaltungselemente geschmacksmusterrechtlich schützen zu lassen, um einen Schutz auch für solche Gestaltungsmerkmale zu erhalten, die nicht offensichtlich urheberrechtlich geschützt sind.

---

[334] Vgl. *Grützmacher* in Wandtke/Bullinger Urheberrecht § 69a Rn. 33 mwN.

[335] *Loewenheim* in Schricker/Loewenheim § 69a Rn. 10.

[336] Vgl. OLG Köln Urt. v. 8.4.2005 – 6 U 194/04, GRUR-RR 2005, 303 (304).

[337] BGH Urt. v. 19.3.2008 – I ZR 166/05 GRUR 2008, 984 (985 f.) – St. Gottfried; BGH Urt. v. 20.12.2007 – I ZR 42/05, GRUR 2008, 693 (694 f.) – TV-Total.

[338] *Loewenheim* in Schricker/Loewenheim § 2 Rn. 24.

[339] BGH Urt. v. 22.6.1995 – I ZR 119/93, GRUR 1995, 581 (582) – Silberdistel; BGH Urt. v. 26.9.1980 – I ZR 17/78, GRUR 1981, 267 (268) – Dirlada.

III. Bedienelemente

Eine App verfügt typischerweise über verschiedene Bedienelemente, wie zB eine Benutzeroberfläche. Auch Benutzeroberflächen können urheberrechtlich geschützt sein. Sie unterfallen dabei jedoch nicht den urheberrechtlichen Vorschriften über Computerprogramme nach §§ 69a ff. UrhG, weil sie nicht als Ausdrucksform des Computerprogramms verstanden werden.[340] Die Benutzeroberfläche eines Computerprogramms kann jedoch ein **selbstständiges Werk,** etwa nach § 2 Abs. 1 Nr. 7 UrhG, sein. Dies erfordert aber wiederum, dass die erforderliche Schöpfungshöhe der Gestaltung der Benutzeroberfläche gegeben ist. Ob dies der Fall ist, hängt – wie immer – von dem Einzelfall ab und kann ebenso wenig generell beantwortet werden wie für reine Gestaltungselemente. Jedoch kann gerade für Benutzeroberflächen der Spielraum für die Gestaltung sehr eingeschränkt sein, da diese typischerweise vor allem im Hinblick auf die Funktionalität der Menüführung etc. erfolgt. Daher wird es häufig an der nötigen Schöpfungshöhe für Bedienelemente wie Benutzeroberflächen fehlen, da die Gestaltung durch sachliche Erfordernisse weitgehend vorgegeben ist.[341] Es kann sich aber aus Sicht des Anbieters einer App empfehlen, für solche Elemente Geschmacksmuster anzumelden. Auf diese Weise kann das „Look & Feel" einer App geschützt werden.[342] Ferner kann auch der Name einer App als Werktitel iSd § 5 Abs. 3 MarkenG geschützt sein.[343] 391

IV. „Games-Apps"

Games-Apps gehören zu den Topsellern der AppStores. Sie können urheberrechtlich wie Computerspiele geschützt sein. Computerspiele können **in mehrfacher Hinsicht urheberrechtlichen Schutz** erlangen. So kann die dem Computerspiel zugrunde liegende Software als Computerprogramm nach § 2 Abs. 1 Nr. 1 UrhG geschützt sein.[344] Computerspiele können aber auch als Filmwerke iSd § 2 Abs. 1 Nr. 6 UrhG geschützt sein.[345] Für Filmwerke gelten besondere Vorschriften im UrhG (siehe §§ 88 ff. UrhG). Leichter zu erlangen als der Schutz als Filmwerk ist hingegen der sog. Laufbildschutz nach § 95 UrhG.[346] Die in den Spielen erscheinenden Figuren und Items können zudem wie Comicfiguren geschützt sein.[347] Für Spiele-Apps ist 392

---

[340] Vgl. EuGH Urt. v. 22.12.2010 – C-393/09, GRUR 2011, 220 ff.; so bereits OLG Karlsruhe Urt. v. 14.4.2010 – 6 U 46/09, MMR 2010, 622.

[341] Vgl. OLG Karlsruhe Urt. v. 14.4.2010 – 6 U 46/09, MMR 2010, 622 (623); *Czychowski* in Fromm/Nordemann Urheberrecht § 69a Rn. 29.

[342] Vgl. dazu *Grützmacher* in Wandtke/Bullinger § 69g Rn. 7 mwN.

[343] LG Hamburg Beschl. vom 8.10.2013 – 327 O 104/13.

[344] *Redeker* IT-Recht Rn. 116.

[345] OLG Hamburg Urt. v. 31.3.1983 – 3 U 192/82, GRUR 1983, 436 (437) – Puckman; OLG Hamburg Urt. v. 12.10.1989 – 3 U 75/89, GRUR 1990, 127 (128) – Super Mario III; OLG Hamm Beschl. v. 14.5.1991 – 4 U 281/90 – 12 O 218/90, NJW 1991, 2161 (2162); OLG Köln Urt. v. 18.10.1991 – 6 U 58/91, GRUR 1992, 312 (313) – Amiga Club.

[346] Vgl. dazu *Grützmacher* in Wandtke/Bullinger § 69g Rn. 5.

[347] Vgl. zur urheberrechtlichen Schutzfähigkeit von fiktiven Figuren *Graef* ZUM 2012, 108 ff.

wiederum von besonderer Bedeutung, dass die dem Spiel zugrunde liegenden Spiele-Ideen als solche nicht nach deutschem Urheberrecht schutzfähig sind. Eine bestimmte Spielelogik kann grundsätzlich nicht unabhängig von der konkreten Ausprägung geschützt werden. Hingegen kann eine Ausgestaltung der Spiele-Idee, zB schriftlich fixierte Spielregeln im Sinne einer Spielanleitung, wiederum urheberrechtlichen Schutz genießen.[348]

393 Den Unterschied zwischen der einem Spiel zugrunde liegenden Spielelogik auf der einen Seite und dessen konkreter Ausprägung auf der anderen Seite wollen wir kurz am Beispiel der äußert erfolgreichen Games-Apps *Angry Birds* des finnischen Herstellers Rovio Entertainment Ltd. erläutern: Nicht urheberrechtlich schutzfähig ist die dem Spiel zugrunde liegende **Spielelogik,** mit Gegenständen (im Fall von *Angry Birds* sind es Vögel) auf Vorrichtungen zu zielen, die durch das Abfeuern der Gegenstände so zum Einsturz gebracht werden, dass darunter oder dahinter befindliche Gegner zerstört werden und dafür entsprechende Punkte zu erhalten. Hingegen können die **Figuren** mit dem typischen „Angry Bird-Look" oder andere Gestaltungselemente, etwa auch im Spiel verwendete **Hintergrundmusik,** urheberrechtlich geschützt sein. Das gilt natürlich auch für die dem Spiel zugrunde liegende **Software.** Je mehr zudem die „Kopie" in ihrem Gesamteindruck dem Original ähnelt, desto eher kommt ein Schutz über den sog. **ergänzenden wettbewerbsrechtlichen Leistungsschutz** in Betracht.[349]

V. „Medien-Apps"

394 Eine App kann natürlich auch für die Nutzung von „externem" urheberrechtlich geschütztem Material bestimmt sein, wie es zB bei Streaming-Apps oder Zeitschriften-Apps der Fall ist. Dann stellt sich nicht nur die Frage, ob die App selbst urheberrechtlich schutzfähig ist, sondern auch, ob solche **Dritt-Inhalte** urheberrechtlich geschützt sind und welche Rechte an diesen Inhalten von der App-Nutzung betroffen sind. Kurz gesagt: Werden die Inhalte von der App in einer urheberrechtlich relevanten Art und Weise an den Nutzer der App vermittelt, kann dies dazu führen, dass der App-Anbieter die dafür erforderlichen Rechte vom Berechtigten einholen muss.

395 In diesem Zusammenhang ist immer darauf zu achten, dass man die **„richtigen" Rechte von den „richtigen" Beteiligten** einholt. Je nach Werkkategorie kann dies unterschiedlich aufwendig sein. Rechteinhaber können die Urheber selbst sein, die die Urheber vertretenden Unternehmen oder Verwertungsgesellschaften. So ist zum Beispiel im Musikbereich für die „Online-Auswertung" stets zwischen dem Urheberrecht einerseits und den Leistungsschutzrechten (zB §§ 85, 86 UrhG) und den Rechten der ausübenden Künstler (§§ 73ff. UrhG) andererseits zu unterscheiden. Die Urheberrechte werden in der Regel von der Gema wahrgenommen. Die Leistungsschutzrechte und Rechte der ausübenden Künstler liegen für Music-On-Demand-Angebote typischerweise bei den Labels[350], die Rechte für „Webcasting", also Inter-

[348] Vgl. OLG München Urt. v. 25.11.1993 – 29 U 5805/93 – 29 U 3141/93, LSK 1995, 220144.
[349] Dazu gleich ausführlicher unten.
[350] http://www.musikindustrie.de/lizenzen/, abgerufen am 17.6.2015.

netradio, müssen hingegen über die GVL[351] lizenziert werden. Es gilt also sehr genau zu prüfen, welche urheberrechtlichen Verwertungsrechte von der konkreten Auswertung betroffen sind, um die entsprechenden Rechteinhaber identifizieren und ansprechen zu können.

VI. „Ergänzender wettbewerbsrechtlicher Leistungsschutz", § 4 Nr. 9 UWG

Eine App kann außerdem dem so genannten „ergänzenden wettbewerbsrechtlichen Leistungsschutz" unterliegen. Auch wenn es dabei nicht um einen urheberrechtlichen, sondern einen wettbewerbsrechtlichen Schutz geht, so wollen wir ihn an dieser Stelle dennoch kurz erwähnen – zumal er eine hohe Praxisrelevanz hat, um gegen **„Nachahmer" von Produkten** vorzugehen. 396

Diesen ergänzenden wettbewerbsrechtlichen Leistungsschutz gewährt das Gesetz in § 4 Nr. 9 UWG nur dann, wenn besondere unlautere Merkmale erfüllt sind. Im deutschen Recht gilt grundsätzlich die so genannte **Nachahmungsfreiheit**[352] – was bedeutet, dass alles, was nicht durch Sonderschutzrechte geschützt ist, grundsätzlich kopiert werden darf. Der wettbewerbsrechtliche Nachahmungsschutz kommt für Waren oder Dienstleistungen in Betracht, wenn diese Nachahmung eine Herkunftstäuschung beim Kunden erweckt, die eine **unangemessene Ausnutzung** oder **Beeinträchtigung der nachgeahmten Waren/Leistungen** darstellt. 397

Eine App ist nur dann wettbewerbsrechtlich in diesem Sinne geschützt, wenn sie eine sogenannte **„wettbewerbliche Eigenart"** aufweist.[353] Eine wettbewerbliche Eigenart kann dann vorliegen, wenn die konkrete Ausgestaltung oder bestimmte Merkmale einer App geeignet sind, von den Kunden als Hinweis auf einen bestimmten Anbieter verstanden zu werden. Maßgeblich für die wettbewerbliche Eigenart sind daher vor allem die Elemente einer App, die diese von vergleichbaren Apps der Konkurrenz unterscheiden und die als Hinweis auf einen bestimmten Hersteller aufgefasst werden. Die Nachahmung dieser Elemente ist dann rechtswidrig, wenn durch die Nachahmung bei den Kunden eine „vermeidbare Herkunftstäuschung" hervorgerufen wird.[354] 398

Mit anderen Worten: Die angesprochenen Kunden müssen aufgrund der Übernahme der wettbewerblichen Eigenart der „kopierten" App zu der **falschen Annahme** kommen, dass das Nachahmerprodukt vom Originalhersteller stammt. Dies soll wiederum am oben genannten Game „Angry Birds" verdeutlicht werden: Wäre ein Spiel so gestaltet, dass der Betrachter aufgrund der Übernahme bestimmter Gestaltungselemente von „Angry Birds" annehmen müsste, dass das Spiel von oder mit Lizenz der Rovio Entertainment Ltd. produziert wurde, könnte eine Herkunftstäuschung anzunehmen sein und ein Anspruch aus §§ 3, 4 Nr. 9 UWG gegeben sein. Die in der Praxis auftretende Schwierigkeit liegt jedoch darin, anhand aller Umstände des Falles nachzuweisen, dass eine solche Herkunftstäuschung tatsächlich vorliegt. 399

---

[351] Siehe § 1Abs. 1 Nr. 1a) des Wahrnehmungsvertrag für ausübende Künstler/-innen der GVL in der Fassung vom 1. Februar 2012.

[352] *Ohly* in Ohly/Sosnitza § 4 Rn. 92.

[353] Vgl. zum Begriff der wettbewerblichen Eigenart: *Sambuc* in Harte-Bavendamm/Henning-Bodewig J. § 4 Nr. 9 Rn. 63f.

[354] Vgl. dazu *Köhler* in Köhler/Bornkamm § 4 Rn. 9.41.

B. Betroffene urheberrechtliche Verwertungsrechte

400 Das Urheberrecht gewährt dem Urheber ua das ausschließliche Recht, seine Werke **wirtschaftlich zu verwerten.** In Bezug auf Apps stellt sich daher die Frage, welche urheberrechtlichen Verwertungsrechte von der App-Auswertung betroffen sein können. Das UrhG definiert in §§ 15ff. UrhG eine Reihe von Verwertungsrechten, etwa das Vervielfältigungsrecht, das Verbreitungsrecht oder das Recht zur öffentlichen Zugänglichmachung. Dies hat Auswirkungen auf die Frage, welche Rechte der Anbieter einer App von den jeweiligen Rechteinhabern einholen muss. Dabei ist wiederum grundsätzlich zwischen der App-Software und etwaigen mittels der App nutzbaren Inhalten zu unterscheiden.

401 Zwar ist, sowohl was die App-Software als auch die mit der App nutzbaren Inhalte angeht, in der Regel das **Vervielfältigungsrecht** gem. § 16 UrhG bzw. § 69c Nr. 1 UrhG berührt – wenn nämlich die Software oder von der App genutzte Dritt-Inhalte im Rahmen der Installation der App bzw. beim Abruf der Inhalte kopiert werden. Unabhängig von der umstrittenen Frage, wann bei Computerprogrammen eine Vervielfältigung vorliegt,[355] kann für die Software jedoch die Ausnahmevorschrift des § 69d UrhG eine Rolle spielen. Das Verbreitungsrecht nach § 17 bzw. § 69c Nr. 3 UrhG dürfte hingegen kaum einschlägig sein, da mobile Apps in aller Regel nicht auf einem Werkstück verkörpert sind, sondern als Datei auf ein beliebiges Gerät heruntergeladen werden.

402 Die „Online-Verbreitung" wird vielmehr durch das Recht der **öffentlichen Zugänglichmachung** nach § 19a bzw. § 69c Nr. 4 UrhG erfasst. Das Recht der öffentlichen Zugänglichmachung ist das Recht, das Werk drahtgebunden oder drahtlos der Öffentlichkeit in einer Weise zugänglich zu machen, dass es Mitgliedern der Öffentlichkeit von Orten und zu Zeiten ihrer Wahl zugänglich ist. Es handelt sich also um das „On-Demand-Recht" und erfasst die interaktive Übertragung auf Abruf.

Über welche Rechte muss der **App-Anbieter** nun verfügen, um seine Apps im AppStore anbieten zu können? In Bezug auf die App-Software in jedem Fall über das Recht der öffentlichen Zugänglichmachung; dieses ist in der Regel bereits durch die Zurverfügungstellung der App im AppStore betroffen.[356] Werden mittels der App weitere urheberrechtlich geschützte Inhalte zum Abruf bereitgehalten, zB Zeitungsartikel oder Musikwerke, dann ist auch hinsichtlich dieser Inhalte das Recht zur öffentlichen Zugänglichmachung einzuholen.

403 Das **Senderecht** gem. § 20 UrhG dürfte für Apps lediglich in Einzelfällen für Dritt-Inhalte eine Bedeutung haben. Aus urheberrechtlicher Sicht wird unter Rundfunk die Veranstaltung und Darbietung eines inhaltlich und in der zeitlichen Abfolge ausschließlich vom Sendeunternehmen als Anbieter definierten Programms verstanden. Es hat also das Recht zum „Funk" im Sinne eines Rundfunks zum Gegenstand.[357] Daher ist das Senderecht für Apps nur dann relevant (und sollte vom App-

---

[355] Siehe zum umstrittenen Vervielfältigungsbegriff bei Computerprogrammen *Czychowski* in Fromm/Nordemann Urheberrecht § 69c Rn. 7ff.; *Grützmacher* in Wandtke/Bullinger § 69c Rn. 4ff.

[356] *Grützmacher* in Wandtke/Bullinger § 69c Rn. 52; LG Köln Urt. v. 13.1.2010 – 28 O 603/09, ZUM 2011, 88.

[357] *Ehrhardt* in Wandtke/Bullinger § 20 Rn. 1.

Anbieter sichergestellt werden), wenn Inhalte „linear“ gesendet werden, was etwa bei Internetradio-Apps oder Apps von Fernsehsendern wie etwa „Sky Go“ des Fernsehsenders „Sky“ der Fall sein kann.

C. Urhebervertragsrechtliche Besonderheiten

Wenn die Auswertung einer App oder das dahinter stehende Geschäftsmodell urheberrechtliche Verwertungsrechte berührt, muss der Anbieter einer App von den Rechteinhabern die entsprechenden Rechte erwerben. Dazu muss der Anbieter Nutzungsverträge mit den Rechteinhabern schließen, etwa den App-Software-Entwicklern oder den Inhabern von Rechten an Werken, die mit der App genutzt werden sollen, zB Texten oder Musikwerken. Grundsätzlich stehen zwar dem Urheber mit Schöpfung des Werkes sämtliche urheberrechtlichen Verwertungsrechte zu. Der Urheber kann die Verwertungsrechte allerdings auf Dritte, dh auf kommerzielle Werkverwerter oder Verwertungsgesellschaften übertragen haben. Die Rechte müssen dann vom App-Anbieter von diesen Dritten erworben werden. Nur wenn der App-Anbieter alle erforderlichen Rechte erworben hat, ist er berechtigt, die App auf dem Markt anzubieten. **404**

Urheberrechtliche **Nutzungsverträge** sollten im Einzelnen bezeichnen, welche Rechte der Erwerber vom Rechteinhaber erhalten soll. Neben dem naheliegenden Grund, dass andernfalls nicht klar ist, welche Rechte dem Erwerber eingeräumt wurden, gibt es dafür noch einen speziellen Grund: Den sog. Zweckübertragungsgrundsatz, der in § 31 Abs. 5 UrhG kodifiziert ist. Sind danach bei der Einräumung eines Nutzungsrechts die Nutzungsarten nicht ausdrücklich bezeichnet, so bestimmt sich nach dem von beiden Parteien zugrunde gelegten Vertragszweck, auf welche Nutzungsarten sich die Einräumung erstreckt. Diese Auslegung des Vertrages übernimmt in der Regel ein Gericht – etwa wenn zwischen Rechteinhaber und Rechteerwerber Streit darüber besteht, welche Rechte genau dem Erwerber zustehen. Das bedeutet, dass App-Entwickler sehr genau darauf achten sollten, dass sie in ausreichend bestimmter Form all die Rechte eingeräumt bekommen, die sie tatsächlich benötigen. **405**

Andernfalls besteht ein hohes Risiko, dass die Gerichte eine zu unbestimmte vertragliche Regelung auf den **Vertragszweck** „zurechtschneiden“, so wie sie ihn verstehen. Dabei urteilen die Gerichte in der Praxis meist zugunsten des Urhebers. Dies hat zur Folge, dass in der Praxis urheberrechtliche Nutzungsverträge dazu tendieren, diverse Nutzungsarten „übermäßig“ detailliert aufzuzählen, weil der Erwerber mit einer weniger eindeutigen Vertragsregelung riskiert, nicht alle Nutzungsrechte zu erhalten, die er zu einer vollständigen Auswertung der Werke in seinem Sinne benötigt. **406**

I. App als Nutzungsart im Sinne des § 31 UrhG

In diesem Zusammenhang stellt sich die Frage, ob die Nutzung von urheberrechtlich geschützten Werken für Apps eine **eigenständige Nutzungsart** iSd § 31 UrhG darstellt. Diese Frage hat bedeutende dogmatische Auswirkungen, denn nur wenn eine Nutzungsform eine „Nutzungsart“ im Rechtssinne ist, kann das darauf bezogene Nutzungsrecht ein „gegenständliches“ Recht sein. Anders ausgedrückt: Wenn die Nutzung einer App keine urheberrechtliche Nutzungsart wäre, blieben nur schuld- **407** rechtliche Vereinbarungen zwischen dem Urheber und dem App-Anbieter über die App-Nutzung möglich, eine translative Übertragung eines Nutzungsrechts für Apps wäre dann ausgeschlossen. Auch ein Sukzessionsschutz zugunsten des Erwerbers nach § 33 UrhG wäre nur gegeben, wenn es sich um ein gegenständliches Nutzungsrecht handelte.[358]

408 Der Begriff „Nutzungsart" ist, obwohl ein **Schlüsselbegriff** des Urhebervertragsrechts, nicht gesetzlich definiert. Nach einer gängigen Definition versteht man unter Nutzungsart jede nach der **Verkehrsauffassung** wirtschaftlich-technisch selbstständige und abgrenzbare Art und Weise der Verwendung des Werkes.[359] Dennoch bleibt der Begriff schwer greifbar, insbesondere weil die Definition nahe legt, dass die Verwendungsform auch in „technischer" Hinsicht selbstständig und abgrenzbar sein muss. Dies hat die Rechtsprechung jedoch selbst oft genug widerlegt, indem sie solche Verwendungsformen als eigenständig akzeptiert hat, die offensichtlich keine „technische" Komponente aufweisen.[360]

409 Im Ergebnis ist der „technischen" **Selbstständigkeit und Abgrenzbarkeit** einer Nutzungsart eine deutliche geringere Bedeutung zuzumessen als ihrer wirtschaftlichen. Dennoch muss eine Nutzungsart aus Verkehrsschutzgesichtspunkten in irgendeiner Form nach äußerlichen Kriterien abgrenzbar sein. Es lässt sich natürlich nicht leugnen, dass das Produkt „App" nicht völlig eindeutig nach äußerlichen Kriterien bestimmbar ist und sich in einer stetigen Weiterentwicklung befindet, wie sich beispielsweise an dem Aufkommen von „WebApps" zeigt.[361] Diese können zwar zurzeit noch von nativen „Apps" unterschieden werden, diese Abgrenzung könnte jedoch in der Zukunft verschwimmen.

410 Nach der Verkehrsanschauung dürfte die Verwendungsform **„native mobile Apps"** als für mobile Endgeräte hergestellte, gesondert zu erwerbende Drittprogramme jedoch ausreichend abgrenzbar sein. Zumindest eine wirtschaftliche Abgrenzbarkeit dürfte aufgrund der enormen wirtschaftlichen Bedeutung von Apps gegeben sein. Die Verwendungsform „App" dürfte vom Rechtsverkehr daher ausreichend typisiert sein, um eine Nutzungsart im Rechtssinne dazustellen. So hat etwa die „Mittelstandsgemeinschaft Fotomarketing" („MFM") bereits im Jahr 2011 erklärt, dass ihrer Auffassung nach die Nutzung von Fotos für Apps eine gesonderte Nutzungsart darstellt.[362]

411 Wenn man davon ausgeht, dass es sich bei der Nutzungsform „App" um eine Nutzungsart im Rechtssinne handelt, kann dies in der Vertragspraxis im Einzelfall weitreichende Folgen haben. Vor dem Hintergrund der **Zweckübertragungslehre** sollte in einem Lizenzvertrag die Nutzungsart „mobile App", „Anwendung für mobile Endgeräte" oder eine vergleichbar eindeutige Bezeichnung ausdrücklich genannt sein, da andernfalls möglicherweise der Vertragszweck darüber entscheidet, ob entsprechende Rechte eingeräumt worden sind.

---

[358] Vgl. *Schricker/Loewenheim* in Schricker/Loewenheim § 33 Rn. 9.

[359] Vgl. *Wandtke/Grunert* in Wandtke/Bullinger § 31 Rn. 2 mwN.

[360] BGH Urt. v. 10.6.2009 – I ZR 226/06, ZUM 2010, 174ff. – Nutzung von Musik für Werbezwecke; BGH Urt. v. 12.12.1991 – I ZR 165/89, GRUR 1992, 310 (311) – Taschenbuch-Lizenz; BGH Urt. v. 6.3.1986 – I ZR 208/83, GRUR 1986, 736 – Schallplattenvermietung.

[361] Siehe dazu bereits oben Rn. 13ff.

[362] Pressemitteilung des Bundesverbandes der Pressebild-Agenturen und Bildarchive e. V. (BVPA), http://bildjournalisten.djv-online.de/?p=543, zuletzt abgerufen am 17.6.2015.

Dies wird freilich bei einem Nutzungsvertrag, der gerade im Hinblick auf die Entwicklung einer App oder der Nutzung von urheberrechtlich geschütztem Material in einer App geschlossen wird, in aller Regel der Fall sein. Anders kann es jedoch sein, wenn ein Nutzungsvertrag vorrangig für eine andere Nutzungsform geschlossen wird und die Nutzung für die App nur als zusätzliche Auswertung vom Erwerber geplant ist.[363] Wird die Nutzungsart „App“ in diesem Fall nicht ausdrücklich in den Nutzungsvertrag aufgenommen, läuft der Erwerber Gefahr, dass er die entsprechenden Rechte nicht erhält. Er müsste sich im Streitfall dann auf den Vertragszweck berufen und darlegen, dass es auch Zweck des Vertrages war, Rechte für eine App-Auswertung zu erhalten. 412

Für Entwicklungsverträge oder Verträge über die Lizenzierung von Inhalten, die über die App ausgewertet werden sollen, sollte aus Sicht des Erwerbers von Rechten (also insbesondere des App-Anbieters) daher darauf geachtet werden, dass in entsprechenden Nutzungsverträgen ausdrücklich die **Nutzungsart „App“** genannt ist. Stellt sich dagegen die Frage, ob ein Altvertrag auch Rechte für die Nutzung im Rahmen einer App gewährt, ist zu unterscheiden: Im Zusammenhang mit Nutzungsverträgen, die zu einem Zeitpunkt geschlossen wurden, in dem die Nutzungsart App noch nicht bekannt war, gelten die Grundsätze für „unbekannte Nutzungsarten“.[364] Für Altverträge, die nach Bekanntwerden der Nutzungsart „App“ geschlossen wurden, gelten die oben genannten Grundsätze der Zweckübertragungslehre. Ist die Nutzungsart „App“ dort nicht genannt oder ausreichend beschrieben, dann entscheidet der Vertragszweck über die Frage der Einräumung. Im schlimmsten Fall müssen die Rechte für die App-Nutzung vom Berechtigten (teuer) nachträglich erworben werden. 413

II. Apps als unbekannte bzw. neue Nutzungsart im Sinne der §§ 31a, 32c und 137l UrhG

Bereits angeklungen ist die interessante Frage, ob die Vorschriften über unbekannte bzw. neue Nutzungsarten gem. §§ 31a, 32c und 137l UrhG auf eine App-Nutzung anzuwenden sind. Dabei muss man im Hinterkopf behalten, dass bis zum Inkrafttreten des „Zweiten Korbs“[365] im Jahr 2008 die **Einräumung von Rechten für unbekannte Nutzungsarten** durch § 31 Abs. 4 UrhG aF ausgeschlossen war. Das neue Regelungssystem für Rechte für unbekannte Nutzungsarten erlaubt zwar nun den Erwerb von Rechten für (zum Zeitpunkt des Vertragsschlusses) unbekannte Nutzungsarten. Allerdings sind Einschränkungen zu beachten, wie das Schriftformerfordernis gem. § 31a Abs. 1 S. 1 UrhG und das Widerrufsrecht gem. § 31a Abs. 1 S. 3 UrhG. Daneben wurde ein besonderer Vergütungsanspruch für neue Nutzungsarten nach § 32c UrhG geschaffen. Zudem hat der Gesetzgeber mit § 137l UrhG eine rückwirkende Übertragungsfiktion eingeführt, die unter bestimmten Voraussetzungen dazu führt, dass Rechterwerbern auch die Rechte für neue Nutzungsarten zufallen. 414

[363] Das bedeutet, dass auch wenn etwa zum Zeitpunkt des Vertragsschlusses noch keine App existiert, dies aber für die Zukunft nicht ausgeschlossen werden kann, in jedem Fall die Nutzungsart App in dem entsprechenden Lizenzvertrag ausdrücklich erwähnt sein sollte.

[364] Dazu sogleich Rn. 414ff.

[365] Zweites Gesetz zur Regelung des Urheberrechts in der Informationsgesellschaft, BGBl. I 1965, 1273.

415 Aber der Reihe nach: Zunächst ist zu klären, ab welchem Zeitpunkt Apps als „bekannt“ gelten dürfen. Nach der Rechtsprechung gilt eine Nutzungsart erst dann als bekannt, wenn sie in ihrer wirtschaftlichen Bedeutung bekannt ist.[366] Zwar gab es Vorläufer von Apps bereits bevor diese über die heute bekannten AppStores verkauft wurden, etwa kleine vorinstallierte Spiele auf Mobiltelefonen. Separat vertrieben wurden Anwendungen für mobile Geräte etwa ab dem Jahr 2000 als Palm-OS-Anwendungen für PDAs und später auch Anwendungen für das Nokia-Betriebssystem Symbian. Insofern bestand etwa seit dem Jahr 2005 ein Markt für Zusatzprogramme für mobile Endgeräte, wobei diese zunächst nicht direkt über das Gerät erworben werden konnten, sondern auf einen stationären Rechner geladen und anschließend auf das Gerät übertragen werden mussten (was primär dem fehlenden Internetanschluss dieser Geräte geschuldet war).

416 Ein Massenmarkt für Apps wurde hingegen erst durch die Verbreitung von Smartphones, insbesondere dem iPhone, und durch den Vertrieb von Apps über den AppStore von Apple erschlossen, welcher mit der *iTunes*-Version 7.7 im Jahr 2008 vorgestellt wurde.

Das Jahr 2008 dürfte daher als der **späteste Zeitpunkt für das Bekanntwerden der Nutzungsart App** anzusehen sein. Da sich aber bereits vorher ein Markt für Zusatzanwendungen für mobile Endgeräte entwickelt hatte, lässt sich auch gut vertreten, dass der Bekanntheitszeitpunkt etwas früher, etwa auf das Jahr 2005, festzusetzen sei. Denn als bekannt gilt eine Nutzungsart bereits dann, wenn sie sich als wirtschaftlich relevant abzeichnet, auch wenn die Praktizierung noch in den Anfängen steckt und noch keinen bedeutenden wirtschaftlichen Erfolg ausweisen kann.[367] Spätestens im Jahr 2005 wurde mit Einsetzen einer massenhaften Verbreitung von Smartphones deutlich, welche bedeutende Rolle dieser Markt für die Auswertung von urheberrechtlich geschütztem Material haben würde, weshalb nach der hier vertretenen Ansicht von einer Bekanntheit ab dem Jahr 2005 ausgegangen wird. Die Problematik der unbekannten Nutzungsarten wäre für Apps daher nur für Altverträge von Bedeutung, die vor dem Jahr 2005 geschlossen worden sind.

417 Fraglich ist allerdings, ob die Vorschriften über unbekannte Nutzungsarten überhaupt Anwendung finden auf Apps. Die Rechtsprechung stellt nämlich an das **Vorliegen von neuen Nutzungsarten** höhere Anforderungen als an die Abgrenzbarkeit von Nutzungsarten iSd § 31 UrhG. Insbesondere wird erheblichen Wert auf eine technische Abgrenzbarkeit gelegt, die nicht lediglich in der Erweiterung oder Verstärkung einer bisher üblichen Nutzungsart durch den technischen Fortschritt liegen darf.[368] Nur wenn, so der BGH, sich eine Nutzungsart auch aus Sicht des Endverbrauchers in ihrem Wesen entscheidend verändert, soll eine neue Nutzungsart vorliegen.[369]

418 Es ließe sich daher vertreten, dass Apps als solche **lediglich Computerprogramme** sind, die für Betriebssysteme für mobile Endgeräte geschrieben werden. In dieser Hinsicht unterscheiden sich Apps technisch jedoch nicht wesentlich von anderen Programmen, die ebenfalls für unterschiedliche Betriebssysteme geschrieben werden können. Dass das Gerät, für welches die Anwendung programmiert wurde, nun ein

[366] BGH Urt. v. 26.1.1995 – I ZR 63/93, GRUR 1995, 212 (213) – Videozweitauswertung III; BGH Urt. v. 5.6.1985 – I ZR 53/83, GRUR 1986, 62 (64) – GEMA-Vermutung I.

[367] *Spindler* in Schricker/Loewenheim § 31a Rn. 30, 31 mwN.

[368] BGH Urt. v. 4.7.1996 – I ZR 101/94, GRUR 1997, 215 (217) – Klimbim.

[369] BGH Urt. v. 4.7.1996 – I ZR 101/94, GRUR 1997, 215 (217) – Klimbim.

mobiles Gerät ist, spielt aus Sicht des Entwicklers in technischer Hinsicht oft nur eine untergeordnete Rolle. Im Hinblick auf die einer App zugrundeliegende Software ließe sich daher vertreten, dass das technische Grundprinzip sich nicht von anderer Software unterscheidet und die Bezeichnung „App" zwar eine besondere wirtschaftliche, aber keine technisch eigenständige Verwendungsform bezeichnet.

Mit einer ähnlichen Argumentation hat das OLG München etwa die Anwendung des § 31 Abs. 4 UrhG aF auf **Blu-Ray-Discs** als gegenüber **DVD** neue Nutzungsart abgelehnt. Die Richter argumentierten dabei, dass sich lediglich der Name, nicht aber das technische Grundprinzip geändert habe.[370] Andererseits hat der BGH, wie oben erwähnt, darauf abgestellt, ob eine Nutzung aus Sicht des Endverbraucherkreises auch in technischer Hinsicht als neue Nutzungsart erscheint.[371] Aus Sicht des Endverbrauchers erscheint die Möglichkeit, diverse Dritt-Programme auf seinem mobilen Gerät nutzen zu können, was ihm vorher nur auf einem stationären Computer oder einem Laptop möglich war, durchaus als eine erhebliche Veränderung. **419**

In der Vergangenheit hat der BGH für den Problemkreis der unbekannten Nutzungsarten häufig sehr „kreative" Lösungen entwickelt, um zu interessengerechten Ergebnissen zu kommen, was die weitere Entwicklung der Rechtslage schwer einschätzbar macht. Jedoch lässt sich nicht ausschließen, dass ein Gericht die Vorschriften über neue Nutzungsarten auch auf Apps anwenden wird. Dies erscheint vor allem vor dem Hintergrund der enormen **wirtschaftlichen Bedeutung** des Marktes für Apps als wahrscheinlich. **420**

Geht man davon aus, dass die Vorschriften für unbekannte bzw. neue Nutzungsarten eingreifen, dann gelten sie dennoch nur für solche Verträge, die **vor dem Jahr 2005** geschlossen worden sind. Denn bis zu diesem Zeitpunkt konnten keine Rechte für die Nutzungsart „App" eingeräumt werden, weil es sich (i.) um eine unbekannte Nutzungsart gehandelt hat und (ii.) eine Einräumung von Rechten für unbekannte Nutzungsarten gem. § 31 Abs. 4 UrhG aF nicht möglich war. **421**

Für diese Verträge kann aber § 1371 UrhG Anwendung finden. Nach § 1371 Abs. 1 S. 1 UrhG **gelten** Rechte für zum Zeitpunkt des Vertragsschlusses unbekannte Nutzungsarten **als eingeräumt,** wenn der Urheber dem Erwerber zwischen dem 1. Januar 1966 (dh ab Inkrafttreten des § 31 Abs. 4 UrhG aF) und dem 1. Januar 2008 (dh bis zur Abschaffung des § 31 Abs. 4 UrhG aF) alle wesentlichen Nutzungsrechte ausschließlich sowie räumlich und zeitlich unbegrenzt eingeräumt hat. Mit dieser Vorschrift wird also die Wirkung des § 31 Abs. 4 aFUrhG nachträglich etwas abgeschwächt. Es handelt sich um einen gesetzlich angeordneten Rechtsübergang. Unter gewissen Voraussetzungen entfällt jedoch diese Wirkung. Gem. § 1371 Abs. 1 S. 1 und 2 UrhG hatte der Urheber ein Jahr lang ab Inkrafttreten des § 1371 UrhG Zeit, dem Rechtsübergang zu widersprechen, wenn die Nutzungsart zu diesem Zeitpunkt bereits bekannt war. **422**

Da die Nutzungsart „Apps" nach der hier vertretenen Auffassung bereits vor dem Jahr 2008 bekannt wurde, konnte der Urheber dem Übergang der Rechte für diese Nutzungsart nur bis zum **Beginn des Jahres 2009** widersprechen. Hat er das nicht getan, liegen die Rechte nun endgültig beim Erwerber, auch wenn diese nicht ausdrücklich in dem Lizenzvertrag genannt sind. **423**

---

[370] OLG München Urt. v. 20.1.2011 – 29 U 4446/10, ZUM 2011, 868 (869).

[371] BGH Urt. v. 4.7.1996 – I ZR 101/94, GRUR 1997, 215 (217) – Klimbim.

424 Voraussetzung dafür, dass der Erwerber dieses Recht überhaupt erhalten hat, bleibt allerdings, dass ihm auch alle zum Zeitpunkt des Vertragsschlusses wesentlichen Nutzungsrechte ausschließlich sowie räumlich und zeitlich unbegrenzt **eingeräumt** worden sind. Die Konturen dieser Voraussetzung sind jedoch recht unklar und in der Praxis ist regelmäßig strittig, welche Rechte denn nun „wesentlich" sind und welche nicht.

425 Diese Frage hängt maßgeblich vom intendierten **Verwertungszweck** und von der jeweiligen **branchenüblichen Verwertung** der Werke ab und muss daher anhand der jeweiligen Werkkategorie beurteilt werden.[372] So wird man bei Verträgen, die als „Buy-Out-Verträge" konzipiert sind, eher von einer umfassenden Rechtseinräumung in diesem Sinne ausgehen können als bei Verträgen, in denen lediglich eines von verschiedenen in Frage kommenden Rechten eingeräumt wurde. Software-Erstellungsverträge haben in aller Regel eine umfassende Rechtseinräumung des Auftragnehmers an den Auftraggeber zum Gegenstand. In diesem Fall könnte demnach die Fiktion des § 1371 UrhG greifen – mit der Folge, dass die Software auch für die Nutzung als App verwendet werden dürfte.

426 Da, wie oben dargestellt, sich hier die Problematik der unbekannten Nutzungsarten auf Verträge beschränkt, die vor dem Jahr 2005 geschlossen worden sind, dürfte dieser Fall jedoch nicht allzu praxisrelevant sein, da diese Software heute in aller Regel **veraltet** sein dürfte und eine Portierung der Software häufig aufwendiger sein wird als die neue Programmierung. Relevanter dürfte § 1371 UrhG jedoch im Zusammenhang mit der Frage sein, ob sonstiges urheberrechtlich geschütztes Material (Bücher, Musikwerke, Filme etc.) mittels einer App ausgewertet werden darf, wenn für dieses Material alle wesentlichen Nutzungsrechte in der Vergangenheit eingeräumt wurden.

427 Wie oben erwähnt, kommt es dafür auf den Einzelfall, insbesondere die jeweilige **Werkkategorie** an. Jedenfalls für den Filmbereich gilt allerdings, dass bereits §§ 88 und 89 UrhG Auslegungsregeln beinhalten, nach denen der Urheber dem Erwerber im Zweifel das ausschließliche Recht einräumt, das Filmwerk auf alle Nutzungsarten zu nutzen. Diese Auslegungsregel galt bereits vor dem Jahr 2008, bis dahin freilich beschränkt auf alle bekannten Nutzungsarten. Die Übertragungsfiktion des § 1371 UrhG dürfte daher gerade im Filmbereich regelmäßig zum Tragen kommen – mit der Folge, dass der frühere Erwerber auch Inhaber der Rechte für die Auswertung via Apps ist.[373]

428 Was bedeutet das nun zusammenfasst für die Anbieter von Apps? Alle **neuen Lizenzverträge** sollten ausdrücklich die Nutzungsart „Apps" erwähnen. Fehlt diese ausdrückliche Rechtseinräumung, so erfolgt eine Auslegung auf Grundlage des Vertragszwecks – mit den oben erwähnten Unsicherheiten und Risiken für den Erwerber. Da die Nutzungsart „Apps" nach der hier vertretenen Auffassung bereits ab dem Jahr 2005 bekannt sein dürfte (spätestens jedoch seit dem Jahr 2008), werden auch Lizenzverträge, die nach diesem Zeitpunkt geschlossen wurden und die Nutzungsart Apps nicht ausdrücklich erwähnen, entsprechend ausgelegt. Für Verträge, die **vor dem Jahre 2005** geschlossen wurden, gilt Folgendes: Wurden in dem Lizenzvertrag

---

[372] Vgl. *Schippan* ZUM 2008, 844 (849); *Raitz v. Frentz/v. Alemann* ZUM 2010, 38 (39).

[373] Nur der Vollständigkeit halber möchten wir noch auf den besonderen Vergütungsanspruch in § 32c UrhG für neue Nutzungsarten hinweisen. Dieser steht dem Urheber gegen den Vertragspartner bzw. einen Dritten zu, wenn die ursprünglich vertraglich vereinbarte Vergütung im Hinblick auf die neue Nutzungsart als nicht mehr angemessen erscheint. Wie oben erwähnt, betrifft dies nur Verträge, die vor dem Jahr 2005 geschlossen worden sind.

alle wesentliche Nutzungsrechte ausschließlich sowie räumlich und zeitlich unbegrenzt eingeräumt und hat der Urheber nicht von seinem Widerspruchsrecht nach § 1371 Abs. 1 S. 1 UrhG hinsichtlich der Rechte für die App-Nutzung fristgemäß Gebrauch gemacht, so dürften auch bei Altverträgen die Rechte für Apps beim Erwerber der Rechte liegen.

III. Lizenzbedingungen der AppStores

Werfen wir nun einen kurzen Blick auf die Lizenzbedingungen der AppStores von Apple und Google. Dabei ist jeweils zu unterscheiden zwischen einerseits den Rechten, die die AppStore Betreiber den App-Entwicklern am eigenen *Software Development Kit* (SDK) einräumen und andererseits den Rechten an den Apps, die die App-Entwickler bzw. App-Anbieter den AppStores einräumen, insbesondere zur Vermarktung der Apps. **429**

1. Apple AppStore

Ziffer 2 des Apple iDPLA enthält ausführliche Regelungen dazu, welche Rechte den App-Entwicklern an dem **Apple SDK** und der dazugehörigen **Dokumentation** sowie dem *iOS*-Betriebssystem und sonstiger proprietärer Apple-Software zustehen. Hier ist auch festgeschrieben, dass Apps auf Basis des Apple-Betriebssystems *iOS* ausschließlich über den Apple AppStore vertrieben werden dürfen. Hintergrund ist, dass Apple dem Anbieter die Nutzung der *iOS*-Software unter dem iDPLA nur in engen Grenzen erlaubt.[374] **430**

Wie bereits oben[375] erwähnt, sieht das iDPLA vor, dass die Nutzungsrechte an den Apps **beim Anbieter verbleiben.** Apple erhält jedoch diejenigen Rechte, die für den Vertrieb über den AppStore erforderlich sind. Dazu gehören auch Rechte für Marketingmaßnahmen, etwa die Abbildung von Screenshots. Unter Ziff. 3.1. e) des iDPLA wird vom Anbieter gegenüber Apple garantiert, dass der Anbieter über sämtliche Rechte an der App verfügen kann, die erforderlich sind, um Apple den Vertrieb der App zu ermöglichen. Diese Garantie könnte dazu führen, dass Apple sich beim Anbieter schadlos hält, falls Apple von einem Dritten aufgrund einer Rechtsverletzung in Anspruch genommen wird.[376] **431**

2. Google

Im „Android Software Development Kit License Agreement"[377] für das von Google zur Verfügung gestellte *Software Development Kit* (SDK) wird unter Ziff. 3 dem Nutzer des SDK eine **Lizenz für den Einsatz des SDK** zur Herstellung von Anwendungen für die Android-Plattform gewährt. In Ziffer 4.1. des Agreements wird festgelegt, dass Google an den unter Verwendung des SDK entstandenen Anwendungen keine Rechte erhält. Das bedeutet, dass Google zunächst keine Nutzungsrechte an der App **432**

[374] Siehe dazu bereits oben, Kap. 3 B. I. 2. a).

[375] Vgl. oben Kap. 3 B.I.1. b).

[376] Eine entsprechende Freistellungsverpflichtung des Developers zugunsten von Apple enthält Ziffer 11 des iDPLA.

[377] http://developer.android.com/sdk/terms.html, abgerufen am 17.6.2015.

daraus herleiten kann, dass das proprietäre SDK zur Entwicklung der App genutzt wurde. Dies ist ein wesentlicher Unterschied zu Apple und zeigt, dass die Android Plattform ein wesentlich „offeneres" System darstellt als die Apple-Welt.

433 Auch das „Developer Distribution Agreement" („DDA")[378] von Google enthält Lizenzbedingungen. Diese kommen jedoch nur zum Zug, wenn der App-Anbieter Google Play für den **Vertrieb seiner App** wählt. Unter Ziff. 5. 1. des DDA räumt der Anbieter Google ein nicht-exklusives Nutzungsrecht im Hinblick auf den Vertrieb der App auf der Plattform ein. Die dort genutzte Formulierung ist allerdings recht offen. Der Anbieter erteilt Google danach eine „nicht exklusive, weltweite und gebührenfreie Lizenz zum Kopieren, Ausführen, Anzeigen und Verwenden der Produkte für administrative und demonstrative Zwecke in Verbindung mit (i) dem Betrieb und der Vermarktung des Stores; (ii) der Vermarktung von Geräten und Dienstleistungen, mit denen die Produkte verwendet werden können; und (iii) der Verbesserung der Android-Plattform."

434 Davon wäre grundsätzlich auch eine weitreichende Nutzung der App und ihrer Inhalte zur Bewerbung von Google Play, also zu Marketingzwecken, erfasst. Lizenzbestimmungen für den Vertrieb der App selbst finden sich unter Ziff. 5.2 des DDA. Diese nehmen Bezug auf die in der „Developer Console" hinterlegten Angaben. Ziff. 5.4. des DDA soll offenbar sicherstellen, dass auch der Endnutzer eine entsprechende Lizenz für die Nutzung erhält. Ziff. 5.4. Satz 2 der Klausel sieht vor, dass der Anbieter dem Produkt separate Endnutzer-Lizenzvereinbarungen beifügen kann, wenn er das Lizenzverhältnis mit dem Nutzer regeln will.

435 Schließlich enthält das DDA auch mit Ziff. 5.5. eine Klausel, mit welcher der Anbieter Google **garantiert,** über sämtliche zur Auswertung erforderlichen Rechte verfügen zu können bzw. kein „Material" anzubieten, das Urheberrechte sonstiger Dritter verletzt. Google könnte daher gegen den Anbieter wegen der Verletzung dieser Klausel vorgehen und Schadensersatz vom Anbieter verlangen, wenn dieser eine App über Google Play vertriebt, die Rechte Dritter verletzt und sich daraus ein Schaden für Google ergibt.[379]

D. Open Source Software

436 Bei „Open-Source-Software" handelt es sich um Computerprogramme, die unter einer Open-Source-Lizenz stehen. Die Besonderheit von Open-Source-Software besteht darin, dass ihr **Quellcode allgemein zugänglich** ist.

437 Open-Source-Software hat sich mittlerweile von einem Nischen-Produkt zu einem nahezu unentbehrlichen Bestandteil für die Software-Entwicklung gewandelt. Die Vorteile von Open-Source-Software für App-Entwickler sind insbesondere, dass für die Software in vielen Fällen **keine Lizenzgebühren** anfallen und dass die Software-Komponenten von einer unbegrenzten Anzahl von Entwicklern ständig weiterentwickelt werden können. Dabei ist der Einsatz nicht auf die bekannten Beispiele wie Internet-Browser (Mozilla Firefox) oder Betriebssysteme (Linux) beschränkt. Open-

[378] http://www.android.com/de/developer-distribution-agreement.html, zuletzt abgerufen am 17.6. 2015.

[379] Zu Haftungsfragen genauer unten, Kapitel 9.

Source-Software findet sich heute auch in Software für „Embedded Systems" und Industrieanlagen und ist Bestandteil der meisten komplexen Softwareprodukte. Daher verwundert es wenig, dass Open-Source-Software auch für die Entwicklung von Apps genutzt wird.

Im Rahmen dieses Buches wollen wir das Thema Open-Source-Software nur kurz streifen, da es auch bei der Programmierung von Apps immer wichtiger wird.[380]

Nach der anerkannten „Open Source Definition" der „Open Source Initiative" **438**
(OSI) werden an Lizenzen bestimmte Anforderungen gestellt, um als Open-Source-Lizenz gelten zu können.[381] Es gibt zahlreiche Open-Source-Lizenzen mit unterschiedlichen Bestimmungen, die hier nicht im Einzelnen dargestellt werden können. Open-Source-Lizenzen lassen sich jedoch grob unterscheiden in Lizenzen mit **zwingendem Copyleft,** Lizenzen mit **eingeschränktem Copyleft** und Lizenzen **ohne Copyleft** („permissive Lizenzen").

Copyleft bedeutet, dass Weiterentwicklungen der Software unter **denselben Be-** **439**
dingungen der Lizenz wieder für Dritte freigegeben werden müssen.[382] Eine Lizenz mit Copyleft ist zB die wohl bekannteste und am weitesten verbreitete Open-Source-Lizenz, die GNU General Public License Version 2 (GPLv2). Greift der Copyleft-Effekt, dann müssen beim Vertrieb der Software einige Verpflichtungen erfüllt werden. Die Software muss unter die GPLv2 gestellt werden und der Lizenztext der GPLv2 muss mit dem Produkt „mitgeliefert" werden. Daneben muss der Sourcecode der Software allgemein zugänglich sein und es dürfen keine Lizenzgebühren verlangt werden. Außerdem dürfen die Urhebervermerke nicht geändert werden und es dürfen keine zusätzlichen Lizenzbedingungen verwendet werden.

Der Einsatz von Open-Source-Software, die unter einer Copyleft -Lizenz steht, in **440**
einem **proprietären Produkt** kann also dazu führen, dass der Quellcode auch der proprietären Software offengelegt werden muss und für den Vertrieb der Software keine Lizenzgebühren verlangt werden dürfen. Die Frage, ob ein Copyleft-Effekt im Einzelfall eingreift, hängt – wie immer – von den Umständen des Einzelfalls ab, vor allem davon, unter welcher Lizenz die verwendete Software steht und wie diese Software im entwickelten Produkt eingesetzt wird.

Für den Umgang mit Open-Source-Software sollten App-Entwickler daher folgen- **441**
de Grundregeln einhalten:

Bei der Entwicklung von Apps sollte unbedingt mit angestellten Softwareentwicklern, freien Mitarbeitern und Subunternehmen **vertraglich klar festgelegt** werden, ob und wie Open-Source-Software-Komponenten eingesetzt werden dürfen und wie ein etwaiger Einsatz von Open-Source-Software-Komponenten **dokumentiert** werden muss. So kann der Einsatz von Open-Source-Software ganz verboten werden oder von einer vorherigen Zustimmung abhängig gemacht werden. Bei der Verwendung von Open-Source-Software sollten Komponenten und die jeweiligen Lizenzen unbedingt dokumentiert werden. Dies hat auch den Hintergrund, dass bei etwaigen Lizenzverträgen über die hergestellte Software dem Lizenznehmer die verwendeten Komponenten genannt werden können.

---

[380] Eine vertiefte und aktuelle Abhandlung – jedoch nicht App-spezifisch – findet sich etwa bei *Schöttle* CR 2013, S. 1 ff.; *Schöttle/Steger* CRi 2015, 1 ff. oder *Auer-Reinsdorff/Conrad* § 7.

[381] http://opensource.org/docs/osd, abgerufen am 17.6.2015.

[382] Vgl. dazu *Jaeger/Metzger* Open Source Software Rn. 5.

Kapitel 8. Apps und Jugendschutzrecht

442 In Deutschland besitzen 99% der 12- bis 19-Jährigen ein Handy. Während im Jahre 2010 davon noch lediglich jeder Siebte ein Smartphone sein Eigentum nennen konnten, waren es 2014 schon 88%.[383] Jugendschutz.net hat 2013 verschiedene Apps untersucht und damals festgestellt, dass lediglich jede fünfte Kinder-App für die Nutzung von Kindern uneingeschränkt empfohlen werden kann, ein weiteres Drittel nur unter dem Vorbehalt, dass die Eltern Sicherheitseinstellungen aktivieren.[384]

443 Ebenso wie bestimmte Internetangebote können auch Apps Gefährdungen für Kinder und Jugendliche darstellen. Wie Websites können auch Apps unsittliche, verrohend wirkende und zu Gewalttätigkeit, Verbrechen oder Rassismus anreizende Inhalte enthalten, die das Heranwachsen der Jugendlichen zu einer eigenverantwortlichen und gemeinschaftsfähigen Persönlichkeit gefährden können.

444 Auch **Kommunikationsdienste,** die als App-Version oftmals mit eingeschränkten Schutzoptionen einhergehen, können Kinder und Jugendliche Gefahren aussetzen, wie etwa Cybermobbing, Cyberbullying und Belästigungen sexueller Art.[385] In diesem Zusammenhang sind auch Datenschutzaspekte bei dem Umgang Minderjähriger mit Apps und dem Internet von Bedeutung. Denn gerade Apps zur Kommunikation sind bei Jugendlichen am beliebtesten. Spitzenreiter in dieser Altersgruppe sind Messenger-Apps (WhatsApp, etc.), die 80% der jugendlichen Smartphone-Benutzer installiert haben. An zweiter Stelle stehen die Apps der sozialen Netzwerke (Facebook, Instagram, etc.) mit knapp 50%, gefolgt von Foto-Apps, Spielen und Video-Portalen.[386]

445 Weitere Gefahren können durch **Ortungsdienste** begründet werden. Auf die datenschutzrechtlichen Fragen im Zusammenhang mit Standortdaten sind wir oben bereits eingegangen. Die damit verbundenen Risiken für das Persönlichkeitsrecht gelten in besonderem Maße für Minderjährige, die sich oft noch weniger als Erwachsene die damit verbundenen Gefahren bewusst machen.

Vor diesem Hintergrund wollen wir im Folgenden kurz darstellen, inwiefern die jugendschutzrechtlichen Vorgaben auch für Apps gelten und welche Verpflichtungen App-Anbieter und AppStores treffen.

---

[383] So die JIM-Studie 2014 (Jugend, Information, (Multi-) Media) des Medienpädagogischen Forschungsverbundes Südwest (mpfs), S. 4, http://www.mpfs.de/fileadmin/JIM-pdf14/JIM-Studie_2014.pdf , abgerufen am 29.6.2015.

[384] Jugendschutz im Internet, Ergebnisse der Recherchen und Kontrollen, Bericht 2013, S. 7, abrufbar unter http://jugendschutz.net/pdf/bericht2013.pdf, zuletzt abgerufen am 29.6.2015.

[385] Handy ohne Risiko? Mit Sicherheit mobil – ein Ratgeber für Eltern des Bundesministeriums für Familie, Senioren, Frauen und Jugend, S. 16, http://www.bmfsfj.de/RedaktionBMFSFJ/Broschuerenstelle/Pdf-Anlagen/handy-ohne-risiko-broschuere,property=pdf,bereich=bmfsfj,sprache=de,rwb=true.pdf; Jugendschutz im Internet, Ergebnisse der Recherchen und Kontrollen, Bericht 2014 von jugendschutz.net, S. 11 f., http://jugendschutz.net/pdf/bericht2014.pdf, jeweils abgerufen am 29.6.2015.

[386] JIM-Studie 2014, S. 59 ff.; Umfrage Statista, http://de.statista.com/statistik/daten/studie/248902/umfrage/wichtigste-smartphone-apps-fuer-jugendliche-in-deutschland/, abgerufen am 30.6.2015.

A. Gesetzliche Vorgaben für den Jugendschutz

Jugendschutz ist ein Rechtsgut mit Verfassungsrang. Es wird aus dem in Art. 2 Abs. 1 iVm Art. 1 Abs. 1 GG verankerten allgemeinen Persönlichkeitsrecht hergeleitet. Dieses umfasst das Recht der Jugendlichen auf eine möglichst **ungestörte Entwicklung ihrer Persönlichkeit.**[387] Der so genannte „mediale Jugendschutz" oder „Jugendmedienschutz" ist damit ein Mittel zur Sicherung der von Art. 1 Abs. 1 S. 1 GG geschützten Menschenwürde.[388] Einfachgesetzliche Regelungen zum Jugendschutz finden sich insbesondere im Jugendschutzgesetz (JuSchG) und im Jugendmedienschutz-Staatsvertrag (JMStV).[389] **446**

Das Jugendschutzgesetz regelt unter anderem den Jugendschutz für den Bereich der Medien (§§ 11 ff. JuSchG). Es findet insbesondere auf den Bereich der sog. **Trägermedien** Anwendung. Trägermedien sind gemäß § 1 Abs. 2 JuSchG Medien mit Texten, Bildern oder Tönen auf gegenständlichen Trägern, die zur Weitergabe geeignet, zur unmittelbaren Wahrnehmung bestimmt oder in einem Vorführ- oder Spielgerät eingebaut sind. Es handelt sich dabei also um die klassischen „Offline-Medien".[390] **447**

Dem gegenüber gilt der Jugendmedienschutz-Staatsvertrag insbesondere für den **Rundfunk und für Telemedien** (§ 2 Abs. 1 JMStV). Vereinfacht gesprochen folgt die Abgrenzung zwischen Jugendschutzgesetz und Jugendmedienschutz-Staatsvertrag also der recht trivialen Abgrenzung zwischen Onlinebereich (dann gilt der Jugendmedienschutz-Staatsvertrag) und Offlinebereich (für den das Jugendschutzgesetz gilt). Allerdings sind die beiden Gesetzeswerke miteinander verzahnt, so dass insbesondere das Jugendschutzgesetz auch für den Onlinebereich Regelungen (etwa zur Indizierung von Telemedien) enthält, und der Jugendmedienschutz-Staatsvertrag seinerseits eigene Rechtsfolgen an bestimmte Wertungen und Altersfreigaben gemäß dem Jugendschutzgesetz anknüpft. Wie so oft ist die Abgrenzung bei genauerer Betrachtung auch oft mit erheblichen Unsicherheiten verbunden. Die Einzelheiten dazu würden den Rahmen sprengen; es soll daher der Hinweis genügen, dass im Online-Bereich im Zweifel der Jugendmedienschutz-Staatsvertrag Anwendung findet.[391] **448**

Sehen wir uns kurz an, was dies für Apps bedeutet: Apps, auch solche, die über keine Online-Anbindung verfügen, sind gerade nicht auf einem Trägermedium im Sinne des Jugendschutzgesetzes verkörpert. Der Umstand, dass Apps auf mobilen Geräten **vorinstalliert** sind oder nach dem Download installiert werden, lässt sie ebenfalls nicht zu Inhalten auf Trägermedien gemäß Jugendschutzgesetz werden. Die **449**

---

[387] BVerfGE 30, 336 (337 ff.); BVerfGE 83, 130 (139 ff.).

[388] *Erdemir* in Spindler/Schuster 5. Teil § 1 JMStV Rn. 14.

[389] Oder genauer der Staatsvertrag über den Schutz der Menschenwürde und den Jugendschutz in Rundfunk und Telemedien vom 10.9.2001, in der Fassung der Novellierung vom 1.1.2011.

Die Rundfunkkommission der Länder hat 2014 beschlossen, den Jugendmedienschutz-Staatsvertrag zu überarbeiten, um den veränderten Anforderungen im Internet besser Rechnung zu tragen, vgl. https://www.fsm.de/aktuelles-und-presse/jmstv-novelle. Im Mai 2015 haben die Länder sodann einen Entwurf zur Novellierung des Jugendmedienschutz-Staatsvertrages veröffentlicht, abrufbar unter https://www.jugendmedienschutz.sachsen.de/ecm-politik/sachsen/de/home/beteiligen/draftbill/47088/para/521, jeweils abgerufen am 29.7.2015.

[390] *Altenhein* in Hoeren/Sieber/Holznagel Multimediarecht Teil 20 Rn. 2 f.

[391] So *Erdemir* in Spindler/Schuster 5. Teil § 2 JMStV Rn. 9.

mobilen Endgeräte sind nicht zur Weitergabe geeignet, sondern dienen dem persönlichen Gebrauch durch einen individuellen Endnutzer. Es fehlt daher an der typischen, engen Verbindung zwischen Medieninhalt und Medienträger.

450 Bleibt die Frage, ob Apps **„Telemedien"** iSd § 2 Abs. 1 JMStV darstellen. Unter welchen Voraussetzungen Apps Telemedien iSd § 1 Abs. 1 S. 1 TMG darstellen, haben wir bereits oben erörtert.[392] Derartige Apps sind gleichzeitig auch Telemedien im Sinne des Jugendmedienschutz-Staatsvertrages. Der Begriff der Telemedien in § 2 Abs. 1 JMStV ist jedoch **weiter zu verstehen,** als die entsprechende Definition des Telemediengesetzes. Der Begriff der Telemedien umfasst alle **elektronischen Informations- und Kommunikationsmedien.**[393] Damit unterfällt die elektronische Verbreitung von gespeicherten bzw. bereitgehaltenen Dateninhalten regelmäßig als Informations- und Kommunikationsdienst dem Jugendmedienschutz-Staatsvertrag.[394] Letztlich ist hier also eine Negativabgrenzung vorzunehmen, um einen flächendeckenden Jugendschutz zu gewährleisten: Alle Angebote, die nicht in Form von Trägermedien vertrieben werden (und damit primär dem Jugendschutzgesetz unterfallen) und kein Rundfunk sind, sind als Telemedien anzusehen und damit in den Schutzbereich des Jugendmedienschutz-Staatsvertrages einzubeziehen. Bieten Apps journalistisch-redaktionelle Inhalte, müssen sie außerdem mit dem RStV im Einklang stehen.[395]

I. Verantwortlichkeit nach dem Jugendmedienschutz-Staatsvertrag

451 Wen trifft nun die Verantwortlichkeit nach dem Jugendmedienschutz-Staatsvertrag? Adressat der verschiedenen Verpflichtungen des Jugendmedienschutz-Staatsvertrages ist der **„Anbieter"** der Angebote. Die Begriffsbestimmung in § 3 Abs. 2 Nr. 2 JMStV ist dabei nicht wirklich erhellend: Der Anbieter wird dort schlicht als der „Anbieter von Telemedien" definiert.

452 Etwas hilfreicher ist da schon der Blick auf die Definition des Diensteanbieters in § 2 S. 1 Nr. 1 TMG: Danach ist Diensteanbieter „jede natürliche oder juristische Person, die eigene oder fremde Telemedien **zur Nutzung bereithält** oder den Zugang zur Nutzung vermittelt."

453 Dieser Begriff ist relativ weit. Er umfasst zunächst alle „klassischen" Anbieter von Telemedien – und damit in jedem Fall auch den **App-Anbieter oder AppStores,** soweit diese eigene Apps anbieten. Anbieter im Sinne des Telemediengesetzes kann aber nicht nur der Content-Provider sein, sondern auch der Host-Provider oder der Access-Provider. Es stellt sich also die Frage, ob auch der AppStore-Betreiber als Anbieter im Sinne des Jugendmedienschutz-Staatsvertrages angesehen werden kann.[396] Eine jugendschutzrechtliche Haftung des Host- oder Access-Providers wird in der Literatur jedoch überwiegend verneint.[397] Unmittelbarer Regelungsadressat des Jugendmedienschutz-Staatsvertrages ist demnach nur der Content-Provider.[398]

---

[392] Siehe oben Rn. 148 ff.

[393] *Liesching* in BeckOK JMStV § 2 Rn. 1.

[394] Nicht dem JMStV unterfallen Telekommunikationsdienste nach § 3 Nr. 24 TKG, so ausdrücklich § 2 Abs. 2 JMStV.

[395] Dazu bereits oben Rn. 148 ff.

[396] Zur Frage, ob auch AppStores Anbieter im Sinne des TMG sind, vgl. bereits oben Rn. 154 ff.

[397] Die genaue Abgrenzung ist umstritten, vgl. *Liesching* in BeckOK JMStV § 3 Rn. 7.

[398] So etwa *Erdemir* in Spindler/Schuster 5. Teil § 3 JMStV Rn. 5.

Nun lassen sich AppStores nicht gänzlich mit klassischen Host- oder Access-Providern gleichsetzen. Anders als diese nehmen AppStores großen Einfluss auf den Inhalt und die Gestaltung der Apps. Dies macht sie noch nicht zu einem Content-Provider; sie sind aber jedenfalls irgendwo zwischen einem reinen Access-Provider und einem Content-Provider einzuordnen. **454**

Es lässt sich also festhalten, dass der App-Anbieter als der Inhalteanbieter zumindest der **Hauptadressat** der Verpflichtungen des Jugendmedienschutz-Staatsvertrages ist. Es lässt sich aber durchaus argumentieren, dass auch den Betreiber eines AppStores auch für die Apps Dritter eine Verantwortung nach dem Jugendmedienstaatsvertrag trifft. **455**

II. Die Anforderungen des Jugendmedienschutz-Staatsvertrages

Sehen wir uns den Jugendmedienschutz-Staatsvertrag und seine Anforderungen an Telemedien etwas genauer an: **456**

Der Jugendmedienschutz-Staatsvertrag ist ein **Abkommen der Bundesländer** über einen einheitlichen Jugendschutz in Rundfunk und Telemedien. Um die Kontrolle angebotener Telemedien kümmern sich zahlreiche bundes- und landesrechtliche Anstalten. Die zentrale Aufsicht nimmt die Kommission für Jugendmedienschutz der Landesmedienanstalten (KJM) wahr.[399] Der KJM steht die länderübergreifende „gemeinsame Stelle Jugendschutz aller Länder" namens „jugendschutz.net" zur Seite.[400] Daneben existiert eine Reihe von anerkannten Einrichtungen zur freiwilligen Selbstkontrolle. Von diesen befassen sich insbesondere die FSM (Freiwillige Selbstkontrolle der Multimedia-Dienstanbieter)[401] und die USK (Unterhaltungssoftware Selbstkontrolle)[402] mit Telemedien und damit auch mit entsprechenden Apps. Die so genannte Indizierung eines Telemediums (Aufnahme in die Liste der jugendgefährdenden Medien gemäß § 18 JuSchG) schließlich obliegt der Bundesprüfstelle für jugendgefährdende Medien.[403]

Verstöße gegen die Vorschriften des Jugendmedienschutz-Staatsvertrages können als **Ordnungswidrigkeiten** nach § 24 JMStV geahndet werden, mit § 23 JMStV enthält der Jugendmedienschutz-Staatsvertrag sogar einen Straftatbestand.

Inhaltlich unterscheidet der Jugendmedienschutz-Staatsvertrag zwischen zwei Kategorien von Angeboten: Den so genannten **entwicklungsgefährdenden** (oder jugendgefährdenden) und daher unzulässigen Angeboten (§ 4 JMStV) und den so genannten **entwicklungsbeeinträchtigenden** Angeboten (§ 5 JMStV). Entwicklungsgefährdende Angebote dürfen Kindern und Jugendlichen in keiner Form zugänglich gemacht werden, bei entwicklungsbeeinträchtigenden Angeboten haben die Anbieter dafür zu sorgen, dass Kinder und Jugendliche der jeweils betroffenen Altersstufe die Angebote üblicherweise nicht wahrnehmen. **457**

Im Einzelnen: § 4 Abs. 1 JMStV zählt entwicklungsgefährdende/jugendgefährdende Inhalte auf, die ein Angebot **absolut unzulässig** machen. **458**

[399] www.kjm-online.de.
[400] www.jugendschutz.net.
[401] www.fsm.de.
[402] www.usk.de.
[403] www.bundespruefstelle.de.

In § 4 Abs. 2 JMStV werden beschränkt zulässige, entwicklungsgefährdende Angebote aufgeführt. Letztere dürfen nur „geschlossenen Benutzergruppen" zugänglich gemacht werden. § 4 JMStV lehnt sich dabei eng an die für die Medienaufsicht relevanten Bestimmungen des Strafgesetzbuches an; unzulässig sind beispielsweise pornografische und sonstige typischerweise schwer jugendgefährdenden Inhalte, sowie bestimmte indizierte Telemedien oder Telemedien, die mit denen bestimmter indizierter Trägermedien inhaltsgleich sind. Der Verbotskatalog des § 4 JMStV ist daher als ein Negativkatalog zu verstehen. Die genannten Angebote dürfen Apps daher grundsätzlich nicht enthalten. Die Anforderungen der Rechtsprechung an eine geschlossene Benutzergruppe sind hoch und insbesondere beim Vertrieb über gängige Plattformen (insbesondere iTunes, Google Play) derzeit in der Praxis nicht umsetzbar.

459 § 5 JMStV dagegen betrifft sog. entwicklungsbeeinträchtigende Angebote. Darunter versteht man Angebote, die geeignet sind, die Entwicklung von Kindern oder Jugendlichen zu einer eigenverantwortlichen und gemeinschaftsfähigen Persönlichkeit zu beeinträchtigen. Solche Inhalte sind **grundsätzlich zulässig.** Ein Anbieter, der entwicklungsbeeinträchtigende Inhalte verbreiten oder zugänglich machen möchte, muss jedoch dafür Sorge tragen, dass Kinder oder Jugendliche der betroffenen Altersstufen sie „üblicherweise" nicht wahrnehmen (§ 5 Abs. 1 JMStV).

460 Zu diesem Zweck stehen verschiedene Optionen zur Auswahl: Der Anbieter kann eine **„Sendezeitbeschränkung"** vornehmen (§ 5 Abs. 3 Nr. 2 JMStV) oder er kann durch **technische oder sonstige**[404] **Mittel** die Wahrnehmung des Angebots durch Kinder und Jugendliche unmöglich machen oder wesentlich erschweren (§ 5 Abs. 3 Nr. 1 JMStV) und damit eine faktische **Zugangsbeschränkung** schaffen. Eine solche Zugangsbeschränkung kann auch durch Kennzeichnung der Angebote für anerkannte **Jugendschutzprogramme** erreicht werden (§ 11 JMStV).

461 Allen diesen Schutzmechanismen liegt der Gedanke zugrunde, dass der Anbieter seine Angebote zunächst selbst bewerten muss, dh er muss in **eigener Verantwortung** entscheiden, ob seine Angebote „entwicklungsbeeinträchtigend" sind (oder sein können) und daher nur bestimmten Altersstufen verfügbar gemacht werden sollten. Das Risiko, mit seiner Einschätzung daneben zu liegen und eine falsche Altersklassifizierung zu wählen, liegt daher grundsätzlich beim Anbieter.

462 Dies wirft die Frage auf, woher ein Anbieter weiß, für welche Altersstufen seine Apps geeignet sind. Zunächst enthält § 5 JMStV dazu einige Anhaltspunkte und insbesondere die Regel, dass die Wertungen des Jugendschutzgesetzes auch im Bereich des Jugendmedienschutz-Staatsvertrages anzuwenden sind (§ 5 Abs. 2 JMStV). Soweit der Inhalt der App dem Inhalt eines anderweitig vertriebenen Trägermediums entspricht, welches ein verbindliches Alterskennzeichen nach dem Jugendschutzgesetz erhalten hat, gilt diese Alterseinstufung auch für die App. Außerdem stellen verschiedene Selbstkontrolleinrichtungen Systeme zur Altersklassifizierung zur Verfügung, die die Anbieter bei der Selbsteinschätzung unterstützen sollen. So bietet die FSM einen interaktiven Fragebogen an.[405] Daneben wurde auf internationaler Ebene der „International App Rating Council" (IARC)[406] gegründet. Es handelt sich hierbei

---

[404] Was unter „sonstigen Mitteln" zu verstehen ist, lassen der Gesetzgeber und die Kommentarliteratur offen; zu denken wäre hier etwas an die Kostenpflichtigkeit eines Angebotes, vgl. *Liesching* in BeckOK JMStV § 5 Rn. 6.

[405] Der Fragebogen, kann unter www.altersklassifizierung.de abgerufen werden.

[406] https://www.globalratings.com/; *Falk,* tv-diskurs 02/2015, S. 76.

um ein internationales Forum, an dem sich führende Institutionen im Bereich des Jugendmedienschutzes bei Computerspielen beteiligen, so unter anderem auch die Unterhaltungssoftware Selbstkontrolle (USK). Der IARC hat ein System zur Altersbewertung von Apps entwickelt, das nationalen Besonderheiten berücksichtigen soll. Das IARC-System beinhaltet verschiedene Kriterien, die in Bezug auf ein konkretes Spiel von dem Anbieter, beispielsweise einem Entwickler, selbst beantwortet werden müssen. Die Ergebnisse können dabei allerdings lediglich von den teilnehmenden technischen Plattformen, wie beispielsweise Google Play Store abgerufen und angezeigt werden. Je nach Ländereinstellung auf dem Smartphone wird beim Zugriff auf den Google Play Store das jeweils gültige nationale Kennzeichen angezeigt und für eine vorhandene Jugendschutzsoftware hinterlegt.[407]

B. Was müssen App-Anbieter tun?

Wie oben erwähnt, sind die App-Anbieter die primären Regelungsadressaten des Jugendmedienschutz-Staatsvertrages. Um ihren Verpflichtungen nachzukommen, können sie zwischen verschiedenen Maßnahmen wählen. Dazu zählen die Begrenzung der „Sendezeit", der Einsatz von technischen Zugangsbarrieren oder ein von der KJM anerkanntes Jugendschutzprogramm. Für Apps sind diese Möglichkeiten jedoch nur teilweise sinnvoll oder praktisch umsetzbar. **463**

Eine **„Sendezeitbegrenzung"** hat in erster Linie für den Rundfunk Bedeutung; für Internet-Angebote und auch für Apps ist die Option nicht kompatibel.[408] Zwar lassen sich auch für Telemedien „Sendezeiten" festlegen, indem Angebote nur zu bestimmten Tageszeiten verfügbar gemacht werden. So könnten auch Apps nur zur bestimmten Tageszeiten verkauft werden. Es liegt aber auf der Hand, dass sich dieses Vorgehen für den Vertrieb von Apps nicht eignet. **464**

Noch weitgehend ungeklärt ist, ob App-Anbieter auf ein von der KJM anerkanntes **Jugendschutzprogramm** iSd § 11 JMStV zurückgreifen können. Dabei handelt es sich um Filter-, Abblock- oder Bewertungssysteme, mit denen entwicklungsbeeinträchtigende Angebote herausgefiltert, bzw. blockiert oder nur nach Maßgabe einer entsprechenden Bewertung und altersgemäßen Klassifizierung verfügbar gemacht werden. Ausreichend ist dabei schon die Kennzeichnung des Telemediums für ein (nutzerseitig vorzuhaltendes) Jugendschutzprogramm, dh es ist nicht erforderlich dass der Anbieter selbst diese Software einsetzt oder für Nutzer bereit hält. Dies gilt grundsätzlich nur für die Kennzeichnung solcher Jugendschutzprogramme, die vorab von der KJM anerkannt wurden (§ 11 Abs. 2 JMStV). Diese Anerkennung ist jederzeit widerruflich (§ 11 Abs. 4 JMStV). Allerdings kann auch die Kennzeichnung für nicht anerkannte Jugendschutzprogramme im Einzelfall ausreichen, wenn diese ein den anerkannten Programmen vergleichbares Schutzniveau bieten. Dann können sie als zuverlässiges technisches oder sonstiges Mittel iSd § 5 Abs. 3 Nr. 1 JMStV angesehen werden (hierzu im Einzelnen unten Rn. 484ff.). **465**

---

[407] *Hopf/Braml* ZUM 2014, 854 (862). Für weitere Informationen zum IARC siehe auch die Informationen auf der Webseite der USK, http://www.usk.de/iarc/, abgerufen am 29.7.2015.

[408] So auch *Erdemir* in Spindler/Schuster 5. Teil § 5 JMStV Rn. 17.

466 Technisch setzt ein Jugendschutzprogramm voraus, dass potentiell entwicklungsbeeinträchtigende Angebote bereits für ein bestimmtes, von der KJM anerkanntes Jugendschutzprogramm programmiert und abgestimmt werden oder dass dieses den Inhalten vorgeschaltet wird. Das Jugendschutzprogramm muss dann jugendschutzrelevante Inhalte entweder anbieterseitig **filtern oder blocken** oder durch ein Bewertungs- Kennzeichnungssystem nutzerseitig installierten Programmen die entsprechende Filterung ermöglichen, so dass sichergestellt wird, dass nur altersgemäße Angebote zugänglich sind.[409]

467 Die KJM hat soweit ersichtlich bisher **noch kein dezidiert auf Apps ausgelegtes Schutzprogramm anerkannt**[410], wobei für das normale Surfen mit dem Smartphone immerhin für Android-Betriebssysteme eine Variante eines anerkannten Jugendschutzprogramms existiert.[411]

468 Apps werden überwiegend kostenlos oder gegen geringe Beträge angeboten. Daher dürfte ein zusätzlicher Programmierungsaufwand wirtschaftlich kaum möglich sein. Auch der Umstand, dass Apps üblicherweise nicht von dem App-Anbieter selbst, sondern von den AppStores vertrieben werden, macht die praktische Umsetzung und insbesondere das „Vorschalten" solcher Jugendschutzprogramme praktisch schwierig. Ein Vorschalten dürfte wohl nur vor dem Download und der Installation der App ausreichend effektiv sein; dies wiederum ist in der Praxis nur möglich, wenn der Betreiber der AppStores entsprechende technische und organisatorische Möglichkeiten vorhält.

469 Damit bleiben App-Anbietern theoretisch noch **technische oder sonstige Zugangsbeschränkungen** nach § 5 Abs. 3 Nr. 1 JMStV, die sie direkt in ihre Apps integrieren können. Dabei macht der Jugendmedienschutz-Staatsvertrag keine konkreten Vorgaben, sondern schreibt lediglich das einzuhaltende Schutzniveau vor. Hilfreich für die Praxis kann daher ein Blick auf die von KJM bislang positiv anerkannten Verfahren sein,[412] etwa die Jugendschutzvorsperre bei Sky Deutschland, bei der zur Freischaltung der Sendung erst ein spezieller Jugendschutz-PIN eingegeben werden muss, oder der so genannte Perso-Check (also die Personalausweiskennziffernprüfung) im Internet, bei dem die Personalausweisnummer als Schlüssel für den Zugang zu einem bestimmten Angebot dient.[413]

470 Solche Verfahren ließen sich grundsätzlich auch für den Vertrieb von Apps bzw. vor der Anzeige konkreter Inhalte in Apps einsetzen, werden jedoch – soweit ersichtlich – in der Praxis zu diesem Zweck bisher nicht genutzt. Neben wirtschaftlichen Erwägungen dürften hierfür insbesondere auch die praktischen Schwierigkeiten ausschlaggebend sein, solche Mechanismen beim Vertrieb über die gängigen Plattformen überhaupt zu implementieren.

---

409 *Erdemir* in Spindler/Schuster 5. Teil § 11 JMStV Rn. 2.

410 Das ergibt sich aus einer Pressemitteilung der KJM vom 9.2.2012, http://www.kjm-online.de/service/pressemitteilungen/archiv/detailansicht/article/kjm-pressemitteilung-032012-kjm-erkennt-erstmals-zwei-jugendschutzprogramme-unter-auflagen-an.html, abgerufen am 29.6.2015.

411 http://www.jugendschutzprogramm.de/smartphones.php.

412 Einzelheiten zu den von der KJM anerkannten technischen Zugangsbeschränkungen finden sich unter http://www.kjm-onli-ne.de/fileadmin/Download_KJM/Rundfunk/Kriterienraster_technische_Mittel.pdf, abgerufen am 29.6.2015.

413 Siehe hierzu die Liste positiv bewerteter technischer Mittel unter http://www.kjm-online.de/fileadmin/Download_KJM/Rundfunk/Uebersicht_technische_Mittel.pdf, abgerufen am 7.7.2015.

C. Jugendschutz bei den AppStores

Es zeigt sich, dass sich die gesetzlich vorgesehenen Jugendschutz-Maßnahmen von den App-Anbietern derzeit kaum allein umsetzen lassen. Für eine jugendschutzkonforme Lösung müssen diese daher bei den AppStores ansetzen. Da sie es sind, die die Apps technisch zugänglich machen, kann ein wirksamer Jugendschutz nur über ein Zusammenspiel zwischen den App-Anbietern und den AppStores gewährleistet werden. 471

Das von den meisten AppStores derzeit praktizierte System funktioniert dabei grob umrissen wie folgt: Die AppStores von Apple und Google verlangen zunächst, dass die App-Anbieter jede App vor Veröffentlichung nach bestimmten Kriterien der AppStores **klassifizieren** und diese Klassifizierung an die Endkunden **kommunizieren.** Zu diesem Zweck müssen die App-Anbieter ihre Inhalte nach einem vorgegebenen System inhaltlich beschreiben und damit einer von den AppStores vorgegebenen Alterskategorie zuweisen. Dem Endkunden bieten die AppStores dann die Möglichkeit, ihren Zugang zum AppStore so zu konfigurieren, dass nur Apps für bestimmte Stufen des jeweiligen Altersklassifizierungssystems zugänglich sind. Diese Konfigurationsmöglichkeiten, verbunden mit den teilweise rigiden technischen Beschränkungen was den Bezug von Apps aus alternativen Quellen betrifft, wirken in der Praxis wie die Kennzeichnung für ein nutzerseitig vorgehaltenes Jugendschutzprogramm (su Rn. 481 ff.). 472

I. Vorgaben der AppStores an die App-Anbieter

Sehen wir uns die einzelnen Vorgaben etwas genauer an, die die AppStores den App-Anbietern machen: 473

Anbieter, die eine App etwa über den Apple AppStore vertreiben möchten, müssen für die App eine **Altersklassifizierungsanwendung** benutzen. Dieses Rating-Tool ist im „iTunes Connect Developer Guide" näher beschrieben.[414] Dort können bestimmte Inhaltsbeschreibungen angeklickt und deren Häufigkeit in einer Matrix angegeben werden. Das Tool errechnet aus diesen Angaben dann die angemessene Altersfreigabe.

Laut dem „iTunes Connect Developer Guide" müssen alle Apps **zwingend** mit einer solchen Altersklassifizierung versehen werden. Die Klassifizierung besteht aus den Kategorien „4+", „9+", „12+" und „17+". Eine Kategorie „18+" ist nicht vorgesehen. Apps ohne eine solche Klassifizierung können nicht im Apple AppStore veröffentlicht werden. Die App-Entwickler und Anbieter können diese Anforderungen dabei für ihren Aufenthaltsort regional-spezifisch einstellen.[415] 474

Zusätzlich schreibt Apple in dem „iTunes Connect Developer Guide" vor, dass bestimmte Inhalte **in keinem Fall** in Apps enthalten sein dürfen: 475

---

[414] https://developer.apple.com/library/ios/documentation/LanguagesUtilities/Conceptual/iTunesConnect_Guide/iTunesConnect_Guide.pdf, abgerufen am 29.6.2015.

[415] iTunes Connect Developer Guide; siehe zudem die Informationen, die Apple zu den sog. Einschränkungen unter iOS veröffentlicht, vgl. http://support.apple.com/kb/HT4213?viewlocale=de_DE, abgerufen am 29.6.2015.

„Apple rejects apps that include material that Apple finds obscene, pornographic, offensive, or defamatory.“[416]

476 Google verlangt für alle Apps, die über Google Play vertrieben werden sollen eine **Kennzeichnung nach dem IARC-System.** Das bedeutet, dass Entwickler ihre Inhalte (auch) nach deutschen Jugendschutzstandards kennzeichnen (s.o. Rn. 462). Zudem macht auch Google in den „Google Play-Programmrichtlinien für Entwickler“ genaue **Vorgaben, welche Inhalte in Apps nicht enthalten sein dürfen.**[417] Dies sind Inhalte, die nicht nur aus Jugendschutzgründen unzulässig sind, sondern generell verboten bzw. unerwünscht sind, beispielsweise reales Glücksspiel, Hassreden und sexuelle oder anzügliche Inhalte.

II. Prüfung der Apps durch die AppStores

477 In welchem Umfang die AppStore-Betreiber die Apps auf Einhaltung der eigenen Jugendschutzvorgaben prüfen, ergibt sich nicht explizit aus den entsprechenden Verträgen und Richtlinien. Im Gegenteil: In den Entwicklervereinbarungen von Apple und Google finden sich diverse Klauseln, wonach ausschließlich die App-Anbieter für die Einhaltung der Gesetze und damit auch der jugendschutzrechtlichen Anforderungen verantwortlich sind – und nicht etwa die AppStore-Betreiber.[418] Diese Bestimmungen sind in der Regel verbunden mit Freistellungsklauseln, die Regressansprüche der AppStore Betreiber gegen die App-Anbieter vorsehen, sollten die Betreiber von Dritten wegen der Veröffentlichung jugendgefährdender Apps in Anspruch genommen werden.

478 Was eine Prüfung der Apps durch die AppStore-Betreiber angeht, ist zunächst festzuhalten, dass sowohl Apple als auch Google primär auf eine **Selbstzertifizierung** der App-Anbieter setzen. Sie müssen die eigenen Apps bewerten und einer passenden Alterskategorie zuweisen. Auch hier handelt es sich also um eine Selbstkontrolle, die jedoch nicht ganz freiwillig ist. Unterlässt der App-Anbieter nämlich eine Selbstklassifizierung, werden seine Apps nicht für den AppStore zugelassen.

479 Eine **proaktive Kontrolle** der AppStore-Betreiber wird eher die Ausnahme sein. Hier dürfte Ähnliches gelten, wie bereits oben erwähnt zur Prüfung der datenschutzrechtlichen Compliance der Apps durch die AppStore-Betreiber. Angesichts der Masse an Apps, die täglich neu in die AppStores kommen, dürfte es Apple und Google sehr schwer fallen, tatsächlich umfassend zu kontrollieren, ob die Apps mit den verschiedenen Jugendschutzgesetzen weltweit in Einklang stehen. Die Praxis zeigt, dass vielmehr in Einzelfällen auf Beschwerden reagiert wird.

480 Die Zurückhaltung der AppStores, konkrete Angaben dazu zu machen, ob und wie sie Apps vor Veröffentlichung tatsächlich auf Rechtskonformität prüfen, dürfte auch den Hintergrund haben, dass mit zunehmender Prüfdichte das Risiko steigt, für die (fremden) Inhalte wie für eigene Inhalt zu haften.[419] Die Betreiber der App-Stores

[416] Ähnliche Formulierungen finden sich auch im iDPLA, etwa in Ziffer 3.3.20; zu den Vorgaben von Apple zum Inhalt der Apps vgl. bereits oben unter Kap. 3 B.I.2.c).

[417] http://play.google.com/intl/ALL_de/about/developer-content-policy.html, abgerufen am 29.6. 2012.

[418] So etwa Ziffer 6.2 des Apple iDPLA oder Ziffer 7.2 des Google Play DDA.

[419] Siehe zur Frage der Haftung unten Kapitel 9.

befinden sich daher in einer Zwickmühle: Prüfen sie die Apps nicht, laufen sie Gefahr, dass rechtsverletzende Apps in ihren AppStores angeboten werden. Prüfen sie die Apps zu genau, steigt das Risiko, dass sie für die Inhalte haften.

III. Die Umsetzung des Jugendschutzes durch die App-Stores

Zunächst ist wichtig zu erwähnen, dass die Nutzungsbedingungen etwa des Apple AppStores vorsehen, dass ein Konto nur von Personen angelegt werden kann, die mindestens **13 Jahre** alt sind.[420] Wie oben dargestellt, sehen die AppStores von Apple und Google außerdem ein internes Altersklassifizierungssystem vor. Die AppStores bieten den Endnutzern damit die Möglichkeit, ihren Zugang zum AppStore (oder den ihrer Kinder) so zu konfigurieren, dass dort Apps nur entsprechend der individuell gewünschten Altersklassifizierung geladen werden können.[421] **481**

Diese Konfiguration des AppStore-Zugangs lässt sich durch einen selbst gewählten **PIN** absichern. Auf diese Weise erhalten Erziehungsberechtigte die Möglichkeit, den Zugriff ihrer Kinder auf die AppStores individuell und effektiv zu steuern. Der AppStore macht für den betreffenden Minderjährigen dann nur Apps für solche Altersstufen verfügbar, die nach den individuellen Einstellungen der Eltern freigegeben sind. **482**

Bislang nicht abschließend geklärt ist, ob die geschilderten Schutzmechanismen, die ja primär von den AppStores angeboten werden, ausreichen, um die Pflicht der App-Anbieter nach § 5 Abs. 1 JMStV zu erfüllen.[422] **483**

Wie oben erläutert, ist der Anbieter einer App primär verantwortlich nach dem Jugendmedienschutz-Staatsvertrag; ihn treffen daher auch die Verpflichtungen nach § 5 Abs. 3 JMStV. Zur Erinnerung: Diese Norm fordert von dem Anbieter, durch **technische oder sonstige Mittel** die Wahrnehmung des Angebots durch Kinder oder Jugendliche der betroffenen Altersstufe unmöglich zu machen oder zumindest wesentlich zu erschweren. **484**

Wie oben erläutert, erfolgt auf Seiten der App-Anbieter lediglich eine **Altersklassifizierung** der Apps; die technische Umsetzung übernehmen dann die AppStore-Betreiber, die ihrerseits entsprechende Konfigurations- und Filterfunktionen anbieten. Es spricht viel dafür, dass sowohl App-Anbieter als auch AppStores (so man sie jugendschutzrechtlich in der Verantwortung sieht) dadurch ihren Verpflichtungen nach § 5 Abs. 3 Nr. 1 JMStV gerecht werden. Zwar kann man bezweifeln, ob bereits die Alterklassifizierung durch die App-Anbieter ein technisches Mittel iSd § 5 Abs. 3 Nr. 1 JMStV darstellt; für die Konfigurations- und Filteroptionen der AppStores gilt dies jedoch in jedem Fall. **485**

Auch der Umstand, dass die Entscheidung darüber, ob und wie der Filter aktiviert wird, nicht vom App-Anbieter getroffen wird, sondern von dem **jeweiligen Endnutzer** (bzw. von dessen Erziehungsberechtigten), führt nicht zu einem anderen **486**

[420] So ausdrücklich die erste Bestimmung der Nutzungsbedingungen des iTunes-Stores, vgl. http://www.apple.com/legal/internet-services/itunes/de/terms.html, abgerufen am 29.6.2015.

[421] Bei iTunes findet sich dieser Jugendschutzmechanismus etwas unscheinbar unter dem Menüpunkt „Einschränkungen".

[422] Dafür jedenfalls bei der Verwendung von IARC-Kennzeichen *Hilgert/Sümmermann* K&R 2015, 543 (546ff.).

Ergebnis. Anerkannte Jugendschutzprogramme iSd § 11 JMStV, die ebenfalls ein „technisches Mittel" iSd § 5 Abs. 3 Nr. 1 JMStV darstellen, können nach dem ausdrücklichen Gesetzeswortlaut auch rein nutzerseitig ausgestaltet sein. In diesem Zusammenhang wird sogar argumentiert, dass gerade nutzerseitige Jugendschutzprogramme der Gesamtzielsetzung des Jugendmedienschutz-Staatsvertrages Rechnung tragen, indem sie die Verantwortung der Eltern anerkennen und fördern.[423] Gleiches muss für die sonstigen technischen Mittel iSd § 5 Abs. 3 Nr. 1 JMStV gelten; auch insoweit müssen also nutzerseitige Schutzmechanismen anerkannt werden.[424]

487 Schließlich ist zu beachten, dass § 5 Abs. 3 JMStV gerade nicht fordert, dass der Zugang von Kindern oder Jugendlichen der betroffenen Altersstufe **überhaupt nicht** erfolgen darf.[425] Der Wortlaut der Norm macht bereits deutlich, dass es ausreicht, wenn dieser lediglich wesentlich erschwert wird. Die Anforderungen sind daher deutlich geringer als etwa an die Sicherheitsmechanismen für geschlossene Benutzergruppen, für die eine Altersverifikation vorgeschrieben ist.

488 Es spricht also viel dafür, dass sowohl die App-Anbieter als auch die Betreiber von AppStores ihren Verpflichtungen aus § 5 Abs. 3 Nr. 1 JMStV nachkommen, wenn sie in Kooperation durch eine Altersklassifizierung der Apps auf Seiten der Anbieter (beispielsweise mit dem IARC-System) und einen Filter auf Seiten der AppStores abgestufte Zugriffe auf die angebotenen Apps ermöglichen. Dabei ist auch zu berücksichtigen, dass die Betriebssysteme der Endgeräte die nötigen Jugendschutzfilter serienmäßig beinhalten, so dass Eltern die Einstellungen leicht vornehmen können, ohne zuvor zusätzliche Software (wie ein nach § 11 JMStV anerkanntes Jugendschutzprogramm) herunterladen zu müssen.[426] Dabei dürfte es sich derzeit um den **effektivsten Schutzmechanismus** handeln, der für alle Beteiligten zudem auch ökonomisch vertretbar erscheint.

489 In diesem Zusammenhang ist schließlich zu beachten, dass zumindest die AppStores von Apple und Google den App-Anbietern vergleichsweise **strikte inhaltliche Vorgaben** machen und damit bereits von vorneherein eine Vielzahl jugendgefährdender oder entwicklungsbeeinträchtigender Inhalte ausschließen. Die Gefährdung des Jugendschutzes durch Apps dieser beiden geschlossenen AppStores liegt also wesentlich unter dem Gefährdungsniveau, wie es im frei zugänglichen Internet herrscht.

490 Der Jugendschutz liefe aber ins Leere, wenn eine Altersklassifizierung durch die App-Anbieter tatsächlich Inhalte zulässt, die Eltern für die entsprechende Altersklasse nach ihrem Verständnis gerade ausschließen wollten. Umso wichtiger ist eine detaillierte Kommunikation der Bedeutung der verschiedenen Altersklassifizierungen durch die AppStore-Betreiber (soweit nicht, wie im IARC-System, ohnehin die bekannten deutschen Altersstufen verwendet werden) und eine gewissenhafte Klassifizierung seitens der App-Anbieter.

---

[423] Vgl. *Erdemir* in Spindler/Schuster 5. Teil § 11 JMStV Rn. 2.
[424] Wie hier nunmehr auch *Hilgert/Sümmermann* K&R 2015, 543 ff. mwN.
[425] *Liesching* in BeckOK JMStV § 3 Rn. 6.
[426] *Hilgert/Sümmermamm* K&R 2015 Rn. 543 (547 f.).

Kapitel 9. Haftungsfragen

491 Wer haftet eigentlich für den Inhalt von Apps? Die Antwort ist schnell gefunden, sofern es um die App-Entwickler oder die App-Anbieter geht. Aber haften auch die Betreiber der AppStores für die Apps, die sie veröffentlichen und teilweise auch verkaufen? Diesen in der Praxis wichtigen Fragen wollen wir im Folgenden kurz nachgehen.

In Betracht kommen drei verschiedene Beteiligte, die theoretisch für Rechtsverletzungen durch eine App haften können: Der App-Entwickler, der App-Anbieter und die Betreiber der AppStores.

A. Haftung der App-Entwickler

492 Der App-Entwickler ist derjenige, der die Software der App technisch entwickelt und programmiert. Er ist in der Regel nicht identisch mit dem App-Anbieter.[427] Typischerweise wird der App-Anbieter die Software nämlich nicht selbst entwickeln, sondern damit einen Dritten (nämlich den App-Entwickler) beauftragen.

493 Der App-Entwickler steht daher nur zu dem App-Anbieter in einer **vertraglichen Beziehung.**[428] In der Regel wird in diesem Verhältnis ein Software-Erstellungsvertrag vorliegen. Unter diesem Vertrag ist der Entwickler verpflichtet, Software mit bestimmten Eigenschaften und Funktionen nach den Anforderungen des App-Anbieters zu entwickeln. Die spezifischen Anforderungen werden dabei üblicherweise in einem so genannten Pflichten- oder Lastenheft geregelt.[429]

Daraus folgt, dass der App Entwickler zumindest vertraglich nur **gegenüber dem App-Anbieter** haftet, etwa wenn die App nicht die vertraglich geschuldete Beschaffenheit aufweist. Eine vertragliche Haftung gegenüber dem Endnutzer der von ihm entwickelten Apps besteht demnach nicht.

494 Kommt es nun zu Rechtsverletzungen, etwa weil die App datenschutzrechtswidrig bestimmte personenbezogene Daten verarbeitet oder Urheberrechte verletzt, haftet der App-Entwickler dafür im Außenverhältnis – dh gegenüber dem Endnutzer – nicht. Die Haftung trifft vielmehr primär den App-Anbieter. Abhängig von den vertraglichen Regelungen zwischen dem App-Anbieter und dem App-Entwickler kann es jedoch möglich sein, dass sich Letzterer **Schadensersatzforderungen** des App-Anbieters ausgesetzt sieht. Dies vor allem dann, wenn der App-Anbieter seinerseits von dem Endnutzer oder einem Dritten auf Schadensersatz in Anspruch genommen wurde aufgrund von Rechtsverletzungen durch eine von dem Entwickler hergestellte App.

[427] Dazu bereits oben, Kapitel 1. A.

[428] Der App-Entwickler hat in der Regel insbesondere keinen Vertrag mit dem Endnutzer. Dieser kontrahiert vielmehr entweder (nach der hier vertretenen Auffassung) mit dem AppStore-Betreiber oder mit dem App-Anbieter.

[429] Ausführlich dazu *Moritz* in Kilian/Heussen Computerrecht Teil 3 Rn. 46ff.

B. Haftung des App-Anbieters

495 Auf die Haftung des App-Anbieters sind wir oben bereits an verschiedenen Stellen kurz eingegangen.

So haben wir festgestellt, dass der App-Anbieter für die Erhebung und Verarbeitung personenbezogener Nutzerdaten durch die App verantwortliche Stelle iSd § 3 Abs. 7 BDSG ist.[430] Das bedeutet konkret, dass der App-Anbieter datenschutzrechtlich für die Erhebung, Verarbeitung und Nutzung von Daten durch die von ihm angebotenen Apps haftet. Er ist Adressat der Pflichten, die aus dem Bundesdatenschutzgesetz und anderen datenschutzrechtlichen Regelungen folgen und ihn treffen schlimmstenfalls die Bußgelder, die die Datenschutz-Aufsichtsbehörden nach § 43 BDSG verhängen können.

Wir sind außerdem zu dem Ergebnis gekommen, dass der Anbieter einer App zumindest primär nach dem Jugendmedienschutz-Staatsvertrag dafür verantwortlich ist, dass seine Apps den Anforderungen des Jugendschutzes entsprechen.[431]

496 Ob der App-Anbieter daneben gegenüber den Endnutzern seiner Apps vertraglich für etwaige **Mängel der Apps** haftet, richtet sich danach, wen man als den Vertragspartner des Endnutzers beim Erwerb einer kostenpflichtigen[432] App ansieht:

Wie oben dargestellt, gehen wir aufgrund der derzeitigen Gestaltung der App-Stores von Apple und Google (und deren Nutzungsbedingungen) davon aus, dass Apple als Verkäufer kostenpflichtiger Apps auftritt, während im Falle des Google Play AppStores der jeweilige App-Anbieter Vertragspartner des Nutzers wird.[433] Folglich treffen Apple (und nicht die App-Anbieter) auch mögliche Gewährleistungsansprüche der Endkunden für etwaige Mängel der Apps, während bei Google insoweit die App-Anbieter haften. Daneben sind auch Schadensersatzansprüche denkbar.[434]

497 Lediglich im Innenverhältnis zwischen AppStore-Betreiber und App-Anbieter ist im Falle des Apple AppStores insoweit ein **Rückgriff** gegen den App-Anbieter denkbar. Sowohl die Google Play Vereinbarung für den Entwicklervertrieb (Ziffer 13) als auch das Apple iDPLA (Ziffer 11) enthalten entsprechende Haftungsfreistellungsklauseln. Danach hat der App-Anbieter Apple bzw. Google umfassend von Ansprüchen Dritter **freizustellen,** die diese gegen die AppStore-Betreiber wegen möglicher Rechtsverletzungen durch die Apps geltend machen.[435] Wie wir oben bereits erläutert haben, erklären beide Vertragswerke wohl zulässigerweise U.S.-Recht bzw. das Recht des U.S.-Bundesstaates Kalifornien für anwendbar. Außerdem sollen die dortigen

---

[430] Vgl. Kapitel 5. A. e von ihnen selbst erhobenen personenbezogenen Daten ebenfalls als verantwortliche Stelle iSd § 3 Abs. 7 BDSG anzusehen sind.

[431] Vgl. Kapitel 8. A. I.

[432] Für kostenlose Apps greifen die Haftungsprivilegierungen des dann anwendbaren Schenkungsrechts; so hat der Schenker (hier also der AppStore-Betreiber) nach § 521 BGB nur Vorsatz und grobe Fahrlässigkeit zu vertreten, Gewährleistungsansprüche greifen nach § 524 BGB nur bei arglistigem Verschweigen.

[433] Vgl. Kapitel 2. B.

[434] Fragen der Produkthaftung bzw. der Haftung nach allg. Deliktsrecht klammern wir aus Platzgründen an dieser Stelle aus.

[435] Dazu *Kremer* CR 2011, 769 (773).

Gerichte für Streitigkeiten ausschließlich zuständig sein. Deutsche App-Entwickler müssen also damit rechnen, von den App-Store-Betreibern **vor einem U.S.-Gericht auf Schadensersatz** verklagt zu werden, sollten die Inhalte ihrer Apps die Rechte Dritter verletzen. Ob und wie sich diese Ansprüche dann in der Praxis durchsetzen lassen, steht jedoch auf einem anderen Blatt.

Geht man dagegen davon aus, dass im Falle des Google Play AppStores der Vertrag **498** mit dem Endnutzer mit dem App-Anbieter zustande kommt, dann wäre dieser der Verkäufer kostenpflichtiger Apps. Als solcher wäre er dann den **Gewährleistungsansprüchen** der Endnutzer direkt ausgesetzt.

Wenden wir uns schließlich noch der Frage zu, ob die App-Anbieter auch **urheberrechtlich** **499** für die Inhalte der Apps und daraus resultierende Rechtsverletzungen haften. Der App-Anbieter ist derjenige, der die App (ggf. über einen AppStore) veröffentlicht. Er ist daher primär für die Inhalte einer App verantwortlich. Verletzen die Inhalte einer App die Schutzrechte Dritter und trifft den App-Anbieter daran ein Verschulden, so haftet er – zumindest in erster Linie – selbst. Er ist der so genannte „Täter" iSd § 97 UrhG und ist als solcher grundsätzlich für eine Urheberrechtsverletzung durch die App verantwortlich. Die Haftung als Täter führt dazu, dass der App-Anbieter unter Umständen auch Schadensersatz an den Inhaber der verletzten Rechte zu leisten hat.[436]

Für Apps, die dem Telemediengesetz unterfallen, stellt dies § 7 Abs. 1 TMG noch **500** einmal klar. Danach sind Diensteanbieter (in unserem Zusammenhang also die App-Anbieter) für eigene Informationen, die sie zur Nutzung bereithalten, voll verantwortlich. Der Begriff der „Informationen" umfasst dabei alle Daten, die durch einen Telemediendienst übermittelt werden.[437]

C. Haftung der AppStores

Komplexer ist jedoch die Frage, ob daneben auch der Betreiber eines AppStores **501** für solche Urheberrechts- und sonstige Schutzrechtsverletzungen haftet. Darauf wollen wir im Folgenden etwas genauer eingehen.[438]

I. Die Haftung für Schutzrechtsverletzungen

Werfen wir zunächst einen Blick auf die Systematik der urheberrechtlichen Haf- **502** tung. Dabei handelt es sich um einen Sonderfall der Haftung für unerlaubte Handlungen. Es greifen daher die allgemeinen deliktsrechtlichen Haftungsregeln des BGB (§§ 823ff. BGB).[439]

---

[436] *Krüger/Apel* MMR 2012, 144.

[437] *Hoffmann* in Spindler/Schuster 12. Teil § 7 TMG Rn. 10.

[438] Oben sind wir bereits darauf eingegangen, dass die AppStores für Apps Dritter als Verkäufer die Gewährleistungshaftung für die Apps ggü. dem Endnutzer übernehmen; auch nach dem Jugendmedienschutz-Staatsvertrag haften sie unter Umständen direkt, während sie wohl keine datenschutzrechtliche Haftung als „verantwortliche Stelle" iSd § 3 Abs. 7 BDSG trifft in Bezug auf die Erhebung und Verarbeitung von Daten durch die App.

[439] Dazu *Krüger/Apel* MMR 2012, 144f. mwN.

503 Neben der Haftung als Täter für eigene Inhalte kennt das deutsche Urheberrecht auch eine Haftung als so genannter **„Störer"** für fremde Inhalte. Es ist also möglich, urheberrechtlich nicht nur für eigene Inhalte (und für eigenes Verschulden) zu haften, sondern auch für Inhalte Dritter.[440]

504 Sehen wir uns die Störerhaftung genauer an: Als Störer für eine Verletzung von Urheberrechten oder sonstigen Rechten kann neben dem Täter auch derjenige in Anspruch genommen werden, der in irgendeiner Weise **willentlich und adäquat kausal** zu einer durch Dritte begangenen Schutzrechtsverletzung beigetragen hat. Voraussetzung für diese „Dritthaftung" ist aber stets die Verletzung einer **Prüfungspflicht.** Außerdem muss es dem Dritten in zumutbarer Weise möglich gewesen sein, bei Beachtung dieser Prüfpflicht den eigenen Beitrag zu der Schutzrechtsverletzung zu verhindern. Da die Störerhaftung kein Verschulden des Dritten voraussetzt, führt sie grundsätzlich nicht zu Schadensersatzansprüchen gegen den Dritten. Möglich sind jedoch Unterlassungsansprüche gegen den „Störer.[441]

505 Die Frage, ob und in welchem Umfang der Dritte eine Prüfpflicht zu beachten hatte, richtet sich danach, ob und inwieweit diesem Dritten eine Prüfung **zumutbar** war.[442] Dabei stellen die Gerichte auf die Umstände des Einzelfalls ab und insbesondere darauf, ob der Dritte etwa auf eine klare Rechtsverletzung hingewiesen wurde oder auf sonstige Weise davon Kenntnis haben musste.[443]

506 Für Diensteanbieter im Internet (also für Diensteanbieter iSd § 2 S. 1 Nr. 1 TMG) gelten dabei spezielle **Haftungsprivilegien,** die in den §§ 7ff. TMG niedergelegt sind. Diese Haftungserleichterungen greifen immer dann, wenn bestimmte Inhalte einem Dritten und nicht dem Diensteanbieter selbst zuzurechnen sind.

507 Auf § 7 Abs. 1 TMG sind wir oben bereits eingegangen. Danach haften Diensteanbieter für eigene Informationen, die sie zur Nutzung bereithalten, grundsätzlich unbeschränkt nach den allgemeinen gesetzlichen Vorschriften. Daneben stellt § 7 Abs. 2 S. 1 TMG den wichtigen Grundsatz auf, dass Dienstanbieter nicht verpflichtet sind, den Inhalt und die Rechtmäßigkeit von Dritt-Inhalten und Informationen zu **überwachen** und zu **prüfen,** die sie speichern und zugänglich machen. Gleichwohl bleiben auch für den Fall, dass einen Diensteanbieter keine Verantwortung trifft, Beseitigungs- und Unterlassungsansprüche gegen diesen möglich (§ 7 Abs. 2 S. 2 TMG).

508 Die §§ 8 bis 10 TMG enthalten dann spezielle Regeln für verschiedene Arten von Dienstleistungen.[444] Von besonderer Bedeutung im App-Kontext ist dabei die Haftungsprivilegierung für **Hostprovider** in § 10 S. 1 TMG. Dessen Wertungen dürften zumindest entsprechend auch für AppStores gelten.[445] Danach ist ein Diensteanbieter für Fremdinhalte, die er für Dritte speichert, nicht verantwortlich, wenn er die rechtwidrigen Handlungen oder Informationen weder positiv kennt noch kennen müsste (dh dass für ihn auch keine sonstigen Anhaltspunkte existieren, die auf eine offen-

---

[440] Daneben können auch die sog. Anstifter und Gehilfen des Haupttäters für eine Schutzrechtsverletzung als Täter haften.

[441] *Krüger/Apel* MMR 2012, 144f.

[442] So der BGH Urt. v. 30.4.2008 – I ZR 73/05, MMR 2008, 531 (533) – Internet-Versteigerung III.

[443] BGH Urt. v. 30.4.2008 – I ZR 73/05, MMR 2008, 531 (533) – Internet-Versteigerung III.

[444] Vgl. *Frey* MMR 2014, 650 zu § 8 TMG.

[445] Zur Anwendbarkeit des § 10 TMG *Hoffmann* in Spindler/Schuster 12. Teil § 10 TMG Rn. 13ff.

sichtliche Rechtsverletzung hinweisen). Eine Haftung scheidet nach dieser Vorschrift weiter auch dann aus, wenn der Diensteanbieter nach Kenntniserlangung die betreffenden Inhalte oder Informationen unverzüglich entfernt oder sperrt. Umgekehrt bedeutet dies, dass der Diensteanbieter auch für die rechtswidrigen Inhalte Dritter haftet, wenn die Voraussetzungen des § 10 S. 1 TMG nicht vorliegen.

Setzt man die Regelungen in § 7 Abs. 2 S. 1 und § 10 S. 1 TMG in Beziehung zu- **509**
einander, dann ergibt sich folgende Grundregel: Einerseits ist der Hostprovider nicht verpflichtet, die Rechtmäßigkeit der von ihm gespeicherten und zugänglich gemachten Inhalte Dritter **proaktiv zu prüfen.** Das bewahrt ihn aber andererseits nicht vor einer Haftung für die Inhalte Dritter, wenn er die Rechtswidrigkeit (oder zumindest Anhaltspunkte dafür) kennt und nicht unverzüglich dagegen einschreitet.[446]

II. Haftet der AppStore als Täter oder als Störer?

AppStores sind Telemediendienste iSd § 1 Abs. 1 Satz 1 TMG.[447] Die Betreiber der **510**
AppStores sind daher Diensteanbieter im Sinne des Telemediengesetzes. Sie kommen folglich in den Genuss der Haftungserleichterungen der §§ 7ff. TMG, wenn die von Ihnen veröffentlichten Apps Schutzrechte Dritter verletzen.[448] Aber haften sie insoweit als Täter, oder sind sie nur als Störer anzusehen?

Die **Abgrenzung** zwischen der Haftung als Täter und der bloßen Störerhaftung ist **511**
nicht immer ganz einfach. In der Praxis hat diese Unterscheidung jedoch – wie bereits erwähnt – weitreichende Auswirkungen: Während ein Störer in der Regel nur auf Unterlassung in Anspruch genommen werden kann, haftet der Täter auf Schadensersatz – was oft mit einem nur schwer überschaubaren Risiko verbunden ist.

Diese Unterscheidung fällt nur dann leicht, wenn der Plattformbetreiber **eigene In- 512**
halte anbietet.[449] Dann haftet er dafür auch als Täter, dh unter Umständen auch auf Schadensersatz. Das Gleiche gilt, wenn der Plattformbetreiber wissentlich an Verletzungshandlungen Dritter teilnimmt (etwa, wenn er die Rechtswidrigkeit bestimmter Inhalte Dritter kennt, sie aber gleichwohl in seine Plattform mit aufnimmt). Soweit die AppStores daher eigene Apps anbieten oder wissentlich rechtsverletzende Apps Dritter anbieten, haften sie für diese Inhalte auch als Täter.

Schwieriger ist dagegen die Frage zu beantworten, ob der Plattformbetreiber für **513**
rechtsverletzende **Inhalte Dritter** auf seiner Plattform auch dann verantwortlich ist, wenn er diese weder kannte noch irgendwelche Anhaltspunkte für eine Rechtswidrigkeit hatte. Im Kern geht es dabei also um die Frage, wie weit die Haftung desjenigen zu ziehen ist, der eine technische Infrastruktur zur Verfügung stellt, die von Dritten ohne Kenntnis des Providers dafür genutzt wird, Rechtsverletzungen zu begehen.

Nach der Rechtsprechung haften Diensteanbieter nicht nur für eigene Inhalte als Täter, sondern unter Umständen auch für fremde Inhalte (wie zum Beispiel nutzergenerierte Inhalte – User Generated Content), wenn sie sich diese **„zu Eigen machen“.**

[446] Einen guten Überblick liefert *Härting* CR 2013, 443ff.

[447] Dazu bereits oben Rn. 148ff.

[448] Wohlgemerkt: Dies gilt nur für Apps, die die AppStores nicht im eigenen Namen anbieten. Für diese haften sie als Täter nach den allgemeinen Regeln, wie jeder andere App-Anbieter auch.

[449] Etwa wenn ein AppStore eigene Apps im eigenen Namen anbietet.

1. Die Rechtsprechung zur Haftung von Internet-Plattformen

514 Zu den Voraussetzungen eines „Zueigenmachens“ gibt es eine Fülle von Rechtsprechung und Literaturmeinungen.[450] Wir beschränken uns im Folgenden auf einige wenige, besonders aussagekräftige Entscheidungen:

a) BGH-Entscheidung „Marions Kochbuch“

515 Ausgangspunkt ist eine Grundsatzentscheidung des Bundesgerichtshofes aus dem Jahr 2009.[451] Dabei hatten die Richter zu entscheiden, ob der Betreiber einer Webseite für Kochrezepte als Täter für die Verletzung von Leistungsschutzrechten Dritter haftet, weil er von Nutzern eingestellte Daten in seine Webseite aufnahm und dadurch verfügbar machte. Im Ergebnis bejahte das Gericht eine Verantwortlichkeit mit der Begründung, dass der Plattformbetreiber sich die nutzergenerierten Inhalte „zu eigen gemacht“ habe und für diese daher wie für eigene Inhalte als Täter hafte.

516 Für ein „Zueigenmachen“ stellten die Richter insbesondere auf die folgenden Kriterien ab:

1. Die nutzergenerierten Inhalte stellten den **„redaktionellen Kerngehalt“** des gesamten Seitenauftritts dar.
2. Die nutzergenerierten Inhalte wurden vor der Veröffentlichung **redaktionell überprüft.**
3. Die fremden Inhalte wurden **unter dem Emblem des Plattformbetreibers** veröffentlicht und waren in die Gesamtgestaltung der Webseite integriert.
4. Die Nutzerinhalte wurden mit eigenem **Logo als Wasserzeichen** markiert, wobei die Angabe des eigentlichen Verfassers in den Hintergrund rückte.
5. Der Plattformbetreiber sicherte sich eigene **umfassende Nutzungs- und Verwertungsrechte** an den Nutzerinhalten.
6. Der Betreiber zog den **kommerziellen Nutzen** aus den fremd erstellten Inhalten seiner Webseite.

517 Überträgt man diese Kriterien auf die AppStores, so ergibt sich folgendes Bild: Bei den Apps handelt es sich um Angebote und Inhalte Dritter, nämlich des App-Anbieters. Man kann sie also mit den nutzergenerierten Kochrezepten, über die der BGH zu entscheiden hatte, im Wesentlichen gleichsetzen. Zwar sind Apps keine klassischen „redaktionellen“ Inhalte. Sie stellen aber so genannte Medieninhalte dar und sind damit zumindest mit redaktionellen Inhalten vergleichbar.[452] Sie stellen außerdem digitale Inhalte iSd neuen § 312f Abs. 3 BGB dar. Jedenfalls handelt es sich bei Apps wie bei den Kochrezepten um Medieninhalte von Dritten (nämlich der App-Anbieter).

Aber sehen wir uns die einzelnen Kriterien genauer an.

518 Zu 1: Die Apps stellen wohl den **Kerngehalt eines AppStores** dar. Dass AppStores keine Angebote mit „redaktionellem“ Schwerpunkt, sind, fällt nicht ins Gewicht. Entscheidend dürfte lediglich sein, dass Apps der wesentliche Inhalt eines AppStores sind.

---

[450] Eine prägnante Zusammenfassung bietet *Hoffmann* in Spindler/Schuster 12. Teil § 7 TMG Rn. 16ff.

[451] BGH Urt. v. 12.11.2009 – I ZR 166/07, MMR 2010, 556ff. – Marions Kochbuch.

[452] Siehe die entsprechende Definition bei Wikipedia: https://de.wikipedia.org/wiki/Medieninhalt, abgerufen am 29.6.2015.

Zu 2: Von einer umfassenden **inhaltlichen Prüfung** aller Apps durch die AppStore-Betreiber vor deren Veröffentlichung kann man wohl nicht ausgehen. In welchem Umfang die AppStore-Betreiber die Apps tatsächlich inhaltlich und rechtlich prüfen, ergibt sich nicht explizit aus den Entwicklervereinbarungen und Nutzungsbedingungen von Apple und Google. Diese sind vielmehr widersprüchlich: Es finden sich diverse Klauseln, wonach ausschließlich die App-Anbieter für die inhaltliche Gestaltung und rechtliche Compliance der Apps verantwortlich sind. Gleichzeitig behalten sich die AppStores ausdrücklich das Recht vor, Apps zu entfernen oder zurückzuweisen, die nicht den Anforderungen von Apple und Google entsprechen. **519**

Wie oben erläutert, machen beide AppStores **umfangreiche Vorgaben** zu technischer Gestaltung, Inhalt und Funktionsweise der Apps. Dementsprechend unterhält etwa Apple einen detaillierten so genannten App Review Process. In diesem Zusammenhang macht Apple in den AppStore Review Guidelines folgende Aussage: **520**

> „We review all apps submitted to the AppStore and Mac AppStore to ensure they are reliable, perform as expected, and are free of offensive material."[453]

Auch in dem Apple iDPLA finden sich in Ziffer 6.1 verschiedene Hinweise und Rechteeinräumungen für eine „Review" der Apps durch Apple. Und auch in Googles DDA klingt eine Überprüfung der Apps zumindest an, wenn auch in Verbindung mit der Klausel, dass Google nicht zu einer Überprüfung verpflichtet ist.[454] **521**

Es lässt sich daher gut vertreten, dass zumindest eine **grobe Prüfung** aller Apps stattfindet. Dabei wird es sich angesichts der Masse an Apps, die täglich neu in die AppStores kommen, jedoch um keine detaillierte inhaltliche oder gar rechtliche Überprüfung handeln. Das Kriterium einer „redaktionellen Überprüfung" der Inhalte dürfte daher – wenn überhaupt – nur teilweise erfüllt sein. **522**

Zu 3: Hier liegt eines der zentralen Probleme. Denn wie wir bereits dargestellt haben: So richtig deutlich wird bei der aktuellen Gestaltung der AppStores nicht, wer hier eigentlich die App verkauft. Und doch gibt es einen Unterschied: Dass es sich bei den Apps um Inhalte Dritter handelt, ist auch nach aktuellem Stand deutlich. Schließlich wird der „Entwickler" der App genannt. Auch wenn also nicht ganz klar ist, wer hier dem Nutzer gegenüber als Verkäufer auftritt, so ist doch deutlich, dass die Inhalte ursprünglich nicht vom AppStore selbst, sondern von dem angegebenen Entwickler stammen. Tendenziell spricht das eher dagegen, dass die Inhalte hier „unter der Flagge" der AppStores angeboten werden. Aber: Sicher ist hier auch Raum für Diskussionen. **523**

Zu 4: Ein eigenes Branding verwenden die AppStores meist nicht, um die Apps zu kennzeichnen. Aber – wie gesagt – dürfte auch unabhängig davon für einen objektiven Dritten erkennbar sein, dass die mittlerweile schon fast 1.500.000 Apps allein im Apple AppStore nicht ausschließlich von Apple stammen können. Auch das vierte Kriterium des BGH erfüllen die AppStores also nicht. **524**

---

[453] https://developer.apple.com/app-store/review/, abgerufen am 17.6.2015.

[454] So etwa Ziffer 7.2 des aktuellen Google DDA; dort findet sich auch folgende Aussage: „Google ist zwar nicht dazu verpflichtet, die Produkte oder deren Inhalte zu überwachen, kann jedoch nach eigenem Ermessen ein Produkt aus dem Store entfernen oder dessen Einstufung ändern, wenn Google durch Sie oder anderweitig davon Kenntnis erlangt und nach eigenem Ermessen zu dem Schluss kommt, dass ein Produkt oder ein Teil davon oder Ihre Markenkennzeichen (a) die gewerblichen Schutzrechte oder andere Rechte Dritter verletzen, (b) gegen anwendbares Recht oder eine einstweilige Verfügung verstoßen (...)."

525 Zu 5: Auch dieses Kriterium erfüllen die AppStores nicht. Die Betreiber lassen sich zwar Verwertungsrechte an den Apps einräumen.[455] Diese Rechte sind jedoch im Wesentlichen auf den Vertrieb der Apps über den AppStore **beschränkt.** Die AppStores lassen sich darüber hinaus keine „umfassenden Nutzungsrechte" an den einzelnen Apps einräumen.

526 Zu 6: Dieses Kriterium dürfte teilweise erfüllt sein. Bei kostenpflichtigen Apps behalten Apple und Google derzeit 30 % des Verkaufspreises als **Provision.** Auch an In-App Sales wie insbesondere Zeitungs- und Zeitschriften-Abonnements, die innerhalb einer App abgeschlossen werden (sog. In-App Abonnements), verdienen die AppStores mit.[456] Der weitaus größere Teil der Verkaufserlöse steht dagegen den App-Anbietern zu; sie haben daher selbst wesentlichen Anteil an dem „kommerziellen Nutzen" ihrer Inhalte. Zu beachten ist auch, dass die App-Anbieter frei entscheiden können, ob sie eine App kostenlos oder kostenpflichtig anbieten möchten. Auch den Preis können sie weitgehend frei bestimmen. Die Mehrzahl der bei Apple und Google angebotenen Apps sind derzeit kostenlos. Insoweit dürfte der wirtschaftliche Nutzen der AppStores aus solchen Apps eher mittelbar sein – etwa weil interessante kostenlose Apps Nutzer in die AppStores locken, die dort dann auch kostenpflichtige Apps erwerben.

527 Es zeigt sich also, dass sich die Kriterien des BGH nicht ohne Weiteres auf AppStores übertragen lassen. AppStores erfüllen zwar (zumindest teilweise) einige, aber eben nicht alle Kriterien, die das Gericht an das „Zueigenmachen" fremder Inhalte stellt.

b) EuGH-Urteil „L'Oreal/Ebay"

528 Neben der hier dargestellten BGH-Entscheidung hat sich auch der Europäische Gerichtshof mit der Frage beschäftigt, unter welchen Voraussetzungen der Betreiber einer Verkaufsplattform im Internet für Markenrechtsverletzungen durch Waren Dritter haftet, die diese auf seiner Plattform anbieten.[457]

529 Dabei kamen die Richter – kurz gesagt – zu dem Ergebnis, dass das Angebot der rechtsverletzenden Inhalte allein noch **keine Haftung des Plattformbetreibers** rechtfertigt. Hinzu kommen müsse – so die Richter – dass der Plattformbetreiber bei dem Angebot und der Präsentation der rechtsverletzenden Waren durch den Nutzer eine **„aktive Rolle"** spiele, die es dem Betreiber ermögliche, von der Rechtswidrigkeit des Angebots Kenntnis zu erlangen. Leider ist die Urteilsbegründung relativ schwammig bei der Frage, was die Richter genau unter einer „aktiven Beteiligung" verstehen. Es findet sich lediglich der Hinweis, dass die Richter eine etwaige Hilfestellung des Betreibers für den Nutzer, die Präsentation der betreffenden Verkaufsangebote zu optimieren oder diese Angebote zu bewerben, bereits als eine aktive Rolle ansehen, die dem Anbieter eine – so wörtlich „Kenntnis der diese Angebote betreffenden Daten oder eine Kontrolle über sie verschaffen" konnte.[458]

530 Dieses Kriterium passt auf den ersten Blick auch auf AppStores. Die Vermarktung der Apps durch den AppStore kann man wohl durchaus als „aktiv" bezeichnen. Die

---

[455] So etwa Google in Ziffer 5 des aktuellen DDA.

[456] Auch insoweit behält Apple 30 % der Verkaufserlöse für sich, vgl. http://www.netzwelt.de/news/85661-abonnements-appstore-apple-spricht-klartext.html, abgerufen am 17.6.2015.

[457] EuGH Urt. v. 12.7.2011 – C-324/09, MMR 2011, 596 ff. – L'Oreal/eBay.

[458] EuGH Urt. v. 12.7.2011 – C-324/09, MMR 2011, 596 ff. – L'Oreal/eBay.

Präsentation des Angebots auf der jeweiligen Produktseite des AppStores übernehmen die AppStores in der Regel selbständig. Die App-Anbieter haben hier nach wie vor wenig gestalterischen Einfluss. Außerdem bewerben die AppStores in gewissem Umfang auch die von ihnen angebotenen Apps. So werden beispielsweise neben einer App immer auch andere Apps angezeigt und empfohlen. Diese Tätigkeiten – und hier passt die Entscheidung des EuGH dann doch wieder nicht auf AppStores – erlauben es den AppStores jedoch in der Regel nicht, eine mögliche Rechtswidrigkeit der Inhalte zu erkennen. Viele Apps sind technisch komplex; die Inhalte sind vielfältig. Die AppStores können die Inhalte der meisten Apps daher nicht „prima facie" daraufhin beurteilen, ob sie möglicherweise Schutzrechte Dritter verletzen.

Daher lässt sich wohl auch aus dem Urteil des EuGH nur wenig ableiten, um eine Haftung der AppStore-Betreiber zu rechtfertigen.

c) Die Hamburger Entscheidungen

Schließlich sei noch kurz erwähnt, dass in der Folge der oben geschilderten BGH-Entscheidung „Marions Kochbuch" auch zahlreiche Urteile anderer Gerichte ergangen sind. Exemplarisch und in aller Kürze möchten wir dabei auf eine Reihe von Urteilen Hamburger Gerichte eingehen, die die Frage zum Gegenstand hatten, inwieweit sich Videoportalbetreiber fremde Videos zu Eigen machen.[459] **531**

Hier vertrag das LG Hamburg zunächst eine – aus Betreibersicht – sehr restriktive Linie.[460] Die Richter entschieden, dass die Videoplattform **Youtube** sich die auf ihren Seiten von Dritten eingestellten Inhalte derart zu Eigen mache, dass sie für Urheberrechtsverletzungen als Täterin hafte. Dabei stellten sie zunächst auf die vom BGH entwickelten Kriterien ab, nämlich die Einräumung weitgehender Nutzungsrechte an den Videos und deren Präsentation als eigene Inhalte, zumindest aus Sicht eines objektiven Betrachters. Außerdem führte das Gericht als Begründung an, dass Youtube neben jedem Video automatisch generierte Listen mit ähnlichen Videos als Empfehlungen anzeige und die Videos kommerziell nutze (indem sie etwa zusammen mit Werbebannern angezeigt würden). Soweit liegt das Urteil also auf Linie der BGH-Entscheidung. Dann folgt allerdings – etwas überraschend – die Feststellung des Gerichts, dass es nach Erfüllung der genannten Kriterien nicht mehr darauf ankomme, dass eine redaktionelle Auswahl der von Dritten eingestellten Inhalte durch Youtube nachweislich nicht erfolge. **532**

Das OLG Hamburg[461] vertrat wenig später eine deutlich engere Auffassung zur Frage des „Zueigenmachens". In einem ähnlich gelagerten Fall lehnten die Richter die Haftung eines Videoportalbetreibers als Täter einer Urheberrechtsverletzung durch von Dritten eingestellte Inhalte insbesondere deshalb ab, weil der Betreiber die Videos **nicht redaktionell überprüfte.** Daneben erwähnt die Urteilsbegründung noch die Ausgestaltung der von den Dritten einzuräumenden Nutzungsrechte; diese waren für die Nutzer jederzeit widerruflich. Schließlich findet sich die Feststellung, dass der Verkehr im Internet im Zeitalter des Web 2.0 mittlerweile daran gewöhnt sei, dass **533**

---

[459] Ebenfalls eine Fortführung der Marions Kochbuch-Rechtsprechung ist die Entscheidung des BGH Urt. v. 4.7.2013 – I ZR 39/12. Dabei geht das Gericht auf die Abgrenzung zwischen eigenen und fremden Inhalten ein.

[460] LG Hamburg Urt. v. 3.9.2010 – 308 O 27/09, MMR 2010, 833 ff. – Youtube.

[461] OLG Hamburg Urt. v. 29.9.2010 – 5 U 9/09, MMR 2011, 49 ff.

zahlreiche Internetseiten Bereiche aufwiesen, die von den Nutzern gestaltet würden, ohne dass der Betreiber der Plattform auf den Inhalt Einfluss nehmen oder sich diesen gar als eigenen Inhalt zurechnen lassen wolle.[462]

534 Brandaktuell und mit ähnlichem Ergebnis urteilte das OLG Hamburg in zwei weiteren YouTube-Entscheidungen vom 1. Juli 2015. Auch in diesen Verfahren ging es um den Vorwurf von Urheberrechtsverletzungen durch verschiedene Musiktitel, die durch Nutzer von YouTube im Rahmen von Videoclips hochgeladen und damit öffentlich zugänglich gemacht worden waren, obwohl sie an den Musiktiteln keine Rechte hatten.[463] Daraufhin nahmen der Rechteinhaber bzw. die Verwertungsgesellschaft GEMA YouTube bzw. Google unter anderem auf Unterlassung in Anspruch – und zwar als Täter. Nach Ansicht der Rechteinhaber veröffentliche YouTube nicht lediglich fremde Inhalte, sondern trete als eigenverantwortlich handelnder Anbieter auf. Dadurch mache sich YouTube die fremden Inhalte zu eigen und nehme selbst urheberrechtliche Nutzungshandlungen vor.

535 Dieser Argumentation ist das Gericht erneut nicht gefolgt und lehnte eine täterschaftliche Verantwortung ab. Die Richter bejahten allerdings eine Störerhaftung der Plattform. Dabei wiesen sie erneut darauf hin, dass ein Dienstanbieter nach einem Hinweis auf eine Rechtsverletzung nicht nur das konkrete Angebot unverzüglich sperren, sondern auch Vorsorge treffen müsse, um weitere derartige Schutzrechtsverletzungen zu verhindern. Welche Pflichten den Dienstanbieter dabei treffen, insbesondere ob und wieweit er zur Sperrung und dann zur Prüfung und Überwachung der bei ihm hochgeladenen Inhalte verpflichtet sei, bestimme sich danach, was dem Betreiber nach den Umständen des jeweiligen Falles zuzumuten sei.

536 Diese beiden Entscheidungen illustrieren damit eindrucksvoll, dass es letztlich eine **Wertungsfrage** sein dürfte, ob man eine Verantwortlichkeit der Anbieter für fremde Inhalte annehmen will. Insbesondere das Kriterium, ob und wie eine Überprüfung der Drittinhalte tatsächlich stattfindet, wird hier von beiden Gerichten völlig unterschiedlich gewichtet.

d) Der Fall Ravensburger / Apple

537 Leider endete ein weiteres hochinteressantes Gerichtsverfahren ohne Urteil. Ende 2011 klagte der Spielhersteller Ravensburger gegen Apple vor dem Landgericht München I. Der Grund: Ravensburger hält die Rechte an der **Wortmarke „Memory“**. Dieser Begriff würde, so der Vorwurf von Ravensburger, von einigen *iOS*-Apps benutzt, ohne dass die App-Anbieter über eine entsprechende Lizenz verfügten. Ravensburger wollte mit der Klage erreichen, dass Apple solche Apps aus seinem AppStore entfernt, die die Markenrechte von Ravensburger verletzen.[464]

538 Nachdem die Richter laut Presseberichten angedeutet hatten, dass sie den Apple AppStore nicht als reine Verkaufsplattform á la Ebay einstufen würden, sondern eher als „Online-Laden“, wurde die Angelegenheit durch einen nicht näher bekannt gewordenen **Vergleich der Parteien** ohne Urteil beendet. Überliefert ist jedoch die Anmerkung der Richter aus der mündlichen Verhandlung, dass sie Apple wie jeden

[462] Dazu ausführlicher *Krüger/Apel* MMR 2012, 144 (147).

[463] OLG Hamburg Urt. v. 1.7.2015 – 5 U 87/12 und 5 U 175/10.

[464] Vgl. http://www.sueddeutsche.de/digital/abmahnung-gegen-itunes-warum-ravensburger-und-apple-ueber-memory-streiten-1.1190331, abgerufen am 7.7.2015.

echten Online-Händler stärker in der Pflicht sehen würden, auf Markenrechtsverstöße zu reagieren, als einen reinen Plattformbetreiber wie etwa Ebay.

Damit entging der interessierten Öffentlichkeit die bislang einzige Chance, die Haftung der AppStores gerichtlich klären zu lassen. Immerhin kann man aber festhalten, dass die Münchner Richter offenbar sehr wohl **Unterschiede zwischen AppStores und reinen Plattformen für Drittinhalte** gesehen haben. Interessant ist auch, dass sie dabei wohl nicht von einer proaktiven Überprüfung der Apps durch Apple ausgingen, sondern lediglich reaktive Maßnahmen erwarteten. Das würde bedeuten, dass sie eine Störerhaftung der AppStores bejaht, eine Täterhaftung jedoch abgelehnt hätten. 539

e) Die BGH-Urteile „Kinderhochstühle im Internet I bis III"

In einer jüngeren Entscheidung schließt der Bundesgerichtshof an das oben geschilderte Urteil des EuGH an. Das Gericht hatte bereits in zwei früheren Entscheidungen deutlich gemacht, dass der Betreiber eines Internetmarktplatzes (konkret wieder Ebay) nicht verpflichtet sei, sämtliche Verkaufsangebote von Markenprodukten auf mögliche Schutzrechtsverletzungen zu kontrollieren.[465] Gleichzeitig stellte das Gericht fest, dass den Betreiber einer Internetplattform aber dann erhöhte Kontrollpflichten treffen, wenn er Anzeigen im Internet geschaltet hat, die unmittelbar zu rechtsverletzenden Angeboten führen.[466] 540

In einer erst vor kurzem veröffentlichten Entscheidung in diesem Zusammenhang hat der Bundesgerichtshof nun die Frage der Mithaftung von Ebay konkretisiert.[467] Das Gericht kam zu dem Schluss, dass es Ebay zwar als Betreiberin einer Internethandelsplattform grundsätzlich nicht zuzumuten sei, jedes Angebot vor Veröffentlichung auf eine mögliche Rechtsverletzung hin zu untersuchen. Übernimmt der Plattformbetreiber jedoch eine **aktive Rolle durch Schaltung von Anzeigen,** die unmittelbar zu schutzrechtsverletzenden Angeboten führen, treffen ihn regelmäßig weitergehende Prüfungspflichten. 541

Im konkreten Fall bejahte der Bundesgerichtshof eine Haftung von Ebay, da die Plattform mithilfe einer Adwords-Werbung auf Suchlisten verwiesen habe, in denen neben rechtmäßigen auch rechtsverletzende Angebote enthalten sind. In diesem Fall, so das Gericht, sei es der Plattform zumutbar, die Ergebnislisten einer Überprüfung zu unterziehen, zumal sie vom Markeninhaber bereits auf klare Rechtsverletzungen hingewiesen worden sei. Daran ändert nach Ansicht der Richter auch der Umstand nichts, dass die Ergebnislisten automatisch erzeugt würden. 542

Diese Entscheidung ist insofern hilfreich, als sie konkretisiert, was unter einer „aktiven Rolle" bei der Präsentation und Vermarktung zu verstehen ist. Allerdings lässt sich auch dieses Urteil nicht ohne weiteres auf AppStores übertragen – zumal diese üblicherweise nicht außerhalb des eigenen AppStores für bestimmte Apps werben. 543

f) Die „Buchhändler-Entscheidungen"

In letzter Zeit sind ein paar interessante Entscheidungen zu der Frage ergangen, inwieweit Online-Buchhändler für Bücher mit rechtsverletzenden Inhalten haften. 544

[465] BGH Urt. v. 11.7.2010 – I ZR 139/08 – Kinderhochstühle im Internet I.
[466] BGH Urt. v. 16.5.2013 – I ZR 216/11 – Kinderhochstühle im Internet II.
[467] BGH Urt. v. 5.2.2015 – I ZR 240/12 – Kinderhochstühle im Internet III.

Diese Entscheidungen enthalten wertvolle Hinweise auf eine Bewertung der Haftung von AppStores.

545 In der Entscheidung „Buchbinder Wanninger"[468] hatte das OLG München die Frage zu klären, ob ein Internet-Buchhändler für durch ihn vertriebene Bücher mit urheberrechtsverletzenden Inhalten haftet. Gegenstand der Entscheidung war ein E-Book, welches Ausschnitte des bekannten Sketches „Buchbinder Wanninger" des Münchner Komikers Karl Valentin enthielt und von Amazon über den Kindle-Shop verkauft wurde. Klägerin war die Erbin der Rechte am Werk von Karl Valentin. Die Münchner Richter gingen davon aus, dass Amazon nicht für die – insoweit unstreitige – Urheberrechtsverletzung haftet, und zwar weder als Täter noch als Störer. Zu diesem Ergebnis kam das OLG München über eine „an den inmitten stehenden Grundrechten orientierte" Auslegung, dh über eine Abwägung der Grundrechte des Buchhändlers einerseits und des Rechteinhabers anderseits. Auf Seiten des Buchhändlers wurde bei der Interessenabwägung die nach Art. 5 Abs. 1 S. 2 GG geschützte Pressefreiheit berücksichtigt. Zusammengefasst stellt die Entscheidung fest, dass es einem Internet-Buchhändler nicht zumutbar sei, alle in seinem Shop befindlichen Bücher auf Urheberrechtsverletzungen zu prüfen. Das Urteil behandelt nur die Haftung des Buchhändlers bis zu dem Zeitpunkt, in dem er Kenntnis von der Rechtsverletzung erlangt. Die Haftung ab Zeitpunkt der Kenntnis war nicht Gegenstand des Verfahrens.

Das Landgericht Hamburg kam hingegen zu dem Ergebnis, dass ein Online-Buchhändler für Persönlichkeits- und Urheberrechtsverletzungen durch einen Fotokalender als Täter haftet.[469] Für die Annahme eines „Buchhändlerprivilegs" sah die Kammer hier ausdrücklich keinen Raum.

g) Die Rechtsprechung zu den Überwachungspflichten

546 Schließlich möchten wir noch die Rechtsprechung zu den Überwachungspflichten von Internet-Plattformen nicht unerwähnt lassen. Wie schon angesprochen, kommt eine mögliche Privilegierung von Internetplattformen nach dem TMG nur solange in Frage, bis der Plattformbetreiber Kenntnis von einer Rechtsverletzung hat. Die Rechtsprechung zu den Überwachungspflichten setzt an diesem kritischen Zeitpunkt an und macht Vorgaben dazu, welche Sicherheitsvorkehrungen Internetplattformen zur Unterbindung zukünftiger, ähnlicher Verstöße treffen müssen. Während einer allgemeine Überwachungspflicht § 7 Abs. 2 S. 1 TMG entgegensteht, sollen Überwachungspflichten in „spezifischen Fällen" aber nicht ausgeschlossen sein. Vielmehr müssen Diensteanbieter, die von Nutzern bereitgestellte Information speichern, eine nach vernünftigem Ermessen von Ihnen zu erwartende und in innerstaatlichen Rechtsvorschriften niedergelegte Sorgfalt aufwenden, um bestimmte Arten rechtswidriger Tätigkeiten aufzudecken und für die Zukunft zu verhindern.[470] Es geht dabei also in ers-

[468] OLG München Urt. v. 24.10.2013 – 19 U 885/13, GRUR-RR 2014, 13 ff.

[469] LG Hamburg Urt. v. 11.10.2013 – 310 O 111/13, ZUM 2014, 153 ff.

[470] BGH Urt. v. 18.11.2010 – I ZR 155/09, MMR 2011, 459 ff. – Sedo; BGH Urt. v. 12.7.2012 – I ZR 18/1, MMR 2013, 185 ff. – Alone in the Dark. Vgl. dazu auch die schon erwähnten Entscheidungen des BGH, nämlich BGH Urt. v. 16.5.2013 – I ZR 216/1, MMR 2014, 55 ff. – Kinderhochstühle im Internet II und BGH Urt. v. 5.2.2015 – I ZR 240/12, GRUR 2015, 485 ff. – Kinderhochstühle im Internet III.

ter Linie um die Verpflichtung, die Wiederholung spezifischer Rechtsverletzungen zu verhindern.[471]

Kommen die Diensteanbieter dieser Verpflichtung nicht nach, droht nach der jüngsten Rechtsprechung sogar eine Haftung wegen Beihilfe zu einer Urheberrechtsverletzung. So bejahten etwa das OLG Hamburg[472] und das LG Frankfurt am Main[473] eine Gehilfenhaftung von Webhosting-Unternehmen. In beiden Fällen waren die Anbieter nach Überzeugung der Richter ihrer Verpflichtung nicht nachgekommen, nach Kenntnis einer Verletzung weitere Rechtsverletzungen zuverlässig zu verhindern. Der Unterschied zwischen einer Störer- und einer Gehilfenhaftung ist dabei keineswegs nur akademischer Natur: Während erstere in der Regel „nur" zu Unterlassungsansprüchen gegen den Diensteanbieter führt, drohen im Falle einer Gehilfenhaftung Schadensersatzansprüche. **547**

2. Wertung

In der Gesamtschau dieser Urteile ergibt sich somit ein gemischtes Bild. **548**

Als gemeinsamer Nenner lässt sich aus der Judikatur zunächst herausfiltern, dass bei der Frage der Haftung für Drittinhalte stets eine **Abwägung** verschiedener Kriterien erfolgen sollte. Von entscheidender Bedeutung sind dabei wohl insbesondere drei Merkmale:

- Die Inhalte Dritter müssen den **„Kerngehalt" der Plattform** darstellen.
- Es findet eine tatsächliche **inhaltliche Kontrolle** der Drittinhalte durch den Anbieter statt oder dieser hat zumindest die Möglichkeit dazu.
- Der **Außenauftritt der Plattform** erweckt den Anschein, dass der Betreiber die Verantwortung für die Inhalte übernehmen möchte.

Das erste Kriterium dürften die AppStores erfüllen. Ihr Angebot besteht **im Wesentlichen aus Apps.** Davon stammt nur eine zu vernachlässigende Anzahl von den AppStore-Betreibern selbst. Ganz überwiegend handelt es sich um die Inhalte Dritter, nämlich der App-Anbieter. **549**

Wesentlicher schwieriger fällt die Antwort auf die Frage, ob die AppStores auch das zweite Kriterium, die inhaltliche Kontrolle, erfüllen. Insoweit stellen die Gerichte (wenn auch mit nicht ganz einheitlicher Wertung) darauf ab, ob eine Überprüfung **tatsächlich** stattfindet (so der BGH) oder ob zumindest die Möglichkeit besteht, von rechtswidrigen Inhalten zuverlässig Kenntnis zu erlangen (so der EuGH oder das OLG Hamburg). Dies leuchtet ein: Wenn ein Plattformbetreiber faktisch keine Möglichkeit hat, die Drittinhalte auf Rechtmäßigkeit zu überprüfen, erscheint es unangemessen, ihn gleichwohl dafür so in die Haftung zu nehmen, als wären es eigene Inhalte. **550**

Ungeachtet der Kommunikation der AppStores nach außen (dazu sogleich Rn. 552ff.) dürfte eine tatsächliche und systematische Überprüfung aller Apps dar- **551**

---

[471] Dazu auch BGH Urt. v. 15.8.2013 – I ZR 80/12 – File-Hosting-Dienst. In diesem Fall ging das Gericht davon aus, dass der Anbieter die Gefahr einer urheberrechtsverletzenden Nutzung seines Dienstes durch eigene Maßnahmen gefördert habe. Daraus leitete der BGH eine gegenüber der Entscheidung „Alone in the Dark" (BGH Urt. v. 12.7.2012 – I ZR 18/1, MMR 2013, 185ff. – Alone in the Dark) verschärfte Haftung des Anbieters ab.

[472] OLG Hamburg Beschl. v. 13.5.2013 – 5 W 41/13.

[473] LG Frankfurt am Main Urt. v. 5.2.2014, – 2–06 O 319/13, 2–6 O 319/13, 2–06 O 319/13, 2–6 O 319/13.

aufhin, ob ihre Inhalte die Schutzrechte Dritter verletzen, **in der Praxis schlicht unmöglich** sein. Schätzungen gehen davon aus, dass allein Apple derzeit jeden Tag etwa 1000 neue Apps in seinem AppStore veröffentlicht.[474] Selbst wenn nur ein kleiner Teil dieser Apps komplexe Inhalte aufweist, würde eine belastbare inhaltliche Prüfung unverhältnismäßige Ressourcen verlangen. Die AppStores werden daher in der Mehrzahl der Fälle auch kaum in der Lage sein, von sich aus auf mögliche Rechtsverstöße aufmerksam zu werden und diesen proaktiv nachzugehen. Auch wenn sich die AppStores hier nicht in die Karten schauen lassen: Man muss davon ausgehen, dass zumindest keine systematische inhaltliche und rechtliche Überprüfung aller Apps stattfindet und auch nicht stattfinden kann.

552 Sehen wir uns schließlich die Außendarstellung der AppStores an: Insoweit spricht die „Papierform" zumindest auf den ersten Blick gegen die AppStores und insbesondere gegen Apple. In den Apple AppStore Review Guidelines wird klar gesagt, dass Apple alle Apps unter anderem auch inhaltlich prüft.[475] Ähnliche, wenn auch weniger eindeutige Formulierungen finden sich auch in den Entwicklervereinbarungen, also im Apple iDPLA und im Google DDA.

553 Der zweite Blick zeigt jedoch: Dies betrifft nur die Kommunikation gegenüber den App-Entwicklern und App-Anbietern. Analysiert man die Außendarstellung der AppStores gegenüber den Endnutzern, so ergibt sich ein anderes Bild: Apple etwa verpflichtet sämtliche Anbieter von *iOS*-Apps, in ihren eigenen Lizenzbedingungen mit den Endnutzern ausdrücklich darauf hinzuweisen, dass ausschließlich diese und nicht etwa Apple für die Inhalte der Apps verantwortlich sind.[476] Auch die iTunes-Nutzungsbedingungen enthalten mehrfach die klare Aussage, dass Apple keine Verantwortung für die Inhalte Dritter übernimmt.[477] So sagt Apple etwa in der „Endnutzer-Lizenzvereinbarung für Lizenzierte Anwendungen" (die Teil der iTunes-Nutzungsbedingungen ist) klipp und klar, dass der AppStore keine Verantwortung übernimmt für die – so wörtlich – „Überprüfung und Bewertung der Inhalte, der Richtigkeit, der Vollständigkeit, der Aktualität, der Gültigkeit, der Übereinstimmung mit Urheberrechten, der Rechtmäßigkeit, der Anständigkeit, der Qualität oder von anderen Aspekten" der Apps.[478]

554 Auch bei Google Play wird den Endnutzern gegenüber klar kommuniziert, dass keine inhaltliche Verantwortung für die Apps übernommen wird. So findet sich etwa in den aktuellen Google Nutzungsbedingungen, die wiederum Bestandteil der Google Play-Nutzungsbedingungen sind, folgende klare Aussage:

> „In unseren Diensten werden auch Inhalte angezeigt, die nicht von Google stammen. Diese Inhalte unterliegen der ausschließlichen Verantwortung desjenigen, der diese verfügbar macht. **Google macht sich diese nicht zu Eigen.** Wir behalten uns das Recht vor, Inhalte auf ihre Rechtswidrigkeit oder auf die Verletzung von Richtlinien hin zu prüfen. Wir können Inhalte entfernen oder deren

[474] http://148apps.biz/app-store-metrics/ (abgerufen am 17.6.2015).

[475] OLG München Urt. v. 24.10.2013 – 19 U 885/13, GRUR-RR 2014, 13ff. https://developer.apple.com/app-store/review, abgerufen am 17.6.2015.

[476] Exhibit B to Schedule 1 (Instructions for Minimum Terms of Developer's End-User License Agreement) des Apple iDPLA.

[477] http://www.apple.com/legal/internet-services/itunes/de/terms.html, abgerufen am 17.6.2015.

[478] http://www.apple.com/legal/internet-services/itunes/de/terms.html, abgerufen am 7.7.2015.

Darstellung ablehnen, wenn wir berechtigterweise davon ausgehen können, dass sie gegen unsere Richtlinien oder geltendes Recht verstoßen."[479]

In der internationalen, dh nicht spezifisch für Deutschland zugeschnittenen Fassung schließt sich dann noch folgender prägnanter Satz an: 555

„Dies bedeutet nicht notwendigerweise, dass wir Inhalte prüfen. Gehen Sie darum nicht grundsätzlich davon aus, dass wir dies tun."[480]

Diese Aussage bringt es sehr treffend auf den Punkt: **In Einzelfällen** findet sicher eine Kontrolle der AppStores auch proaktiv statt. Eine generelle Überprüfung aller Apps ist den Betreibern der AppStores dagegen schon aufgrund der schieren Anzahl der Apps faktisch unmöglich.

Bei dem dritten Kriterium, nämlich dem Außenauftritt und der Gestaltung der AppStores, ergibt sich somit ein widersprüchliches Bild. Während die Entwicklervereinbarungen durchaus den Eindruck suggerieren, dass eine inhaltliche Überprüfung aller Apps stattfindet, bringen die Nutzungsbedingungen der AppStores klar das Gegenteil zum Ausdruck. 556

Wie lässt sich dieser Widerspruch auflösen? Wie gezeigt, stellen die Gerichte auf die **Außendarstellung** einer Plattform ab. Vor allem in der Entscheidung „Marions Kochbuch"[481] hat der Bundesgerichtshof klare Abgrenzungskriterien vorgegeben. Eines der Hauptargumente des BGH war damals: Wer fremde Inhalte wie eigene darstellt, macht sie sich zu Eigen und muss sie sich zurechnen lassen. Wie wir schon mehrfach betont haben, treten die eigentlichen Anbieter der Apps jedenfalls in den AppStores bei Google und Apple in den Hintergrund. Sie werden lediglich als Hersteller bzw. Entwickler der Apps genannt – als Verkäufer treten jedoch die AppStores auf. Das spricht dafür, dass die AppStores sich die Inhalte auch zu Eigen machen. 557

Und doch gibt es einen entscheidenden Unterschied: Auch wenn für einen objektiven Dritten der AppStore als Verkäufer auftritt, so ist doch klar, dass es sich bei den Apps nicht um eigene Apps der AppStores handelt. Dass Google oder Apple nicht hunderttausende Apps selbst entwickeln können, liegt auf der Hand. Und der Entwickler – also der Hersteller der App – wird deutlich genannt. Auch wenn die AppStores also als Verkäufer auftreten, so wird doch deutlich, dass es sich bei den Apps um Inhalte Dritter handelt. Zum Vergleich: Amazon verkauft hunderttausende Produkte. Natürlich tritt Amazon dabei als Verkäufer auf – und doch ist jedem Kunden klar, dass sich Amazon nicht gleichzeitig jedes Buch und jede DVD zu Eigen macht. 558

Dies wird durch die jüngste Rechtssprechung des OLG Münchens zur Privilegierung von Internet-Buchhändlern gestützt. Diese Privilegierung geht zwar auf die nach dem Grundgesetz geschützte Pressefreiheit zurück, was die Frage aufwirft, unter welchen Voraussetzungen sich AppStores auf diesen oder einen anderen Grundrechtsschutz berufen können. Maßgeblich war für das OLG München aber letztlich, dass den Buchhändlern die Prüfung der vertriebenen Inhalte auf ihre Rechtmäßigkeit nicht zumutbar ist, was für AppStores grundsätzlich in ähnlichem Maß gelten muss. Dabei 559

[479] http://www.google.de/policies/terms/regional.html, abgerufen am 17.6.2015 – Hervorhebungen durch die Verfasser.

[480] http://www.google.com/intl/de/policies/terms/, abgerufen am 17.6.2015.

[481] BGH Urt. v. 12.11.2009 – I ZR 166/07, MMR 2010, 556 ff. – Marions Kochbuch.

mag auch die Gegenposition des LG Hamburg, welches Internet-Buchhändlern einen solchen Schutz im Hinblick auf andere Produkte als Bücher, wie etwa Fotokalender, versagt hat, zu berücksichtigen sein.

560 Hinzu kommt, dass der Außenauftritt der AppStores entscheidend durch die Nutzungsbedingungen geprägt wird, die sich nach außen, also an die Nutzer der Plattform wenden. Die Vorgaben an die Lieferanten des Dritt-Contents (also die Entwicklervereinbarungen, die sich an die Entwickler und Anbieter der Apps richten) treten dagegen bei der Beurteilung des Außenauftritts einer Plattform in den Hintergrund. Der objektive Dritte, auf dessen Verständnis es ankommt, ist allein der Nutzer der Plattform. In ihren Nutzerbedingungen machen die AppStores jedoch sehr deutlich, dass sie gerade keine Verantwortung für die Inhalte übernehmen. Auch das dritte Abgrenzungskriterium, die Gestaltung des Außenauftritts, spricht daher wohl gegen eine Haftung der Betreiber für „zueigengemachte" Inhalte.

561 Dass sich die AppStores die Apps zu Eigen machen, wird man also nur in Einzelfällen annehmen können. Beispielsweise wenn bestimmte Apps redaktionell empfohlen werden. In diesem Fall machen sich die AppStores durch ihre Empfehlung die Apps ausdrücklich zu Eigen. Ähnliches dürfte – in Anlehnung an die erwähnte jüngste BGH-Rechtsprechung – gelten, wenn ein AppStore bestimmte Apps gezielt bewirbt. Durch das normale Veröffentlichen einer von hunderttausenden Apps wird man das aber nicht annehmen können.

562 Daraus folgt, dass die AppStore-Betreiber im Regelfall lediglich als **Störer** für Schutzrechtsverletzungen durch die von ihnen veröffentlichten Apps haften. Dabei profitieren sie von der Haftungserleichterung des § 10 TMG. Nach dieser Norm sind die AppStores für fremde Inhalte nur dann verantwortlich, wenn sie entweder Kenntnis von der Rechtswidrigkeit von Inhalten einer App haben oder ihnen Tatsachen oder Umstände bekannt sind, aus denen die Rechtswidrigkeit eines Inhalts „offensichtlich wird".

563 An die Kenntnis bzw. das so genannte Kennenmüssen stellt die Rechtssprechung traditionell sehr hohe Anforderungen. So soll etwa eine grob fahrlässige Unkenntnis von Umständen, die die Rechtswidrigkeit eines Inhalts offensichtlich werden lassen, nicht ausreichen, um eine Haftung zu begründen.[482] In der Praxis hat ein Anbieter daher lediglich auf ausreichend substantiierte Beschwerden etwa des Rechteinhabers zu reagieren, um eine Haftung für fremde Inhalte zu vermeiden. Darüber hinaus obliegen ihm keine weiteren wesentlichen Anstrengungen.

564 Diese sehr anbieterfreundliche Interpretation des § 10 TMG erscheint jedoch bei AppStores korrekturbedürftig. Wie oben gezeigt, entsprechen die AppStores nicht dem **Idealbild eines „Anbieters"**, wie ihn die §§ 7 ff. TMG und die erwähnten Gerichtsentscheidungen vor Augen hatten. Da die AppStore-Betreiber Vorgaben für die Gestaltung der Apps machen, die Apps bewerben und den AppStore kontrollieren, sind sie an den Inhalten „näher dran" als Verkaufsplattformen wie Ebay oder Host-Provider. Dies muss sich auch in ihrer Verantwortung niederschlagen.

Es erscheint daher angemessen, ihnen auch solche rechtswidrigen Inhalte als bekannt zuzurechnen, für die zumindest belastbare Anhaltspunkte („Tatsachen und Umstände") vorliegen oder die sie gezielt bewerben. Mit anderen Worten: An das „Kennenmüssen" von rechtswidrigen Inhalten müssen bei AppStore-Betreibern geringere

[482] Vgl. *Hoffmann* in Spindler/Schuster 12. Teil § 10 TMG Rn. 34.

Anforderungen gestellt werden, als dies die Rechtsprechung bislang bei sonstigen Anbietern iSd § 10 TMG tut.[483] Umgekehrt gilt: Für die Prüfpflichten der AppStores dürfte die „Zumutbarkeitsschwelle" entsprechend höher liegen.

Sobald eine Rechtsverletzung **bekannt** ist, verlangt § 10 S. 1 Nr. 2 TMG von den Anbietern ein **„unverzügliches Tätigwerden"**, um die rechtsverletzenden Inhalte zu entfernen oder zumindest den Zugang zu ihnen zu sperren. Hier setzt auch die Rechtsprechung zu den Überwachungspflichten an. Danach müssen Provider auch alles technisch und wirtschaftlich Zumutbare tun, um zu verhindern, dass derselbe Inhalt von anderen Nutzern erneut über die Server des Anbieters angeboten werde. Zu diesem Zweck fordern die Gerichte teilweise die Verwendung von Filtertechniken, die geeignet sind künftige Rechtsverletzungen zuverlässig auszuschließen.[484] **565**

Diese Pflichten dürften auch für AppStores gelten. Da die AppStores – anders als reine Host-Provider – zumindest die Möglichkeit haben, die Inhalte der von ihnen angebotenen Apps zu kennen, müssen für sie im Hinblick auf die Verhinderung weiterer Rechtsverletzungen sogar höhere Anforderungen gelten, als sie der Bundesgerichtshof für reine Host-Provider festgestellt hat. Die Betreiber von AppStores sind demnach verpflichtet, auch weniger konkreten Hinweisen auf mögliche Rechtsverletzungen nachzugehen und entdeckte Rechtsverletzungen auch für die Zukunft zuverlässig zu verhindern, ohne freilich – so ausdrücklich auch Rechtsprechung – das eigene Geschäftsmodell zu gefährden. **566**

[483] So sollte AppStores bspw. schon dann eine Prüfpflicht treffen, wenn sie einen begründeten Verdacht haben müssen, etwa weil ihnen der Anbieter bereits wegen früherer Rechtsverletzungen bekannt ist. Auch sollten AppStores verpflichtet sein, allgemein gehaltenen Hinweisen auf mögliche Rechtsverletzungen eher nachzugehen, als dies die Rspr. derzeit verlangt.

[484] BGH Urt. v. 12.7.2012 – I ZR 18/1, MMR 2013, 185 ff. – Alone in the Dark; BGH Urt. v. 15.8.2013 – I ZR 80/12, MMR 2013, 733 – File-Hosting-Dienst.

Kapitel 10. Fazit und Ausblick

567 Aus juristischer Sicht handelt es sich bei Apps zwar nicht mehr um Neuland. Trotz einiger App-spezifischer Urteile sind aber eine ganze Reihe von spannenden Rechtsfragen rund um die Entwicklung und den Vertrieb von Apps nach wie vor ungeklärt.

In der Neuauflage dieses Buches haben wir in der gebotenen Kürze versucht, die in der Praxis drängendsten Fragen möglichst prägnant und praxisnah zu beantworten. Dabei erheben wir keinen Anspruch auf Vollständigkeit. Im Gegenteil: Der Markt, die technischen Möglichkeiten und mit ihnen die rechtlichen Herausforderungen entwickeln sich in rasender Geschwindigkeit weiter. Man denke an das vielzitierte Internet der Dinge, das Phänomen von eHealth und mHealth oder an Mobile Payment. All diese Fragen wären sicher ein eigenes Kapitel wert gewesen, hätten aber gleichzeitig den Rahmen dieses Buches gesprengt. So betrachtet kann dieses Buch nicht mehr sein als eine Momentaufnahme.

Viele der in diesem Buch getroffenen Wertungen lassen sich sicher auch anders beurteilen. Etwa die Fragen, wer Vertragspartner des Endkunden beim Download einer App wird oder inwieweit die Betreiber der AppStores für die Inhalte der Apps haften, lassen sich nach wie vor nicht eindeutig beantworten. Hier bleibt die weitere Entwicklung der Rechtsprechung abzuwarten.

Es bleibt weiterhin spannend.

Stichwortverzeichnis